应镠学记

學記

虞云国 编

浙江古籍出版社

图书在版编目（CIP）数据

程应镠学记 / 虞云国编 . -- 杭州 : 浙江古籍出版社，2022.11

（学记）

ISBN 978-7-5540-2398-3

Ⅰ . ①程… Ⅱ . ①虞… Ⅲ . ①程应镠—人物研究—文集 Ⅳ . ① K825.81-53

中国版本图书馆 CIP 数据核字（2022）第 200841 号

学 记

程应镠学记

虞云国 编

出版发行 浙江古籍出版社

（杭州体育场路 347 号 电话：0571-85068292）

网 址 https://zjgj.zjcbcm.com

责任编辑 徐 立

封面设计 吴思璐

责任校对 张顺洁

责任印务 楼浩凯

照 排 浙江时代出版服务有限公司

印 刷 浙江海虹彩色印务有限公司

开 本 880mm × 1230mm 1/32

印 张 12.75 **插 页** 4

字 数 313 千字

版 次 2022 年 11 月第 1 版

印 次 2022 年 11 月第 1 次印刷

书 号 ISBN 978-7-5540-2398-3

定 价 76.00 元

程应镠先生（1916 —1994）
（1982年摄于寓所）

燕京大学时代的程应镠先生（1936年摄）

程应镠先生三十岁生日于昆明寓所（1945年摄）

程应镠先生与柯华（左一）、周游（右二）、
葛力（右一）在北京（1956年摄）

程应镠先生与夫人李宗蕖在书斋（1981年摄）

1980年中国历史大辞典编委会议合影

（前排左一刘荣焌，左二王玉哲，左三荣孟源，左五吴泽，左六谭其骧，左七郑天挺，右六梁寒冰，右五翁独健，右三杨志玖，右一程应镠；二排左三吴枫，左五洪廷彦，左六乌廷玉，左七蔡美彪，右六汤志钧，右五杨廷福，右三罗世烈，右二李学勤；三排左二曹贵林，左四罗明，左五孟世凯，左六胡守为，右五巢峰，右三邹逸麟，右一胡一雅；四排左五林剑鸣）

程应镠先生与王永兴在上海师大校园（1984年摄）

程应镠先生拜访沈从文、张兆和（1986年摄于沈宅）

《严遣日记》稿本（程应镠先生1956年至1962年日记）

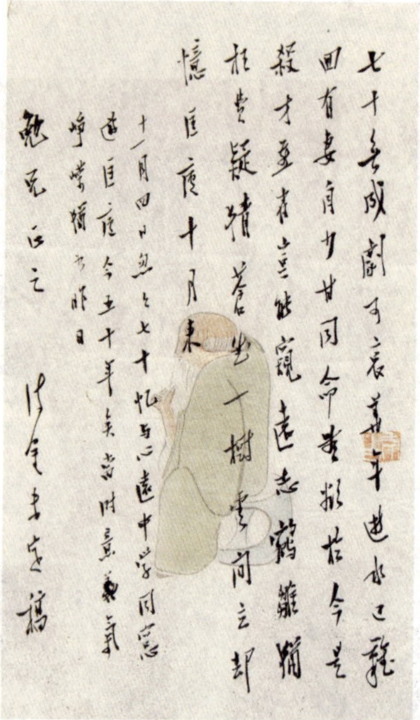

程应镠先生七十初度自书诗笺

出版前言

20 世纪中国风云激荡，社会文化在剧变中前行，学术也面临转型与重构，涌现出大量学有所成、卓然自立、风格各异的学术大家。中国学术之所以生生不息，正由于有这么一大批优秀学人的贡献，才得以承前启后，继往开来。随着他们陆续从学术舞台“谢幕”，其身影也渐渐隐入学术史之中。

学脉需要传承，学人需要纪念，学术需要总结，为了对已故杰出学人的生平与学术进行系统而深入的梳理，在多方鼎力支持下，本社推出此套“学记”丛书。丛书收录关于近代以来学术大家的生平和学术的精心之作，以文史哲为主，兼顾社会科学。所收文章多为三亲史料，研究论著优中选优，力求通过不多的文字，重估传主一生学术历程、学术成果和学术地位。因每卷皆以关于传主的学术生平和学术研究为主，故名曰“学记”丛书。

“高山仰止，景行行止。”本社秉承“明德载道、会古通今”的出版理念，通过全面梳理总结前辈学人的学术生命史，集腋成裘，聚沙成塔，以人物为视角，揭示学人的学术历程，进而汇聚成丛书，展示 20 世纪中国人文学术的整体风貌。述往事，思来者，真切希望通过丛书的出版，能有助于传承近代以来学术大家的治学精神和学术遗产，为推进新时期人文学术略尽绵薄之力。

祈盼学界同仁赐予宝贵意见，欢迎不吝赐稿，共同壮大“学记”丛书。

浙江古籍出版社

2022 年 3 月

目 录

回忆

自　述

论学杂语

程应镠

论历史

中国文化是农业社会的产物，中国的思想也反映着这个以农业为主的生产方式的社会的种种现象。

农业生产的社会，表现在政治上是封建贵族的统治和专制君主与官僚的统治。表现在经济上的是农民附着于土地，从事与土地的劳作，以养“君子”，以供王税；开始是土地不得买卖，所有的贵族都是领主，而名义上则是“普天之下，莫非王土”；后来是土地自由买卖，土地集中于官僚、地主的手里。农民和领主的关系、和地主的关系大体上是一样的，只在土地可以自由买卖时，农民有了漂泊的自由。在典型的封建制度（编者按：指西欧中世纪封建制与中国西周封建制）崩溃之后，工商业变成独立的行业，但因农业生产的社会基础未变，工业局限于手工业和家庭生产制的生产；商业亦因受此限制，商业资本无不投之于土地，大商人和大地主是孪生的。艺徒、学徒、伙计和大老板的关系，大体上说来，和农民与地主的关系是差不多的。大官僚、大地主、大商人，是君主专制政治的支柱。

在农业生产的社会中，家庭是社会核心的组织。家长的权威，是绝对的，正如君主的权威是绝对的一般。家是训练顺民的渊薮。

因此，教孝、教忠，为人主之急务。

这种情形，两千余年以来没有变化。唯一的变化，是在春秋战国的时候。当周代的封建制度趋向崩溃，周天子的号令出不了国门，一方面由于诸侯的兼并，一方面由于人口的增加。恰好那个时代，铁的使用已及于耕作，于是尽地力为当务之急，农奴部分地被解放，而且有的国家，对于“通商”“惠工”，也渐渐注意到了。旧的文化与制度，遂不能适合当日的要求，新思想便乘势而起。孔子是第一个注意到要恢复那个垂死的制度必须重新赋以新的生命的人。

秦汉以后的政治历史，我们用一个比较概括的说法，是由皇权的建立到皇权与士权的对立，由皇权的再建到皇权与士权的合作以至于皇权的独霸的历史。自秦至东汉，是皇权建立的时期；自东汉末至唐初是皇权与士权对立的时代。武后、玄宗，用科举取士，企图再建皇权，经过许多波折，以至于南宋，是由皇权再建到皇权与士权合作的时代。至蒙古入主以至于清末是皇权独霸，士大夫成为奴才的七百年。

我个人常以为秦汉为皇权建立时期。这个时期是封建贵族政治崩溃，君主专制政治建立。汉初，还承袭贵族政治的遗风，只不过新的贵族（丰沛系统），代替了旧日六国的贵族而已。其时郡国并行，郎吏的选用为社会上特权阶级所把持，丞相非封侯不拜，其权亦重，都可以说明此点。但到了汉武帝，局面就大变了。武帝为实行他的专制统治，在政治上颇有改革。大司马、大将军之权，在丞相上，此其一。置部刺史，更严格地控制地方，此其二。打破封侯拜相之制，开布衣卿相之局，此其三。大司马、大将军之官，任外戚为之（专制君主，不敢信任他不易控制的人，因此外戚、宦官，遂得左右政局），此其四。又设学校（太学与郡国学），来培植他的新干部。大行察举之制，用一个比较公平的用人制度，来打击旧日贵族在社会上与政治上的特殊地位。

于此，我们可以知道和唐以后考试制度有关的汉代的察举制，是和皇权结了不解缘的。这样建立起来的皇权，到光武时又更进了一步。光武尊儒生，重气节，比武帝更巧妙地笼络读书人。但三公之权，移于尚书台（外廷的臣子不可信任，内廷的奴才当然是比较可靠的了）。西汉自武帝以后，帝国就走上了下山路。武帝所信任的人，终于取了他的子孙的天下。他所培养的人才，也反过来拥护起王莽来了。东汉光武以后，只明、章两代还像个样子，以下便是外戚宦官把那个帝国搞得乌烟瘴气。专制的极点，是知识与政治脱了节，士人与政府对立，“党锢之祸”即由此而来。士人是当时知识的把持者，在东汉成为社会上的特殊阶级。到了魏晋以后，便成为政治上与社会上的特殊阶级了。

同学们邀请我介绍一下魏晋南北朝史。讲这一段分裂时期的历史，我只能重点讲一下这段历史中最具特色的两个问题：民族与门阀。这四百年的历史，是我国历史上自秦汉以后一个最长的分裂时期。这种分裂，正是和民族与门阀有关。

自汉末以来，那种原来属于军事防御性的建筑，逐渐发展成为地方割据的一种形式。这种地方割据，是在统一国家瓦解之后，在阶级斗争和统治阶级内部斗争中形成的。田畴、庾衮的据险自守，是统治阶级内部矛盾的产物。这是坞壁的一种类型。地方豪强，凭借他们经济上政治上的力量，在农民战争中，组织反农民的武装，称霸一方，形成坞聚，李典、许褚是具有代表性的。这又是一种类型。这些都是统治者的坞壁。张昌在石岩山的屯聚，是农民反对地主斗争的一种形式。这是劳动者的坞壁，是坞壁的另一种类型。

对于这些坞壁的作用，我们必须把它放到当时总的形势中去观察。把坞壁和总的政治经济形势分割开来，从历史发展中孤立起来，把田畴、庾衮、李典、许褚的坞壁一律看待，把这些坞壁和永嘉乱后的坞壁一律看待，把永嘉乱后到太和改革的坞壁和太和改革之后的坞壁一律看待，恐怕都是不恰当的。

西晋末年，北方混战，大地主结聚宗族乡亲，筑坞立壁，保护自己的封建权利。这些大地主，便当上坞主、壁帅，或者叫作垒主、堡帅。堡、垒和坞、壁一样，都是武装割据性质的据点，简称为坞壁。

在这一二百年中，坞壁不断发展。有的依山傍水，有的平地筑城；一个坞壁，往往包括几百家、几千家，甚至上万家。小坞壁依附大坞壁，大小坞壁有时结成一个坞壁群，连州连郡，听命于一个高门大族出身的主、帅。

坞壁内部，有田园、陂池、山林、牧场，有农艺和畜牧，还有小小的作坊。它们在经济上是自给自足的，更重要的是还有自己的武装。

永嘉乱后，坞壁遍布于北方，虽经石勒、苻坚的统一，其势不衰。北魏统一中原，所遇到的最顽强的抵抗，仍然是这一种地方的坞壁势力。这一时期，是坞壁发展的极盛时期；倘从政治上加以考察，它和田畴、庾衮所营建的坞聚是有区别的。这就正如胡三省和陈寅恪先生所说，是由于“戎狄寇盗之难”这一个因素的存在，是由于民族矛盾起着经常的主要作用。这一时期的民族矛盾，实际上包含着不同的经济制度和文化的斗争，是落后的和先进的斗争，汉族的坞壁无疑的是代表了先进那一面的。

坞壁是阻碍了胡族的统一的。一般说来，坞壁是统一政权破坏后的产物，也是破坏统一的一个最基本的因素。一般说来，统一是进步的。秦始皇开始建立的专制主义中央集权的统一国家，对于秦以前一个诸侯割据的时代来说，是一个进步。秦以后，我国历史上每一次的统一，随着来的便是物质与精神文明的巨大发展，是国家的昌盛，社会的繁荣。但也有例外的情况。这一时期的封建割据的地方势力——坞壁却代表着进步的方面。

佃客和部曲的占有，在南朝是作为一个制度而存在的。贵族、官僚和士族有占领佃客和部曲的权利。曹魏时的客户也就是佃客的别称。

曹操在北方实行屯田，大量的土地、耕牛和劳动力（屯田客和屯田兵）掌握在政府手里。曹魏建立以后，士族力量逐渐抬头，这些生产资料和劳动力，便因赏赐逐渐从政府手中转移到贵族、官僚的手中，这是转移过程的一个方面。另一个方面，便是不合法的私占。私占在魏末晋初，是一个严重的问题。晋武帝司马炎一方面严厉禁止私占佃客，另一方面又按官品高低颁布了一个荫客的规定。和这个规定同时颁布的，还有按照官品高低占有土地的占田制。

南北朝时期，土地集中在少数大地主和贵族手里，大量的劳动力也为这些人所占有。地主大土地所有制和部曲佃客占领制，是这一时期社会经济制度的基础。国家直接掌握的土地，因南北情况不同，北方多而南方少。

作为一个君主来说，石勒在胡族君主中还是比较好的。石勒的统治，是羯族对其他各族的统治，其中主要是对汉族的统治。其“号胡为国人”，胡指的便是羯族。其后，秃发氏、拓跋氏都自称为国人。在当时情况下，国人比汉人是落后得多的。落后的处于统治地位，历史于是乎便以螺旋式而前进。国人的统治，主要是军事的控御，是对生产与文化的摧毁。在汉族统治者极端腐朽的情况下，胡族因时而起，其兴也勃焉，石勒在北方，铁骑所至，似乎是无坚不摧；但真正强大的力量，是在于广大的代表了当时进步经济文化力量的汉族人民，故其统治终不免于一触即溃，而亡也忽焉。这种进步的经济文化力量，在北方便是遍布于各地的坞壁。

继石氏而起的是苻坚在北方的统一。苻坚比起石勒来，接受了更多的胡族统治经验与教训。他灭前燕以及对东方的统治，在政治方略上，主要决定于王猛。王猛是当时最懂得政治的一人。桓温入关，王猛巾褐见之，桓温对他的评语是："江东无卿比也！"他又问王猛："秦国定多奇士，如生辈尚有几人？"王猛当时推荐了一个薛强，说薛强是"可与拨乱济时"的人物（《北史》卷三十六）。他们知道，薛强保聚河东，和胡族统治者是始终不合作的。

正确地处理非汉族国家和坞壁的关系，有赖于正确地认识汉、胡之间的矛盾；这是牵涉到当时胡族立国的根本问题的。王猛很了解这一点。苻坚平定了东方，在历史记载上，我们看不见地方坞壁的反抗，这是和他任用王猛分不开的。

南北士族合作的条件在永嘉之初是充分具备了的。当民族矛盾处于主要地位的时候，东晋立国方针便有利于这一合作的完成。这一合作，牵涉到北来流民和南方土著的关系，其中有统治阶级内部关系，也有阶级关系。

阶级斗争（张昌、石冰起义）的形势决定了江东士族、豪宗和陈敏的暂时联合；在民族矛盾极端尖锐的情况下，这一形势又促成了江东士族屈服于司马氏之子孙。问题只是在于北方的统治者如何能保持江东士族的利益不受侵犯。《世说新语·言语篇》云："元帝始过江，谓顾骠骑曰：‘寄人国土，心常怀惭。’荣跪对曰：‘臣闻王者以天下为家，是以耿、亳无定处，九鼎迁洛邑。愿陛下勿以迁都为念。’”北方士族首领的态度，是“寄人国土，心常怀惭”。江东主人——士族——的利益是被保证不受侵犯的了，因而这个主人的代表也就应之以“王者以天下为家”、“勿以迁都为念”的竭诚拥戴，王导治理江东的政策，是勘破了这个奥秘的。这一政策的主要之点，便是既维护了北来统治阶级的统治地位，又保证了江东统治者的利益不受到侵犯。

王导对江东士族、豪宗采取团结的政策，对北来士族亦复如此。南北统治阶级，于民族存亡续绝之时，在王导政策下，得以共同御侮，使汉族独立地位因此维而不坠。这种政策正确的执行，在民族矛盾空前剧烈之时，使阶级关系也有了一定程度的缓和。豪宗、强族率领下的避难流民，遂成为江东政权的保障和江南地方开拓的积极力量。其后侨置郡县之制，复为东晋后继者南朝统治阶级所承袭。

东晋南朝偏安江左，将近三百年。南方经济、文化有着较大的发展。东晋建立之初，立国艰难，王导向司马睿所建议的“谦以接士，俭以足用，以清静为政，抚绥新旧”的施政方针，如上所云，其着眼点在于调整统治阶级内部关系。而其所以为此者，乃在于西晋末阶级力量对比发生了变化，人民起义的力量一时席卷了江淮湘汉，其后，又因民族危机的空前严重之故。当民族矛盾居于主要地位的时候，这样的调整，也就符合当时广大人民群众的愿望和社会发展的要求。这一施政方针的制订，着眼于以司马氏统治为代表的北方统治阶级的利益，较全面地总结了西晋末年政治经济的变化。

从 386 年拓跋珪始建国至拓跋焘统一北方的半个世纪，这个塞上新兴国家经历了巨大的变化。这一变化，约而言之，就是拓跋部的汉化。汉化问题，牵涉得很广，它和征服战争是密切地联系在一起的。在征服战争中，有汉族和鲜卑族的矛盾，也有各族人民和鲜卑族的矛盾。有鲜卑贵族和君主的矛盾，也有汉族地主和鲜卑君主、贵族的矛盾。

随着封建化的发展，统治阶层中鲜卑贵族和皇帝之间，也不断发生冲突。一件新事物的出现，总要遇到许多阻碍，受到旧势力顽固的抵抗。拓跋部的守旧势力，过去不能容忍一个新的国王，现在也不能容忍一个封建主义的皇帝。因此，贵族中一些野心家，遇有机会，便觊觎皇帝这个宝座。

“整齐人伦，分明姓族”，是魏晋以来士族统治的传统，其目的无非是区别士庶，保持士族在社会上的特殊身份和政治上的垄断地位。当魏太武帝提倡“文治”的时候，崔浩也跃跃欲试，和卢玄商量，打算再搞这一套。

作为汉族士族的一个政治上的代表，崔浩始终忠心耿耿于这个阶层的利益。他推荐了许多士族出身的人在朝廷当官。有一次，要任命几十名士族当郡守，太子拓跋晃不同意，他就和太子力争，结果还是照他的意见办了。对此，鲜卑贵族是不甘心的。崔浩还宣传西周的封建五等制，说秦始皇、汉武帝废封建、立郡县是错误的，他希望北方的世家大族能够对鲜卑统治者保持独立的统治地位。这就使鲜卑贵族更难容忍。这样，他就在鲜卑贵族和汉族士族的斗争中，遭到了杀身之祸。

北魏统一北方之后，汉族人民的反抗越来越剧烈，鲜卑贵族和汉族士族的结合也就日趋紧密。崔浩死后不久，魏太武帝就说他“死得可惜”。不到一年，卢度世得到赦免。四十年后，崔浩所梦寐以求的区别士庶这件事，由魏孝文帝来执行，“国姓”（鲜卑贵族）

和“郡姓”（汉族士族），同样被安置在北魏统治阶级的最上层，可能这是崔浩所没有想到的。

北魏行均田令之前，土地占有情况，大致如下：

第一是国有土地，集中在畿内或近畿的，或为农田，或为牧场，农业或畜牧业的劳动者是称作新民的农奴和牧奴。在边境和内地，还有屯田，屯田上的劳动者，称为屯户，其中有兵户，也有杂户；屯户身份和新民差不多。公田也是国有土地，耕种公田的人，有的叫吏，有的叫幹，吏、幹和一般平民的身份是不相同的。所有在国有土地上劳动的人，都是为国家直接占有的劳动人手。

第二是坞壁主和贵族私有的土地。这种土地，主要分布在汉族居住地区。在这种土地上耕种的有奴僮、佃客和部曲。部曲是一个十分广泛的名称，这里指的是依附于坞壁主的农民，历史记载上称之为荫附的。鲜卑贵族家里，还有称为隶户的农奴。

第三是寺院的土地。在这种土地上耕种的有僧祇户、佛图户，还有一部分沙弥。

第四是中小地主和自耕农占有的土地。有一些中小地主，也是属于坞壁主的部曲之列的，他们占有少量的奴僮、牛力。自耕农经常失去土地，成为“望绝一廛”的农民，漂流异乡，或依附于坞壁和寺院，供坞壁主和寺院主人驱使。类似于这种自耕农的，还有一部分所谓的国人（即鲜卑平民）。这些人是北魏武装力量的重要来源，他们失去土地之后，经常受到朝廷赐田，和汉族自耕农的遭遇很不相同。

在畿内和近畿之地，还有落后部落酋长的封地，像尔朱羽健，因为率领部民从魏道武帝征服中原，便在秀容得到了方圆三百里的封地。封地上的劳动者，有部民，也有奴婢。尔朱氏不过是一个例子。

拓跋魏439年以后，在维持与巩固其统一过程中，所碰到的一个大问题，即和汉族地主的合作。这个问题的解决，经过了许多年。在文明太后当政的时候，拓跋魏国家和汉族坞壁主的斗争，已渗入了汉族人民和坞壁主斗争这一因素。均田的主张，这个时候提出来了，其原因则为“富强者兼并山泽，贫弱者望绝一廛”（《魏书·高祖纪》）。北魏统一之后，有了三四十年的安定，人口增加了，出现了无地少地的农民。另一方面，也存在“良畴委而不开，柔桑枯而不采”（《魏书·李安世传》）的情况。司马光作《通鉴》，论述北魏行均田一事，极其恰当地以为：“魏初，民多荫附。荫附者皆无官役，而豪强征敛倍于公赋。”然后引李安世的话：“岁饥民流，田业多为豪右所占夺；虽桑井难复，宜更均量，使力业相称。”在得到魏主的赞许后，便开始讨论实行均田了。

一方面要限制原有的大地主广占田园和奴婢，一方面要使无地少地的自耕农在国家直接控制下成为编户齐民；于是，这个已经成为中央集权的专制主义国家，便在坞壁星罗棋布的地区之内，实行了均田。

均田制并没有侵犯汉族坞壁主对于土地和奴婢的占有。在当时情况下，均田令对朝廷和坞壁主的利益作了若干调整。我国封建社会中，豪强征敛往往是倍于公赋的。从坞壁主的控制下，一部分“苞荫之户”转入朝廷之手，获得了利用和占有无主荒地的权利，减轻了一些负担，对生产也有好处。认为均田制“没有分配土地给农民，反而使农民丧失了一部分土地，或者是限制农民只能占有少量土地”的看法，是值得商榷的。

过去研究北魏均田制的人，多着眼于这一制度和魏晋以来田制的关系，或偏重于拓跋部原来氏族社会的遗风对它的影响。这些研究当然都是很需要的。但制度本身的改变，或一种新制度的出现，决不能脱离当时社会政治经济情况的变化，决不能脱离当时社会的阶级关系和统治阶级内部的关系。把均田令联系当日北魏总的政治经济情况来考察，就不能不注意到拓跋部国家在统一黄河流域以后越来越依靠中原谷帛的支持，越来越需要占有更多的汉族农民为这个国家提供租赋。就当时汉族坞壁主和这个国家的关系来看，既有主要的一致的一面，也还有斗争的一面，这一面在当时便表现为荫附的存在不符合北魏朝廷对汉族农民直接占有的要求。就当时的阶级关系来说，北魏官吏和坞壁主已使广大农民陷于不得不用武器来改善自己悲惨境遇的地步，地方性的暴动接二连三。这种情况让它继续下去，是不能使这个国家顺利地取得中原谷帛的支持的。孝文帝的改革——三长法和均田令，便是在这种情况下加强北魏统治的重要立法。

在畿内和近畿之地，在鲜卑平民和所谓新民中间，在中原那些杂户当中，是不是实行了均田令，也必须从北魏总的政治经济情况出发，作具体的分析，不能笼统地认为均田令是在一切地区、对一切阶级、阶层都是适用的。

本文的结论是：北魏均田令只是在中原实行了的，对于汉族坞壁主、中小地主、自耕农和被清查出来的荫附才适用。

李冲家在陇西（现在甘肃），陇西自西晋以来，是中原士族避难的地方，保持了汉族的文化传统。李冲一家，世代相传的是汉魏（曹魏）以来的旧学，汉族封建的旧制在他脑子里扎了根。这样，“三长法”便成为他主张以古为法，革去“宗主督护”的蓝图。

孝文帝用“三长法”和均田制把广大的无主荒地和流散人户直接置于国家控制之下，这样他才战胜了拓跋部的贵族奴隶主，也战胜了坞壁主。北魏把统治中枢从平城迁到了洛阳。洛阳，从某一种意义说来，是当时进步的经济与文化的象征。

太和改革终于完成了北魏的统一，这是鲜卑拓跋部汉化的结果，也可以说是民族融合的具体表现。坞壁对胡族统治者的斗争，客观上促使了胡族的汉化。

“文治”构成了汉化的核心。北魏的国家机器，随着封建化的逐渐完成，也更为完备了。野蛮的征服者总是被那些为他们所征服的民族的较高文明所征服，这是一条历史规律。孝文帝和他的前辈什翼犍、道武帝、太武帝、文明太后一样，在鲜卑族汉化过程中，顺应了这一规律，起了重要的历史作用。

西晋以来，我国北方各族经历了一场社会经济文化的大变动，他们通过和平交往，也通过战争，逐渐接受了汉族的先进生产方式以及与这种生产方式相联系的文化，形成了这一时期我国北方各民族的大融合。那些“代迁户”渐渐失去了旧有的联系，在新的地方取得了新的联系，学得了新的风俗和新的嗜好。残存至今的六世纪中叶的敦煌户籍，说明已成为均田户的匈奴、高车以及其他少数民族人民的生活状况，已经同当地汉人完全没有差别。可以想见，在其他地方，北方各族人民的融合情况也相差不远。

在中世纪，封建剥削主要是通过把农民束缚在土地上。农民虽然保存自己的土地，但他是作为农奴被束缚在土地上，而且必须为土地占有者劳动或缴纳产品。“均田”实行之后，“望绝一廛”的农民，便以和过去不同的一种形式被束缚在土地上，向政府缴纳产品了。

在这一点上，北魏皇帝做到了在此前将近三百年来所有统治者所没有做到的事。

北魏朝廷用立法手段来占有民户，获得了成功。这是自西晋以来社会经济和政治的一个重要变化。五胡十六国时期，前燕、后燕在中原地区和汉坞壁主、慕容部贵族争夺民户，其结果和北魏是迥不相同的。北魏立三长、行均田，基本上完成了在中原地区的改革，安定了这一地区的社会秩序，然后从边远的平城，把首都迁到洛阳，建成了一个和汉魏规模约略相当的封建主义的中央集权的国家。

将近两百年来的政治和经济的变化，概括起来说有两点：第一是汉族坞壁主力量的削弱，坞壁内部的阶级矛盾日益激化，乡里的地方观念和宗族的血缘关系日益掩盖不住残酷的阶级压迫和剥削。第二是拓跋部的汉化，拓跋皇帝的汉化政策，使汉族士大夫（不是个别的、偶然的，而是大量的、经常的）和北魏朝廷血肉相连。在中原，由于这种变化，阶级矛盾处于非常突出的地位。

值得我们注意的是永嘉乱后，汉族先进的生产事业被坞壁保持下来了。个人常以为对北魏的均田制，从生产方面估计得过高，恐怕不合乎事实。《齐民要术》所总结的生产经验，实标志着坞壁生产的水平，而不是均田制度下生产的水平。在十六国时期汉族人民普遍被掠夺和生产被破坏的情况下，历史在逆流中迂回向前；为我国封建社会历史发展准备着物质和精神的条件的，便是这一时期的坞壁。

贾思勰的故乡山东，是我国古代农业最发达的地区。从西晋末到北魏统一北方的百余年中，这个地区经历了长期的战祸，但劳动人民在坞壁武装自保的情况下，从事生产劳动，为大族豪强提供财富。每一个坞壁成为一个自给自足的生产单位。北魏统一北方之后，长期的安定为这种经济的发展带来了更多的便利。“均田制”实行，自耕农生产的积极性有所提高，农业在这一时期，获得了较大的进展。《齐民要术》反映了这一情况。

被征服的各族人民，在北魏地区，沦为农奴和牧奴。他们无时不在努力摆脱鲜卑统治者的羁绊，企图打碎身上的枷锁。这些人和鲜卑统治者之间的矛盾，不断地激化着。这是398年以来，这个地区的一个新的、基本的矛盾。鲜卑平民和贵族的斗争，久已存在，随着征服战争的胜利、结束，更不断地尖锐起来。北魏孝文帝迁都之后，不到三十年，被压迫的农奴、牧奴和鲜卑平民便形成一股巨大的力量，在这个地区，掀起一场大风暴，震撼着整个北魏的统治。

均田制的实行，解决了拓跋部统治者和汉族坞壁主之间的矛盾，缓和了农民和坞壁主之间的矛盾。为什么不到四十年，就爆发了北镇各族人民起义的风暴？这就是因为被迁徙到畿内的各族人民，始终过着牧奴和农奴的悲惨生活；那些鲜卑国人，则“役同厮养”；贵族呢，留在北边的，“官婚班齿，致失清流”（《北史·魏兰根传》）。阶级矛盾和统治阶级内部矛盾，其目标所指，在一个问题上、一个时期内，完全相同。

魏末，人民起义的大风暴从六镇席卷北魏的北边和西部地区，其重要原因，就是因为过去的畿内和近畿成了魏末社会各种矛盾的集合点。被奴役的各族人和鲜卑平民是这次起义的主力。孝文帝南迁，鲜卑贵族分裂为两个不同的集团，一个迁往洛阳，“各各荣显”；一个留在边地，“官婚班齿，致失清流”（《北齐书·魏兰根传》）。有一些留边贵族，也卷入了起义的风暴。关陇的氐、羌和并州的胡，接着北镇竖起义旗，也是民族压迫的结果。在这些地方，民族矛盾始终是一个主要的矛盾。

从386年至太和改制，将近一百年来，在拓跋部统治的中心地区，经历了一个从以畜牧为主到以农业为主的变化。但这一百年间最重要的变化还是生产关系的变化，奴隶制是久已存在的，这时有了发展。农奴是大量的，却是新出现的。部落内部的贫富分化也愈来愈剧烈。被征服的人们沦为奴婢或农奴，加剧了鲜卑拓跋部和以汉族为主的各族人民之间的矛盾。这是一个新的矛盾，其表现为被征服者反对迁徙和压迫的斗争；在北魏统治后期，这一矛盾逐渐成为主要矛盾，其表现为各族人民反对北魏统治者的斗争，六镇的大风暴席卷魏国北部的边疆，随后又在关陇和河北深入发展。拓跋部民内部贫富分化的加剧，加深了拓跋贵族和平民的矛盾；征服战争结束之后，拓跋贵族进一步和汉族大族首领合作，进一步汉化，这一矛盾也就日益激化。拓跋贵族和君主之间的斗争，是一开始就存在的。征服战争增强了君主的力量，拓跋贵族也喂饱了。拓跋君主为了统治这一个大帝国，不得不和汉族大族首领合作，不得不进一步汉化。拓跋君主和贵族的矛盾也就不得不日益加深。一百年来，拓跋部统治的中心地区，由于生产和生产关系的变化，表现在政治上的就是这多种的矛盾。在这些矛盾面前，拓跋国家主要依靠军事力量的镇压。这些矛盾总爆发，则是在军事控御松弛之后，帝国中心南移，拓跋君主及其整个统治集团分崩离析的时候。

541年，关中大族出身的苏绰把汉族统治阶级的经验总结为六条：一清心，二敦教化，三尽地利，四擢贤良，五恤狱讼，六均赋役，称为“六条诏书”。宇文泰对这个总结很重视，命令百官熟悉它的内容，还专门设了学校，挑选中下级官吏在夜间到校学习，规定不通晓这个诏书的人，不许当官。

魏孝文帝改革，完全接受魏（曹魏）晋以来的门阀制，选择官吏只问门第，不论才德。“六条诏书”提出擢贤良一条，认为门第高不一定能保证有才有德，把才德提到了第一位。这是打破门阀传统的一种新精神，反映了北方士族的没落，也说明了鲜卑族汉化进入了一个新阶段。

577 年八月，周武帝下令释放北齐境内的杂户。这些杂户，自从他们的祖先被北魏征服，为官家当牛马已经一百三四十年了。接着，周武帝又宣布赦免自 534 年以来，在东西战争和南北战争中被掠为奴婢的人。这一举动，远远超出了“六条诏书”的范围，被束缚已久的生产力得到解放，在南北朝历史上，这是一个重大的进步。

历史上不曾有过任何一个统治阶级、统治民族、统治集团轻易地放弃已得的利益。新民以至各种不同名称的杂户被固定在土地上，从事耕牧或其他劳动，为北魏朝廷所直接占有，北魏统治者也不会发善心去改善他们的境遇。事实上，如历史记载所表明的，是在将近一百年之后北周武帝为了政治上的原因才把这些杂户放免为平民的。

从西魏大统（西魏文帝年号，535 到 551 年）到唐朝天宝（唐玄宗年号，742 到 755 年），府兵制存在了二百年。这是封建社会中一种特殊的兵制，西魏和北周是它发展的前期。

府兵制有一套完整的征召入伍的办法、训练管理的办法和指挥作战的办法。统一的指挥和训练，生产和战斗的合一（“兵农合一”），是它两个最重要的特点。但西魏和北周时并不完全是这个样子，这一时期只做到了统一的指挥和训练，“兵农合一”是在隋唐时才完成的。

北周取代西魏以后，573 年，周武帝宇文邕下令改“军士为侍官”，所有士兵都直属于皇帝，府兵成了皇帝的禁卫军，“自相督率”的现象不再存在；又规定凡是设置军府的州郡，府兵就从均田户中加以征发，还定出了优待贫下户的办法。除了当兵的本人得到租调、徭役的免除外，他们的家庭在三年内也可以不交纳租调和服徭役。原来为地方大族所控制的农民，现在直接为朝廷掌握了。这是我国自东汉末年以来的一个大变化。这一点，曹操没有办到，刘裕没有办到，元宏没有办到，宇文邕办到了。时势不同，周武帝成就了他的前人所没有成就的事业。但是周武帝时，兵农还没有合一。这要等到全国统一，在隋文帝杨坚的手上才告完成。

在南方，“王与马，共天下”，世族力量在我国历史上可以说是达到一个高峰。伴随着这种力量而兴起的豪家，随着地方经济的发展，也要求取得政治和社会地位来维护自己的利益。

东晋在南方建国的一百年中，社会的变化是很大而且很迅速的。除去东吴以来的大族继续发展之外，又出现了一个起自卑微的力量。这个力量依靠的，不再是王谢世家，而是掌机要的寒人了。统治阶级中世族和寒门在政治上的分裂，必然导致观念形态的变化，特别是道德的沦亡。

“九品中正制”是门阀统治的产物，也是门阀统治的护身符。统治阶级中的寒门，在这个制度下，处于被高门排挤的地位。这种情况，到南朝发生了变化。

唐朝李延寿写过一部南朝的历史书《南史》，其中有《恩幸传》，记述了二十多名“恩幸”（皇帝宠爱的人）。这些“恩幸”，为皇帝所爱，官位不高，却“势倾天下”。所有的“恩幸”都是寒门出身。寒门在南朝的地位，说明了南朝政治上的一个重要变化。

这个变化，是从宋朝（编者按：指南朝宋）开始的。江南地方经济的发展，增强了寒门的地位。寒门中，有些人成了地方豪强，有些人成了富户。宋朝皇室的“崛起寒微”，又为这个变化提供了重要的条件。

南北朝时期，少数贵族和大地主在政治上处于垄断地位。士族（享有种种特权的地主阶级中的上层，其中最有权势的是高门）力量在两晋时期有了很大的发展，门阀统治不但激化了社会阶级的矛盾，也加剧了统治阶级内部的斗争。这一时期，不属于士族的统治阶级中的庶族（一般地主，又叫寒人或寒门，有大有小），在政治上，逐渐显示了重要的作用。南朝以皇帝为中心的寒人当权集团，改变了士族在政治上的垄断地位。

刘裕取得了政治上的最高统治地位，士族的势力，日渐衰落，像过午的阳光，逐渐西斜。但这一过程持续了二百年，直到唐初，经过了又一次全国规模的农民战争的涤荡，才告结束。

寒门和皇权的结合，是南朝统治阶级内部关系的一个特色。齐武帝和寒门的关系，又是其中的典型。南朝皇帝，不但用寒门控制中央的政权机关，还用寒门来加强对地方的控制。从宋朝开始，南朝皇帝都用宗室诸王镇守地方。宋、齐两朝，皇帝又通过一个叫作“典签”的官，来监视镇守地方诸王的行动。典签本来是地方上管理文书的小官，仿佛后来的文书管理员。宋朝后半期，这个文书管理员，突然重要起来。

清朝历史学家赵翼，从南朝统治阶级内部的这些变化，概括出两条：一条是“南朝多以寒人掌机要”，一条是“齐制典签之权太重”。李延寿把这些寒人叫作“恩幸”，贬了一下寒人，也贬了南朝的皇帝。经过了一千多年，清朝这位历史学家，和李延寿的看法，还是相差不远。

门阀统治，到南朝至少有了二百年的历史。出身寒门的皇帝，和高门之间，政治上的利害不尽相同，需要经常和寒门结合，来巩固自己的统治地位，这是南朝统治阶级内部的一种普遍现象。

南朝统治阶级内部的矛盾，复杂得很。士族享有许多特权，不交租、不纳税、不服役，还可以合法地占有佃客，半合法地招集部曲。庶族要交租服役，作为一个阶层来说，即使在齐朝，政治上所受到的待遇和高门也不能比，例如：寒门被免官，还免不了要挨一百大板。就整个南朝来说，失掉了往日显赫声势的高门，害怕这一颓势急转直下，顽固地想维持长期形成的优越地位；寒门呢，却千方百计，不断地挤到士族的行列中去。皇帝和这两个阶层的愿望，都有些矛盾。南朝统治阶级内部一起一伏的斗争，便是这样引起来的，"土断"和"检籍"是这种斗争的表现。

佃客和部曲、兵和吏，在这个历史时期内，是主要的劳动者阶层。他们的身份、地位和欧洲中世纪的农奴相似。和秦汉相比，这些劳动者的大量存在，是这一时期的特殊现象。

逃亡，是南朝农民反抗暴政斗争最经常、最普遍的一种形式，往往预示着阶级斗争风暴的来临。

南朝的农民起义，没有东汉黄巾起义那样的规模，也没有隋末农民起义那样的规模；和北朝比较，像北魏末年震荡全境的六镇起义那样的大风暴，也不曾有过。南朝农民，被统治阶级中不同的政治力量所分裂，被各地经济发展不平衡的情况所隔绝，又没有北魏末年那样，使两个敌对力量的矛盾达到那么尖锐激化的条件。因此，起义始终局限在一个地区；全境规模的起义，一次也没有。

诗人谢灵运写过一篇《山居赋》，描写自己的山居，山环水绕：有纵横的阡陌，有簇簇的果园，有疏疏落落的药圃，稻粱、花果、药物，依山傍水，从春到秋，从冬到夏，给水色山光添了妩媚。但是，诗人笔下的画卷，不知隐藏了多少奴僮的辛苦。

西晋以来，南北分裂，双方统治者都在打算消灭对方，军事上的攻守提到了第一位，南北交通因而阻塞。这种情况，直到隋朝统一，才得改变。南北分裂局面的结束，不仅陆路交通的阻碍被扫除，大运河的开凿更促进了南北经济的发展，把我国封建社会推向了一个新的阶段。

北魏孝文帝定都洛阳，标志着鲜卑族汉化的一个高峰，但秦汉统一帝国规模的恢复，还是姗姗来迟，竟超过了百年。

洛阳的宫殿建筑，是模拟建康的。二三百年来建康的发展，是江南经济发展的一个缩影。历史上的六朝（包括东吴、东晋、宋、齐、梁、陈）繁华，标志着南方生产力发展的水平和商业的兴盛。

在全国统一之后，江南经济，更跃居全国的首位。唐朝时，数全国的财富，便有“扬州第一，益州第二”的说法。南方经济的发展，南朝是一个重要的时期。

战争时期，南北统治者在战场上决胜负；和平时期，则在辩论上斗雌雄。“华夷之辨”具有实际的政治斗争的意义。南朝和北朝相比，南朝是汉族的“正统”所在，没有所谓汉化问题，因而南朝佛教和儒、道的斗争，仅仅限于教义上的谁是谁非，互相较量长短，来争取君主的荣宠。北朝儒、道、佛的斗争，却有极其深刻的政治意义和经济原因；斗争的形式，也就以和南朝极不相同的“灭佛”而出现。

宗教在这一时期成了地主阶级思想统治的重要工具。社会的黑暗，阶级压迫和统治阶级内部的互相残杀，对于一辈子勤劳和贫困的人们，宗教让他们用在人世生活中温顺和忍耐，博得上天恩赏的希望来安慰自己；富贵的变幻无常，死生的飘忽莫测，宗教不仅非常廉价地给了那些剥削者以进入天堂的“门票”，还使他们妄求一个永不凋谢的锦衣玉食的长生。

阶级矛盾、民族矛盾、统治阶级内部的矛盾，往往和宗教发生关系。矛盾的真相，往往被宗教这一神秘的网络隐蔽起来。农民在宗教的掩蔽下，反抗强暴，在统治阶级的历史书里，却被称为“妖贼”。

北朝的宗教斗争，比南朝剧烈。非汉族的皇帝，往往通过宗教来表示对汉族大地主的态度。道教被认为是汉族的宗教。佛教信奉的神，被看作是“胡神”。因此，北朝佛教和道教的斗争，直接牵涉到所谓“胡”汉的斗争。

佛教和土地结合，产生了有势力的僧侣。当这个势力影响到皇权的巩固时，皇帝又以灭佛的名义来消灭这个势力。

十六国时期，佛教开始广泛传播。政治上的无边黑暗，人民的深重苦难，为佛教的滋长、蔓延提供了土壤。少数民族统治者认为“佛是戎神，正所应奉”，极力加以提倡，在佛教传播中起了重要的作用。

东晋时，佛学采用玄学的语言，加速了它的发展，广泛地为士大夫所信奉。到了南北朝，佛教的发展形成一个高峰。

道教发展的经过十分曲折。东汉张角创立太平道，成为黄巾起义的旗号；张道陵创立五斗米道，成为张鲁占领汉中的政治理想；东晋孙恩起义，也有很多天师道信徒参加。宗教本来是统治阶级的精神武器，但是农民反对地主阶级的斗争也披上了这件外衣。尽管推动农民走向斗争的是尘世的苦难和压迫，现实的斗争却使宗教分为“邪”“正”。“邪教”一词实际上是统治阶级对于农民反抗思想的诅咒。

“邪”“正”的对立，使道教在南北朝被重新改造，成为巩固封建统治的御用宗教。北朝的寇谦之，是改造道教的一个著名人物。他除去“三张（张道陵、张衡、张鲁）伪法”，使道教成为辅佐“北方泰平真君”（指北魏太武帝）的武器。

汤用彤先生《康复札记》引《弘明集》和《道藏·老君音诵戒经》，以李弘和张角、孙恩、卢悚同为农民革命的领袖，并据《晋书》，证明：“李弘”一名当为其时利用道教领导农民起义领袖的代名词。东汉末黄巾起义的著名领袖张角，是个真实的农民革命的领袖。李弘无疑是后人的假托。真实的人物对农民的号召力量，却比不上虚构的李弘，这是很值得研究的。在我国历史上，却也存在着另一种情况。一个封建王朝覆灭了，继起的群雄，往往有假托为那个已经覆灭了的王朝的后裔的，特别是在那个王朝被外族的统治者取而代之的时候。这是尽人皆知的事。我以为只有把这个问题弄清楚了，才有可能对乞灵于宗教神话的——以李弘为号召的这一相当普遍存在于西晋末以及南朝初的事实，剖析清楚的。

颜之推对两汉“盛世”，十分欣羡尊敬，有着无限的缅怀之情。他不知道，也不可能知道，他自己所目击的一切，正在消逝，他所处的时代快要结束了。在北周统一之后，他很哀伤，很抑郁。但是他的《颜氏家训》，却成为后来地主阶级教子的课本，广泛地流传在士大夫当中。当然，这部书的全部观点，都是属于封建时代的。

各民族之被迫离其故土，被徙者当时实苦不可言，但其结果，则和统治者的愿望相反。因多民族杂居，使被压迫者不分民族畛域而同其命运。最典型的例子，便是北镇起义，在边疆鲜卑贵族，留在故土的国人，被迁于边陲的汉人、匈奴人、敕勒人，其矛头都指向内迁的拓跋族和汉族地主联合统治的朝廷。用现在的话来说，即由民族矛盾转化为阶级矛盾，这又是治这一时期历史的人所不可不知的。

隋唐统一，在这一时期活跃的民族都和汉族融合了。李唐皇室之与鲜卑有关，为治史者所习知。唐代大诗人元稹、白居易，一为鲜卑拓跋的改姓，一为西域龟兹的胡姓，这也表明了本时期民族融合对后来的影响。

我国的土地制度，秦汉以来是在不断变化的。有人认为中国封建社会，土地是封建国有制。是不是这样，我不敢说。宋以后，我可以肯定不是国有制。宋代，地主占有土地，地主土地私有制是占统治地位的。这可以从很多方面去证明。……以这种土地所有制为基础建立起来的国家，中央集权的程度很高，皇帝的权力比起前代来，已经大得多。相权被分割了。北宋开始，相权分别由宰相、副宰相（执政）所掌握。和宰相并行的，有掌军政的枢密使。还有一个台谏（御史台：御史中丞、侍御史、知杂御史，谏院：谏议大夫、司谏），对宰相加以牵制。还有掌财权的三司使。皇帝权力的膨胀，经过元明清三代，就变作“一言堂”了。

过去，我们只强调宋代中央集权，不研究北宋以来官制上的变化，不知道这和皇帝独揽大权有关。（不读历史的人，往往有一误会，以为皇帝都是一个样的，他的权力是无边的。实际的情形并不如此。东晋的皇帝，就很没有权。“王与马，共天下”，实际上，东晋皇帝的权力，是不及权臣的。）

从经济基础到皇权，宋代是以后几个王朝的范本。

《宋史》卷八《真宗纪》三史臣赞说：“及澶渊既盟，封禅事作，祥瑞沓臻，天书屡降，导迎奠安，一国君臣，如病狂然，吁，可怪也。”史臣以为可怪的事，在当时却是有实际政治意义的，当然也反映了皇位还不稳定。《长编》卷六七“大中祥符元年正月乙丑条”在叙述了宋真宗晚上看见一位星冠绛袍的神人，告诉他上天将有天书三卷给他，以及他如何蔬食斋戒等待天书下来的情节之后，王旦向他建议：“启封之际，宜屏左右。”但真宗却说：“天若谪示阙政，当与卿等祇畏改悔，若诫告朕躬，朕亦当侧身自修，岂宜隐之而使众不知也！”但天书打开来了，“帛上有文，曰：‘赵受命，兴于宋，付于恒。居其器，守于正。世七百，九九定。’”其中“付于恒”是最重要的神示。因为“恒”是真宗的名字，真宗继承大位，是上天的意旨，这还能有什么争论呢！等天书展示在人们眼前的时候，那些像《尚书·洪范》和老子《道德经》的文章，也无非是说“上能以至孝至道绍世”，为政当“清静简俭”和“世祚延永”而已。天书的出现和一国君臣奉之如病狂的原因不是一清二楚了么！

神道设教，真宗自己是知道的，天书上所讲的那一些有利于他统治的神示，他也当然知道是按照他的意思精心伪作的。真宗之所以这样做，岂非“斧声烛影”之后，皇位继承问题还有些波澜吗？

范仲淹不做良相就做良医的思想，是那个时代知识分子思想的精华。用吴曾转录范仲淹的话来说，就是：“能及大小生民者，固为相为然。”“在下而能及小大生民者，舍夫良医，则未之有也。”（《能改斋漫录·文正公愿为良医》）这一位少年时代愿为良相，愿做良医的人，在经过数十年宦海风涛之后，渐近暮年，便发出那像金子一样的声音：先天下之忧而忧，后天下之乐而乐。

林逋这位隐士，却并非无意功名的，当他听到侄儿林宥登进士甲科的消息时，惊喜之余，也曾有诗，说：“闻喜宴游秋色雅，慈恩题记墨行清。”这和他赞美范仲淹“马卿才大常能赋，梅福官卑数上书”一样，还是不能忘怀世情的。在这一点上，他和范仲淹相同。他谈孔孟之道，却因恬淡而为隐士，这大概就是他为王随、李及、陈尧佐、范仲淹、梅尧臣、欧阳修激赏的根本所在。《苏轼诗集》二五有《书林逋诗后》，对和靖倾倒备至，一则说：“先生可是绝俗人，神清骨冷无由俗。”再则说：“平生高节已难继，将死微言犹可录。”

《和靖诗集》有《山园小梅》二首，《梅花》三首，又《咏小梅》

一首。欧阳修极叹《山园小梅》之句："疏影横斜水清浅，暗香浮动月黄昏。"他在《归田录》中说，"前世咏梅者多矣，未有此句也。"比林逋晚生一百八十余年的姜白石，用《暗香》《疏影》为题以咏梅，被张炎叹为绝唱（见《词源》）。《疏影》中说："昭君不惯胡沙远，但暗忆、江南江北。想佩环、月夜归来，化作此花幽独。"白石此词，可能是有所寄托的。但这几句却极恰当地写出了一位处士在举世沉溺于荣利中的幽独心灵。

王安石的《明妃曲》，在咏王昭君诗中，最为杰出。黄山谷曾说他可与王维、李白并驱争先。王回（深父）却以为"人生失意无南北"之语为非，且引《论语》中"夷狄之有君，不如诸夏之无也"之文作证。山谷不同意深父的意见，说《论语》记孔子欲居九夷，也以为"君子居之，何陋之有！"（见李壁《王荆公诗注》）"人生失意无南北"之遭到深父的非议，和"汉恩自浅胡自深"之为范冲"无限上纲"是相同的。

司马光始终不忘记自己是个历史学家，在和诗中，借昭君之口，对人主犹三致意，像屈原那样"冀幸君之一悟"（《史记·屈原贾生列传》）。"妾身生死知不归，妾意终期悟人主"，真有点"怨而不怒"的味道。君，在君实心中和介甫是何等的不同！"汉恩自浅胡自深，人生乐在相知心"，被范冲藉以肆行诬蔑的句子，君实是连想也想不到的。

黄庭坚之于王安石，政治上甚不相然，对其《明妃曲》却"以为辞意深尽无遗恨"（《王荆公年谱考略》第七），又以"荆公晚年删定《字说》出入百家，语简而意深"（《豫章黄先生文集·书王荆公骑驴图》），"其风度真视富贵如浮云，不溺于财利酒色"，而目为一世之伟人（同上书《跋王荆公禅简》）。历代大诗人歌颂历史人物的诗篇，无一例外地表现了他自己的思想与感情，其对这一类诗篇的议论也一无例外地可以使人窥知议论者的身世与胸怀。山谷的诗、山谷的书法，在他同时人中，都说得上是匠心独运的，因而他对王安石的评论亦与众不同。

我们现在所要讨论的民主主义 democracy，就产生于雅典贵族与平民对立的过程当中。雅典的民主是彻底的，但却建筑在奴隶制度之上。全盛时代的雅典人口四十万，奴隶就占了二十五万，外来人还不在内。我们知道，奴隶与外来人是被排斥于政治之外的。这种民主政治，西洋史家称之为雅典的民主，以别于近代的民主。因其选举的方法为抽选（by lot）而非票选，因其公民是直接参加议会而非选出代议士来参加的；但我们很可以另上一条，因其建筑在奴隶制度之上，靠奴隶生产来供给那些参与政治的人的享受——奴隶在雅典人心目中，只不过是“有生命的工具”。

雅典的民主，就是近代民主的始祖。倘若我们衡以林肯总统所说的“民有”“民治”“民享”的标准，就可知道那距民主实在远得很。一方面是公民中仍有贫富的对立；一方面是大多数人被摒弃于公民之外。雅典的民主并没有解决雅典的社会问题。

从十七世纪下半期到十九世纪上半期，英国的政治只不过是由君主专制政治，变为贵族富人政治。假如要说它是民主，那么这个“民主”之上，必须加一形容词，如西洋史家所说：贵族的民主（aristocratic democracy）。这时，英国的贵族、富人，有政治的自由，而平民是被摒于政治之外的。1830年以后，因工业革命，中产阶级的力量增大，英国在政治上有过好几次的改革，贵族的民主才渐渐变为贵族、富人、中产阶级的民主，但人民仍被摒于政治之外。这种民主政治，事实上和雅典的民主政治，相差仍是不远。

雅典的民主和英国的民主，实在就是工业生产社会之下的贵族和工商业生产社会之下的中产阶级彼此缔结的种种契约，和人民是没有什么关系的。但工业革命以后，随工厂生产制度而来的教育的普及，使人民获得了知识的武器；和古代平民（此处所谓平民，指的是希腊罗马的公民，非吾人今日所说的人民）获得以前为贵族所独享的民主一般，工人武装了自己，知道了自己的劳动在被剥夺，所谓的民主，只不过是一个幌子。因此，民主才第一次被赋予了真意义与真力量，才渐渐走向“民有”“民治”“民享”的鹄的。

理性的复活，是近代文明产生的一个重要因子；思想的解放，为现代文明的一个重要表征。自彼脱拉克（Petrarca）到今日，伟大的心灵，莫不孕育于古希腊的文明之中。希腊人的精神，表现在乐生的美术上，充满了生命的喜悦与生活的享受；而又节制以中庸之道，一切莫不恰如其分，适得其中。但希腊人于冥冥之中，感到了一个操持人类命运的暗影，若干思想，还未能脱去原始的色调。近代文明，乃希腊文明经罗马时代、中古时代，渗入了罗马人用法的精神、基督徒用死的思想，而成的一个综合的文明；又因科学发达，对自然的役服，近代人脱去了那原始的色调；其表现于欧洲各个不同的民族性上，又成为各个民族特殊的文化。英国人得之于希腊者多，德国人得之于罗马者多，而俄国人则充满了用死的情绪，十月革命后，主义虽代替了宗教的信仰，实在形变而质未变。于是这偏重于一方面的同源而异趋的三种文化，不断地发生冲突。

论中国文化

大体上说，西洋文化和我们的文化不同的，是指工业革命以后的西洋资本主义的文化而言。假如西洋没有工业革命，近代政治上的“中产阶级的民主”是不会有的，近代的自然科学的成绩是不可能出现的，由此而兴的社会科学也必无今日这样的成就。

西洋文化和中国文化之不同，就是因为西洋有一个工业革命。可是人们常常笼统地说这个西洋文化和中国文化不同，把希腊罗马中古的文化也包括在内。我们以为近代以前的西洋文化，和中国文化是大同而小异的。

工业革命后的西洋文化，是资本主义的文化，更近的是社会主义的文化。资本主义的生产方式和封建主义的生产方式是大不同的。因此，我们的文化和近代的西洋文化才大不相同。由于生产方式的一致，生产关系的一致，近代以前的西洋文化和我们的文化，是大同而小异的。

这篇文章（编者按：指作者的《论新中国文化的创造》）对中国文化，绝无什么优劣的观念。只大体上指出什么样的社会，便产生什么样的文化，文化思想都是社会的产物；但反过来说，也说明某一种文化，某一种思想，当与其所产生的社会取得协调以后，便有阻止或推动此社会的进步力量。因此，在作者看来，文化只有所谓适合与不适合；在某一阶段，不适合的文化，就必须加以人为的力量，使之迅速告退。因此，文化，在作者看来，即为人类征服自然与征服自己的成绩，因人类所使用的工具不同，而其成绩也就显有差别。这里所说的工具，是广义的，有时便相当于方法。

严格地说，民主主义是一种精神。这种精神，包括自由、平等与博爱。换句话说，这种精神是高度的理智与感情的混合，表现在历史上的，是反君主专制的斗争、反贵族的斗争、反封建的斗争、反资本主义的斗争、反帝国主义的斗争、反宗教压迫的斗争，以至于消灭阶级，消灭战争。它是令我们人类生存到今天的一种维他命。因此，它以各种不同的形式出现。

当然，我们文化中也有许多坏的东西。血统论，是很落后的，曾在“文化大革命”中风行一时。这个血统论，实则解放后并未消除，还有市场；现在呢，可能也还在为祸于改革。封建帝王，一言九鼎，什么都是他说了算。有权就有了一切。“朕即国家”，西方和我们是没两样的。开明君主在十八世纪的欧洲被人称道，我国历史上的汉文帝、唐太宗，不也被称颂至今吗？但这都是落后的东西。和希特勒比，俾斯麦是好的。和秦始皇比，唐太宗确是个纳谏的圣君。

我们现在反对裙带关系，反对为子孙谋，这些都是封建文化糟粕，是“旧文化中的反动成分”。崇洋媚外，那就是半殖民地半封建的坏东西了。迷信神、迷信鬼、迷信领袖（天王圣明，臣罪当诛）绝对不是科学的态度。有些古籍糟粕甚多，我们研究它就是为了批判。反动、落后的东西，不打是不倒的。先进的，要打倒也打不倒，要清除也清除不了。

在我看来，什么全盘化：全盘汉化、全盘胡化、全盘西化，都是不可能的。勉强去化，像北魏孝文帝那样，其结果是失败。拓跋部全盘汉化之后，贵族奢侈得骇人听闻。河间王元琛和元雍比富，养骏马十余匹，有的来自波斯，以黄金为勒。邀贵族们宴饮，金银用具数百种，酒杯是西域各国水晶、玛瑙、赤玉雕琢而成的。他对元融说：“不恨我不见石崇，恨石崇不见我！”贵族之间，斗富争权，留边贵族和洛阳王侯矛盾日深。转眼之间，这个当时强盛冠于亚洲的大国，便分崩离析了。

我国在一个很长时期，以优秀的、先进的文化，镕铸各族于一炉，同时也吸取了各族优秀的东西。从葡萄、苜蓿、天马，以至胡笳、羌笛、胡琴、胡床、胡椒、胡神、胡语……以迄近代的接受西方文明，莫不在于学习先进，取其有用之物，来提高自己、丰富自己。

在帝国主义，特别是日本帝国主义虎视眈眈之下，中国人曾经提过要全盘西化，胡适大概是第一人。还记得在高中读书时，曾经读过他用英文写的论西方文明（western civilization）的文章。后来南开大学教授陈序经也提过这个问题，作《中国文化之出路》（1932）。全盘西化之论，当时就受到反对。我记得梁漱溟是最激烈的一个。他在1921年就有《东西文化及其哲学》一书，称扬孔孟。这又似乎是一个唯西，一个唯故。凡“唯”都属偏颇，如唯一、唯我之类。

1982年，复旦大学开过一次“中国文化史研究学者座谈会”，对于中国文化传统作了一个估计，以为其核心内容是礼，有人不同意这种意见。有人说是中庸，就是在矛盾中求统一。中庸在孔子看来是至德（子曰：“中庸其至矣乎！民鲜能久矣。”），能做到这一点的，很久以来都是少数。天下国家可以治平，爵禄可以辞而不取，白刃在前可坦然而不惧，但要做到中庸却更难啊！希腊人主张“Mean”，和中庸颇相似。说中庸为传统的核心，我看也还要研究。北京大学打算编一部大型的文化史，包括政治制度、农业手工业、建筑学、哲学思想、宗教、文学、文字、史学、民俗学诸史，我想还不够，很明显，还应当包括服饰、陶瓷、金石、美术（绘画与书法）、音乐、婚姻（或妇女）诸史。把这些工作完成了，我们才可以知道什么是中国传统文化的核心。列宁曾经说到过俄国人的胆略和美国人的求实精神，我们对中国传统文化的精神能找到像这样的概括吗？

有一种流行的见解，认为中国哲学家着重讲做人，西方哲学家着重讲求知，“中国哲学中认识论不占重要地位”。这也是不合乎事实的。先秦诸子，对“名实”问题的讨论，对天人关系的讨论，宋元学者对“道”与“器”的讨论，是不是认识论的问题呢？李约瑟教授认为，中国的科学技术，明以前一直处于领先的地位，这是一个事实。这个事实，大概是没有人否认的。只着重讲做人，和这一事实是背离的；说中国“长于伦理而忽于逻辑”，和这一事实也是背离的。很难设想，没有正确的逻辑，能在科学技术方面跨出这么大的步子。最近，冯契同志写了一部书，叫作《中国哲学的逻辑发展》，在论“哲学史上的认识论问题”时，对于这个问题，有很正确的见解，作了很好的分析。

我国古代思想重伦理，特别是儒家，当然也是事实。重伦理是不是也是个优良传统呢？我的答复是肯定的。伦理，用现代的话来说，就是重视正确对待人，正确处理各种关系。父子、兄弟、夫妇、朋友就是关系。我们现在说同志关系、师生关系、领导与被领导关系、个人与集体关系，这些关系也都要正确对待。研究这些关系并提出行为的规范，就是伦理学的任务。西方哲学，认识论求真，美学求美，道德学或伦理学求善。要建立社会主义的道德，也要有所继承。在这方面，我国古代确也有优良传统。

经学是我国学术思想的主干，辛亥革命之前，谈学术就不能不谈经学。两汉之前，我国学术思想，可以称为子学。子学即诸子之学。你们听过的孔学，便是其中的一种。此外，还有墨学、道学、名学，等等。《史记》归纳为六家，《汉书·艺文志》别为九流。两汉便是经学的天下。魏晋的学术，称为玄学，但玄学和经学也是分不开的，《老》《庄》和《周易》并称三玄，王弼注《易》，何晏的名著就是《论语集解》。两宋是以理学著称的，二程朱陆的主要著作都在说经。清代学术，无论汉宋，无论古今，都不出经学的范围。

我国思想史中，只有隋唐的佛学，和春秋战国的子学与经学无关，两汉以后，脱离经学的学术思想是不存在的。

也有文章说我们的史学还不成熟（大意如此）。在封建社会中，我国史学最为发达。两千年前，司马迁就提出他写作的目的是“究天人之际，通古今之变，成一家之言”，这是很了不起的。你们有兴趣，去翻一翻希罗多德的书，那只不过是一些纪事、纪闻的杂录，比起《史记》，就显得非常幼稚了。修昔底德的《伯罗奔尼撒战争史》，虽然完整地记述了这一次古代希腊的大战争，和《史记》所记的战争比较，也就使人觉得浅得很！我们的史学并没有停止于此。刘知幾、杜佑、司马光、郑樵、章学诚都有发展，有贡献。以古为鉴的作史目的，实际上也是在史学的领域内对古今关系的一种解决。

中国历史五千年，民族文学形式也不知道变过几十次、几百次，据我所知道的，《诗经》变为骚，变为赋，又渐渐由繁复入简易，四言变为五言、七言；经印度文化东来，诗和散文又变，最明显的如诗由古体变为近体，散文由骈而又复古，另外又产生一种变文，诗又变成词，变为曲；此外杂剧、小说、平话亦并行不悖。此是就大的正统的方面来说，小的变化更多，地方的差异亦大。到底哪一种是民族形式呢？都是的！没有人能说七言律诗不是我们的民族形式。但民族形式是天天在变的，就时间上说，前一百年不像后一百年的；以地来说，甲地不如乙地的。五四运动前后，西欧思想输入，我们在思想方面在变，正如印度思想输入时一般。思想一变，渐次及于文艺，故有所谓文学革命运动，白话诗、白话散文、小说，应之而起。这已经就是民族形式的又再变了。二十多年过去，这形式，在主观上，既未有十分成就；客观上，亦未为大众所接受。一到抗战，于是有人急了，怀疑了，提出“大众化”的口号。这种人若不是太急，便是根本不懂民族形式是怎么一回事。

一个诗人对于人生与世界能看其全，他便走出了人生，走入了世界。他的作品也能让我们呼吸到他所处的时代的气息。换句话说，他的作品便能反映他的时代。大作家的作品，无一不如此。一部大作品，第一必需反映它的时代，第二必须具有艺术的价值；这两者实在也就是一件事。好的作品不论其为诗，为小说，为历史……莫不是如此的。

好诗都有永久的魅力。一代一代，尽管时势不同、情况各异，这些永恒的诗篇，都能搅动人们内心的宁静。有的诗，年轻时也觉得好，但体会不深；在人生道路上一帆风顺时不能体会的东西，当走过坎坷不平的道路之后，便仿佛是在抒写自己胸中的忧闷。

在中国文学里面，诗和我的情感至深。中国的哲学特别着重人，中国的社会，始终以农业为基础，因此在中国诗里面，道德的成分和自然的抒情，占有着特殊的位置。表现于前者的，是杜甫的忠君爱国；表现于后者的，是陶潜的田园梦思。但我近来却更喜欢屈原的想象、阮籍的悲愤、李白的超越。他们是比杜甫、陶潜更高、更丰富、更给人一种高世之感的。

远山寂然凝然，时时有白云飘然打上面经过，忽想古今伟大人物，都寂寞而痛苦，充满了矛盾和孤往的情怀。矛盾越大，痛苦越深，其伟大程度越不可企及。但矛盾之极，是一种舍弃一切的调和；苦痛之极，是一种浑然忘我的至乐——经过了多少磨折艰难的一种澄明而不可企望的境界。不过依然是一种旷世的寂寞，如日初升时的彩霞围绕着他们左右。耶稣临死，没有一个学生敢认他。孔子门徒七十二人，也没有一个能真正与他同心。

“放弃自己”是诗人的开始。依我想，所谓的放弃，是放弃社会所要求的一切，用我们中国的说法，就是“正其谊不谋其利，明其道不计其功”。屈原虽然放弃了自己，但他仍不能不计其功，灵魂深处，仍充满了人类的孱弱。我们读他的作品，仍旧觉得他亦值得我们的悲悯与同情。等到另一个新时代开始，阮籍的更刚强更遒劲的诗篇，更引导着我们入于一个更高的境界。

西洋文学史家常依诗的形式把诗分作两类。一为叙事诗，一为抒情诗。我们的诗大概也可以分成这两类。《离骚》大概是所说叙事诗的一类，不过和西洋人所说的不大相同。后来的《孔雀东南飞》，杜甫的《北征》、三吏、三别，白居易的新乐府，也都可算作叙事诗。抒情诗是我国诗最大的成就，《诗经》里的大部分，《楚辞》中的《九歌》《九章》和后来的《古诗十九首》，曹、阮、陶、谢、李、杜的诗都属于所谓的抒情诗。这些诗有说理的，有言情的，有写景的。但说理的和后两者不易分别，写到了情理不分，情即理，理即情的地步。诗本来不宜于说理，中国诗的说理，用的方法却是一种诗的方法。孔子是第一个用这个方法说理的人，《论语》里面的“子在川上曰：‘逝者如斯夫，不舍昼夜！’”真是一首说理的好诗。阮籍、陶潜的诗，说理的也不少。阮籍的“开轩临四野，登高望所思。丘墓蔽山岗，万代同一时”，“天马出西北，由来从东道。春秋非有托，富贵焉常保。”陶潜的“众鸟欣有托，吾亦爱吾庐”，“采菊东篱下，悠然见南山”，都是说理的诗，但也都情理浑而为一，使我们分不出哪是情，哪是理，和孔子的川上之叹，如出一辙。陈子昂的“前不见古人，后不见来者。念天地之悠悠，独怆然而涕下”，李白的“弃我去者，昨日之日不可留；乱我心者，今日之日多烦忧，长空万里送秋雁，对此可以酣高楼”，又何处不是理，何处不是情，真正可以说是达到了说理的最高境界。但必有人要问：就这样，你就可以说它是说理的么？我必说：是的。说理的诗不但可以触动我们的情，还可以引起我们思索，我们读了那样的诗，不仅如读了一首言情的诗一样被感动了，而且还不禁要默然地去想一下。言情的诗，像元稹的《遣悲怀》，杜甫的《悲陈陶》，是令人感动的。但只感动而已。不过我们的说理诗，唐以前和唐以后的不一样。宋朝有些道学家，如邵雍、朱熹、陆九渊等用诗来说理，但却说得像“半亩方塘一鉴开，天光云影共徘徊。问渠哪得清如许，为有源头活水来”一样淡乎寡味。把诗当作写理的工具，用散文的方法是不行的，要用诗的方法。诗的方法是一种领悟的方法；领悟是经过精细的观察，极艰苦的探索而得来的一种了解。

我们可以说，《诗经》是一个乡村的姑娘，风韵天然，如璞玉之无华。而《楚辞》却是一个打扮了的女子，人工更妆点出她天然的美丽，更令人觉得婉约多姿，但脂粉服饰莫不恰如其分，也仿佛是与生俱来。魏晋以下至唐，诗的艺术都偏重于文字的艺术，诗人似乎不太喜欢从言语中去提炼精华。大家如阮、陶、杜、李，亦莫不如此。杜甫是最讲究文字的艺术的人，“老去渐于诗律细”，足见他自负的一斑，虽然他也颇醉心于言语的运用，晚年戏为“吴体”，运用俗语入诗，但他似乎没有把握住言语的特性，强把民间的话，收入整齐的七言近体之中，既失去了人为的文字的音节，又失去了自然的言语的音调。中国的诗，从《诗经》以至唐诗，是从运用言语入诗到运用文字作诗的阶段。把民间的语言，变为诗的语言是《诗经》的成就；把通行的文字，变为诗的文字，是屈原以后至唐代诸大家的成就。这两种成就，虽有精与粗，朴质与华丽之分，但所收到的效果是一样的。因之我们读古人的好诗只觉得是诗，而不想到它是语言的诗或是文字的诗。语言与文字一经成为诗，便无从辨出它们的本来的面目了。

宋人在运用文字入诗这一点上，也许比唐人还进了一步。清乾嘉以迄于近代的江西诗派，比宋人或许又进了一步。但即使是大家的作品，我们也觉得不如唐以前；二三流的作品，更令人有一种文字游戏之感。这或许就是我所说的他们看人生、世界、宇宙，只看其偏；他们是站在人生的外面，或者只不过如近人所说的“在人生的边缘上”的缘故。

诸子百家在这个思想解放的时代，对宇宙、人生，对天人、古今、名实、同异等许许多多的大问题，发表了极为精彩的见解。两千年前的议论，今天读来依然觉得虎虎有生气，如晨风，如朝日，如浩浩长江，如汪洋大海。和欧洲十八、十九世纪的一些著作一样，使人奋发，充满了对未来的向往。鲁迅曾叫人不要读中国书，要读外国书，说“看中国书时，总觉得就沉静下去，与实际人生离开”。读外国书让人奋发，“想做点事”。这是愤激之词，实际上，他读了不少中国书，他的议论，代表了那个时代先进的中国人的议论。

孔子心目中的夏礼、殷礼以及周礼都指的是文化。夏尚忠，殷尚鬼，周尚文，三代文化各有特点。但殷夏相因，周殷相因，又都有损益。损益和我们经常说的“批判继承”的意思差不多。春秋时期，诸侯国的文化并不完全相同。齐、鲁是邻国，但孔子认为齐国要和鲁国一样，还得来一个变化。晋国秦国，一在山西，一在陕西，仅仅隔了一条黄河，但晋国的文化比秦高得多。晋国和狄族关系很深，晋文公重耳就娶了一位狄人女子季隗为妻，生了两个儿子。季隗的姐姐嫁给赵衰，生了一个后来成为著名政治家的赵盾。戎狄蛮夷，当时是为中国（中原的诸侯国）看不起的。秦国，历史记载上说其僻处西戎。楚国，也被视为蛮貊之邦。《孟子》中有陈良、陈相到中国来留学的纪录，说他们是楚国人，喜欢周公仲尼之道，才到北方来。这已是战国之时了。楚文化是很高的，和中原不断交往，中原的文化也影响了它。屈原在《离骚》中所表现的思想，就是个很好的证明。三家分晋之后，赵国与胡为邻，赵武灵王胡服骑射。《史记·赵世家》有一段武灵王和肥义的谈话，“胡服骑射以教百姓”，当时也是一种改革。胡人对中原的影响是不言而喻的。

孔子用很形象的譬喻，说“仁者乐山”，“知者乐水”。在孔子看来，仁与知是不可分的，他说：“未知，焉能仁？”在这里，孔子大概是最早提出这样一个问题的人，道德与文章的关系，品德与学问的关系，理想与知识的关系。他说得非常明确，知是仁的必要条件。对道德没有正确的认识，就不可能是自觉的。成仁取义，是我国古代认为最高的道德。历史上，成仁取义的人，都是非常自觉的，富贵不能淫，威武不能屈，贫贱不能移。宋末的文天祥，八百年来为人所歌颂。孔子的门生，称赞他的老师说：“子绝四：毋意，毋必，毋固，毋我。”不要主观，不要武断，不要强加于人，不要有私心。意、必、固、我，是行仁的大敌。去此四者，目的就在为仁，就在立人达人。这是多么地充满了理智啊！他的弟子能这样认识老师，肯定是观察了千百次的结果。

你们读《论语》，能不为那一位伟大教师的“学而不厌，诲人不倦”，“爱之能勿劳乎，忠焉能勿诲乎”的肺腑之言所感动么！读《孟子》：“庖有肥肉，厩有肥马，民有饥色，野有饿莩，此率兽而食人也！”对那些无视人民痛苦的国君、贵族，他不禁破口大骂了。孔子和孟子是儒家，他们的书，在我国近现代史中，有好几回是要被焚的，但其中肯定是有一些好东西，我们是要拿过来的，是要继承的。

比孔子进一步，孟子为了要维持那个垂死的周制，便大胆地宣称那个制度只能建立在人民的同意上。因此孟子强调“义”，不惮其烦地说什么是该行的，什么是不该行的。孟子的思想，颇似十八世纪的卢梭。不根据历史，自造历史以说明其理论。其教育思想，亦与卢梭相似。这在儒家思想中是卓越的。但孟子的时代环境限制了他的思想的影响，不似卢梭，卢梭的思想，正产生于技术革命的前夜，对于西方实际的政治社会有那么大的影响。后来的宋明理学，是颇有取于孟子的性善说的，但却被看作婉顺以事上的理论的根据了。

孟子法先王，复古，但不能因此就说他落后、反动。欧洲的文艺复兴，人们说是再生，也就是要复希腊、罗马之古，重新发现人。

孟子说他知言，善养浩然之气。什么是浩然之气？孟子自己也说难言，但他仍作了描绘，说：“其为气也，至大至刚，以直养而无害，则塞于天地之间。其为气也，配义与道，无是，馁也；是集义所生者，非义袭而取之也，行有不慊于心，则馁矣。”这种浩然之气，也就是正气，成仁取义之气。有了这种气，则“万物皆备于我”，“天地与我为一”，也就是宋儒（理学家）所说的“人欲尽净，天理流行”的一个境界。人达到这种境界，就至大至刚，富贵、贫贱、威武都不能动其心。

孟轲说：“乐民之乐者，民亦乐其乐；忧民之忧者，民亦忧其忧。乐以天下，忧以天下，然而不王者，未之有也。”先天下之忧而忧，后天下之乐而乐，就是孟轲这一思想的发展。

周秦之际，孟轲与荀卿两派并峙，其后荀学盛于西汉，只有扬雄对孟子有相当的推崇。唐韩愈始以孟子为孔子的正传，其书至宋，成为道学家所根据的重要典籍。孟子思想本来有神秘主义的倾向，其好辩也是被他同时人所公认的。司马光的疑孟，在他那个时候，是颇具特色的。

老子对传统的社会政治制度是持否定态度的。胡适说他是那个时代最大的批评者，并且他的批评总是带有破坏性和反权威性的。“大道废，有仁义；智慧出，有大伪；六亲不和，有孝慈；国家昏乱有忠臣。”这样的议论不是有着很强的爆破力吗？

庄子不仅是先秦最大的哲学家，而且是诗人，是文学家。这是庄子有别于其他思想家、哲学家的特点。对于旧世界，他和老子一样，是采取批判态度的。

在这种大体上无变的农业生产社会之下，由于我们以上所说的贵族统治的动摇，列国并争的结果，法家思想理所当然成为时代的骄子。一方面法家的“强公室，杜私门”的政策适当那时君主与人民的要求；一方面法家主张富国强兵以战争为统一天下的手段也是现实的。但法家仍然跳不出时代的限制，贵族的统治覆灭了，农民与地主的关系依然原封不动。“粟米之征”“布帛之征”“力役之征”依然足以奉养至尊及其赖以为治的官僚的。法家的愚民政策，在那个绝大多数的人脱离不了土地的劳动，使用简单的生产工具的农业社会中，在君不暴，官不贪的情形下，是行之无阻的。但事实是君必暴，官必贪，农民不得不铤而走险，旧的统治被推翻，新的统治依然是建筑在旧统治的基础之上。因此，一治一乱，构成了我们历史哲学中的“合久必分，分久必合”的观念。

《尉缭子》说："臣闻人君有必胜之道，故能兼并广大，以一其制度。"又说："赏如山，罚如谿，使人无得私语。诸罚而请不罚者死，诸赏而请不赏者死。"从这里，我们也可以感到行将统一的时代的呼吸，一个专制主义的中央集权的封建国家即将出现。这正足以说明《尉缭子》的时代，正是《史记》所说的尉缭的时代。

总之，我们认为：《史记》所载尉缭其人是可信的，《尉缭》这部书，原来有杂家和兵形势家两种。现存的《尉缭子》，基本上是兵形势家的《尉缭》，其中也掺杂有杂家的《尉缭》，有些是作者根据六国晚期情况而开出的治国、治兵的药方，有些是作者对他任国尉时所草拟的军令的议论或说明。全书是同一时期七国的历史材料，保存了不少旧史所略去的珍贵东西。魏国是在商鞅变法之后日趋衰落的，其内政与外交，军事与经济，在这部书里说得相当具体。秦王政"奋六世之余烈，振长策而御宇内"，在如何建立一支为新兴地主阶级完成统一六国事业的军队这方面，《尉缭子》为我们提供了值得认真研究的原始材料。

在世界文学之林中，我国的诗歌，是极具特色的。其形式之美（当然包括声韵），我以为印度、欧洲（不论是古代希腊或近代俄、德、英、法）都不能和它比。周诗三百篇，其中国风，多写男女恋情。《野有死麕》云："舒而脱脱（同蜕）兮，无感我帨兮，无使尨也吠。"《九歌·湘夫人》云："帝子降兮北渚，目眇眇兮愁予！嫋嫋兮秋风，洞庭波兮木叶下。"五七言古诗和近体诗以及词曲，更是如此。搞文学或是美学的人，常常讲艺术的魅力，我以为我国的诗歌（包括词）是最有艺术魅力的。在《离骚》中，屈原写自己的追求，说："闺中既已邃远兮，哲王又不寤。怀朕情而不发兮，余焉能忍与此终古。"不是使我们有着永恒的不可解去的愁怨吗？

屈原的道路，是一条孤往的道路。我们说他是孤往，是指他独守情于人民，充满了他伟大心灵中的是无数被压迫的痛苦的、憔悴的人民的心。从《九歌》《离骚》，无论是年青时的幻想，壮年时的悲愤，或是临死的凄凉，莫不透露着崇高的追寻，美丽的梦思，反抗的斗争，坚决的弃绝，一切的一切，都只是为着那种忠贞不移地对人民的热爱与同情。横贯他作品中的不正是弃绝自己，反抗他同时代压迫者的斗争情绪？为了人民，他憔悴、悲愤、矛盾、斗争，以至被迁流，以至于死。年青时的美梦，转而为壮年时的悲愤；他至死而不移的坚贞，亦足以象征那动人无比的人格，证实了他一生的追寻并非虚假。最重要的，还是这一切都不是为了他自己。

班固在赞美司马迁时，说“其文直，其事核；不虚美，不隐恶，故谓之实录”。实录，是我国史学的一个优良传统，也是个最高鹄的，因为正史中够得上实录而被称赞的不多。

《汉书》一百二十卷，班固撰。其妹班昭续成之。班固在《后汉书》有传，其父彪，专意史籍。班固在《司马迁传》后的评论，实班彪之意。他主张“依五经之法言，同圣人之是非”，儒学已成为当日的统治思想，班氏和司马迁所处的时代不相同了。其书颂汉之德，范晔说“其论议常排死节，否正直，而不叙杀身成仁之为美”，是说得很对的。范晔又说：“迁文直而事核，固文赡而事详。固之序事，不激诡，不抑抗（即无毁誉，无进退），赡而不秽，详而有体，使读之者亹亹而不厌。”范晔说得十分正确，我近来重读《汉书》列传，常常放不下手，真是“亹亹而不厌”。

《论衡》一书，实当时之杰作，其《初禀篇》驳受命于天之谬说，以为“受性，则受命矣，性命俱禀，同时并得”，“自然无为，天之道也”，受命于天，则天道有为矣。《变虚篇》驳斥天人相与，说人之诚不能感天，天亦不能因人言之善恶而有所改变，他举“荧惑”之例说明，天绝不会因宋景公说了许多好话而有所感动的。他疾虚妄，斥谶纬，《问孔》《刺孟》《非韩》，反对章句，反对天人相与，反对尊古卑今，他在本质上还是一个孔子的信徒。钱宾四先生说他有转移三百年学术思想的大功，开魏晋玄学的新局。

从马融的《论语注》来看，他和东汉重章句训诂的经学家已不相同；他直抒胸臆，把自己所认为的道理讲出来，讲得明明白白。玄学是经学的反动，而这位经学大师和玄学之关系却如此。任何一个时代的学术思想，和前一时代都是分不开的。这也可说是一条规律。

哲学史中的思辨哲学，似乎不是我们的传统，但玄学在兴起的初期，却富于思辨的色彩。但有些玄学家，却以哲学为诗，就缺乏诗味，显得很浮浅了（参阅钟嵘《诗品·序》）。玄学家观察宇宙，观察人生，更主要的还是一种艺术的方法，用当时哲学的术语来说，就是贵“无”。

玄学的玄，前人有很多解释。有人说，玄学是从三玄来的。颜之推对南北朝的情况很了解，著了一部叫《颜氏家训》的书，其中《戒学》说三玄就是《周易》《老子》和《庄子》。玄是玄远，汉儒说经很拘泥，玄学就不然，完全摆脱文句的拘束，主张“得意忘言”（语出《庄子·外物》）。经学家拘泥于君臣父子之道，玄学家则醉心于人格的美。

魏晋玄学是经学的反动，但它又是经学在魏晋南北朝时期的另一种形式的继续。王充、马融是开玄学之先河的。王弼注《周易》；何晏作《论语集解》；杜预作《春秋释例》（即世所称之集解，其所发明者为左氏，《提要》谓“《左传》以杜解为门径”）；东晋范宁集解《穀梁》。南朝分文史玄儒为四科，梁皇侃之《论语疏》，言简而意博，亦玄学之遗风。

玄学在魏晋之际和政治的关系很深。当时的玄学家，几乎没有一个不谈名教，表示他对名教取什么样态度；也没有一个不谈自然，表示他对自然取什么样态度。在曹魏的末年，主张自然的一派，完全是曹氏之党。嵇康就是以“非汤武而薄周孔”罪名见杀的。主张名教的，完全是司马氏之党。等到司马氏统一了全国，做稳了皇帝，有一些主张自然的人也转过来了，认为名教与自然没有什么不同，山涛就是其中的一个。他原来和嵇康、阮籍一样，是崇尚自然的，后来做了大官，在他心目中名教和自然就统一了。魏晋之际，是玄学的全盛时期，玄学和政治的关系至为密切。玄学和文学的关系也是密切的，阮籍的诗篇，可以说是其中的代表作。

东晋时，玄学与现实、与政治的关系，就没有西晋那么深，而且逐渐脱离了政治。用陈寅恪先生的话来说，等到脱离政治时，玄学的生命也就结束了。玄学开始和佛教结合，接着为佛教所替代。

玄学真正的开山祖，应当是曹操。在政治上，曹操一反东汉以来用人的标准，提倡唯才是举。这一点，我在后面还要说到。当时曹操可说是思想解放派，东汉尚气节，他却以“贱守节”著称。曹操写文章毫不做作。《三国志》卷一《武帝纪》裴松之注载他经桥玄墓下的祭文说：“又承从容约誓之言：‘殂逝之后，路有经由，不以斗酒只鸡过相沃酹，车过三步，腹痛忽怪！’虽临时戏笑之言，非至亲之笃好，胡肯为此辞乎？”曹操在青年时代，桥玄对他就很赏识，认为他是“命世之才”，至以妻子为托。从祭文里的这几句话，也可见两人的亲密，话说得十分自然，语语出自肺腑，可以想见其为人。同上书裴注引《曹瞒传》说他“每与人谈论，戏弄言诵，尽无所隐，及欢悦大笑，至以头没杯案中，肴膳皆沾污巾帻，其轻易如此”，他的作风确是很通脱的。

玄学的代表人物是王弼，他曾经注过《周易》和《老子》。他注《易》是从人事方面来说明消息盈虚之理。消息盈虚，用我们的话来说，就是自然界的阴阳寒暑；在人事方面，即生老病死，得意和失意。从人事方面来讲这种道理，就是讲天道和人事的关系，也就是所谓的天人之际。《三国志》卷二八《钟会传》裴松之注有千把字讲王弼的，说王弼年轻时，和何晏见面，晏时为吏部尚书，对弼十分称赏，说：“若斯人者，可与言天人之际乎！”《世说新语·文学》刘孝标注引弼别传也有这两句话。《世说新语》另一条说何晏注《老子》始成，去拜访王弼，弼也正在注《老子》，何见“王注精奇，乃神伏曰：‘若斯人可与论天人之际矣。’”玄学家认为最重要的问题就是“天人之际”，何晏对王弼的赞美，是最高的赞美。

玄学家观察宇宙人生，用的是一种艺术的方法，或者说是艺术的眼光。这种方法，孔丘用得最早。《论语》中记载：“子在川上曰：逝者如斯夫，不舍昼夜。”说的是哲理，而又是句最好的诗。所谓艺术的方法，用当时哲学的术语来说，就是贵“无”。“无”是不太好理解的，陶渊明有一首饮酒诗，说：“采菊东篱下，悠然见南山。山气日夕佳，飞鸟相与还。此中有真意，欲辨已忘言。”“欲辨已忘言”，我看把哲学中的“无”说明得颇恰当。这两句诗对“得意忘言”也是一个很好的解释。

范缜的骨头是硬的，是当时敢于斗争、坚持真理的一面旗帜。梁武帝统治时期，他在“离经背亲”的罪名下，不许再发表议论，被流放到广州，不屈地死去。

范缜生动地以落花来比喻有的人富贵，有的人贫贱，但他不知道贫富之分是由于阶级压迫和剥削的缘故；他看到佛教流行对社会生产所起的破坏作用，对人民的苦难充满了同情，但他不知道佛教的流行正是腐朽士族统治的结果；《神灭论》正确地指出了精神是派生的，坚持了唯物论，但他不认识精神对物质（肉体）的反作用。从主要方面来说，范缜毕竟是封建社会中的一个“浪子”，从士族的营垒中出来，“反戈一击”，成了捍卫古代唯物论的一名战士。《神灭论》也不失为污浊的宗教迷信空气中的一阵清风，以充满了战斗性的无神论思想，在我国古代哲学史中发着光辉。

《弘明集》和《广弘明集》采录了梁武帝君臣和范缜辩论神形关系的文章，为我们保存了南朝关于这一问题讨论的珍贵史料。

神灭和神不灭的争论，实亦不限于南朝。陶渊明的《形影神》诗，也反映了当时关于这个问题的争论。陈寅恪先生昔年作《陶渊明之思想与清谈之关系》，曾重点地分析过这三首诗，有极可喜的见解。对于第一首诗，曾说：“观此首结语‘应尽便须尽，无复独多虑’之句，则渊明固亦与范缜同主神灭论者。”

神不灭之说，泛滥于中土久矣，与之相反的神灭之说，实倡于渊明而成于范缜。陈寅恪先生从家世信仰诸方面追踪了他们的思想渊源，探索之深，析理之密，可说是并世无第二人。

在当时历史条件下，坚持神灭论的人，一个是“纵浪大化中，不喜亦不惧”（陶潜《形影神》诗）；一个是“来也不御，去也不追，乘夫天理，各安其性”（范缜《神灭论》）。一个是在平淡中露出豪放的本相，为报强秦的壮士而悲歌；一个是不“卖论取官”（《南史·范缜传》），弃功名如敝屣。进入了真理之门，便不忧不惧，将富贵视如浮云。范缜之后，在北朝持神灭之论的还有邢邵。《北史·杜弼传》云：“常与邢邵扈从东山，共论名理。邢以为人死还生，恐是为蛇画足。弼曰：‘物之未生，本亦无也。无而能有，不以为疑；因前生后，何独致怪？’邢云：‘圣人设教，本由劝奖，故惧以有来，望各遂其性。’弼曰：‘圣人合德天地，齐信四时，言则为经，行则为法，而云以虚示物，以诡劝人，安得使北辰降光，龙宫韫椟。既（《北齐书》作“就”）如所论，福果可以镕铸性灵，弘奖风教，为益之大，莫极于斯。此即真教，何谓非实？’邢云：‘季札言无不之，亦言散尽，若复聚而为物，不得言无不之也。’弼曰：‘骨肉下归于土，魂气则无不之，此乃形坠魂游，往而非尽。由其尚有，故云无所不之。若也全无，之将焉适？’邢曰：‘神之在人，犹光之在烛，烛尽则光穷，人死则神灭。’弼曰：‘烛则因质生光，质大光亦大。人则神不系形，形小神不小。故仲尼之智，必不短于长狄；孟德之雄，乃远奇于崔琰。’其后，别与邢书，前后往复再三，邢理屈而止。”邢邵和杜弼的辩论，《北齐书》比《北史》记载得更详细。可惜的是邢邵并没有坚持做个神灭论者，终于“理屈而止”了。

他比不上陶潜，也比不上范缜。他的一生，虽“聪明强记”，“每一文初出，京师为之纸贵”（《北齐书·邢邵传》），其结果也不过是宦海沉浮而已。认识真理不易，坚持真理当更有益于世道人心。

魏晋南北朝文学重隽永，文艺理论崇隐秀（刘勰），都和玄学思想有关。

春秋以后，研究人物有专门相面的，《荀子》中的《非相篇》就是为反对相术而作。汉人也专门研究人物，《论衡》中所说的骨相，就是这方面的内容。大抵两汉相人，多重外貌，从眼鼻、筋骨、步履来推测人的内心活动。魏晋人就一反汉人旧习，和两汉的重骨相大不一样，却重神气。《世说新语·赏誉》说当时人目李元礼（李膺）“谡谡如劲松下风”，就这么短短一句，却把李膺的人格描绘出来了。《赏誉》中还说王敦对于王衍的品评，是“岩岩清峙，壁立千仞”，也可以想见王衍是怎么一个人。魏晋人评论人物，好用譬喻。山涛对嵇康很欣赏，说：“嵇叔夜之为人也，岩岩若孤松独立；其醉也，傀俄若玉山之将崩。”（《世说新语·容止》）郭林宗赞美黄叔度，说他“汪汪如万顷之陂，澄之不清，扰之不浊”，器量深广难测（《世说新语·德行》）。这种风气，也影响了艺术。顾恺之画人物，往往几年不画眼睛，有人问他为什么，他说画眼睛最难，传神正在于此。当然，也影响到文学，这时文学重隽永，《世说新语》这部书虽作于刘宋之时，但最足以作为隽永的代表。

《世说新语》这部书，可以使我们了解那时士大夫思想生活的全貌。梁朝刘孝标搜集了四百多种书，为它作了注，补充了一些材料，纠正了一些错误，使得它的内容更加丰富。

魏（曹魏）晋以来的清谈，在南朝接近了尾声，《世说新语》恰好替它作了总结。后来有不少人著书，模仿《世说新语》，但总学不像。社会情况不同了，没有了那时的清谈，这样的书也就不可能再出现。

曹操是建安文学的保护神，他的思想也开了一代的新风。他曾下令求才，以为即使不仁不孝，只要有治国用兵之术，他就要用，而且要重用。在这种思想影响下，在司马氏和曹氏争夺权力的斗争中，便出了一批诗人，其中嵇康、阮籍极为著名。

闲适平淡和金刚怒目，实际上也牵涉到自然与名教，这是自东汉末以来，特别是魏晋之际士大夫安身立命的问题。阮籍是主张自然的，山涛、王戎是自然名教合一论者，西晋开国元勋何曾之流则以维持名教为己任。陶渊明呢？一方面追求自然，一方面却感怀家国，寓故国沦亡之痛于《咏荆轲》《拟古》和《杂诗》之中。

现在，我再讲一首：“嘉树下成蹊，东园桃与李。秋风吹飞藿，零落从此始。繁华有憔悴，堂上生荆杞，驱马舍之去，去上西山趾。一身不自保，何况恋妻子。凝霜被野草，岁暮亦云已。”阮籍在曹氏和司马氏的斗争中，既不像嵇康的勇敢直言，也不像山涛的阿谀取容。他极度沉默，绝口不谈政治，司马师说他是“天下之至慎”。读了这一首诗，我们可以看到，他的忧愤是深广的。“凝霜”，经过“文化大革命”的人，是都能体会的。西山即首阳山，是伯夷、叔齐饿死的地方。“一身不自保，何况恋妻子”，进过隔离室的人也会有同感的吧。好诗都是永恒的，一代一代传下去，尽管时代不同，情境各异，而这些永恒的诗篇，都能搅动人们内心的宁静。年轻时所不懂的，年纪大了，就懂了。生活一帆风顺的时候，有些诗虽然也觉得好，但体会不深。像阮籍这首诗，我青年时代就觉得好，但在“文化大革命”中，体会就深了。当然，阮籍是绝望的。他既不能死去，又不能变节以求荣，在那种残酷的政治斗争中，优劣之势已经判然，绝望是必然的。

阮籍生当离乱之际，对于他那个时代，实在倾吐了一种更高、更有力的感伤，在我们国家当中，没有哪一个能达到他那样沉痛深处。（《关于诗人》）

东晋之末，有一位大诗人陶渊明，可以说是我国文学史上一颗明星。《晋书》《宋书》《南史》都有传，渊明字元亮，名潜，人称靖节先生，故亦称靖节。过去，人们只知道他是“隐逸诗人之宗”，实际上隐逸只是一面。南宋朱熹首先指出他还有金刚怒目的一面。他的诗有四言，五言却是主要的。

陶渊明“好读书不求甚解”。可汉人是求甚解的，讲一个字，一句经文，连篇累牍，万语千言，烦琐之至。不求甚解，则是魏晋人的学风。

南朝诗人讲究声律的风气很盛，用字有许多禁忌。根据汉字的声、韵等等特点，有人提出有八种毛病（“八病”）要避免，力求做到“一简之内，音韵尽殊；两句之中，轻重悉异”。谢朓受了这个影响，非常注意诗的音调美。但他并未拘守过于束缚诗人的声律。最脍炙人口的“天际识归舟，云中辨江树”，就是他的名句。“识”字和“辨”字把人物内心的感情表达得那么真实，那么富于形象。这两句诗的音节是美的；“寒城一以眺，平楚（平野）正苍然”，在音节方面，简直就是唐诗了。唐朝的近体诗（律诗和绝句）由南朝诗人开了先路。

五言诗从建安（汉献帝年号）以来，经过了几百年的发展，这时候已经成熟。到了唐朝，它便和七言诗共领诗坛，如急管繁弦，吹弹着一个新时代的悲欢。

山水诗和东晋抽象说理的玄言诗一样，是士族文人的作品，表现了南朝剥削者物质生活的优裕和消极遁世的精神世界。但在艺术技巧方面，山水诗受到后来诗人的重视。

山水诗的作者在艺术技巧上给了唐诗不少借鉴。北朝的民歌，更为唐诗输入了新的血液。北朝民歌表现了更广阔的社会生活动态，不像山水诗那样狭隘地只是流连于山光水色，表现气候变化引起的士族文人心情的激动。

《敕勒歌》和《木兰辞》是北朝民歌的代表作。让我们先来读一读《敕勒歌》吧：“敕勒川，阴山下。天似穹庐，笼盖四野。天苍苍，野茫茫，风吹草低见牛羊。”短短的二十七个字，不是把我们带到一幅广阔无边充满了生活气息的图画中去了么！北方民族生活的面貌，被那么富有音乐性的有魅力的语言，简洁而丰富地表现出来了。这是具有深厚生活基础的诗人，对于养育着他的土地无比深情的流露，绝不是在书斋、在锦绣丛中讨生活的文人所能达到的。有人说，这是一首用汉语翻译出来的鲜卑诗。纵然是这样，翻译本身也表现了译者对于鲜卑语和汉语的精通，对于塞北风光的熟悉和热爱。否则，是不会这样质朴自然和这样富有语言的魅力的。

数百年来，我国北方各民族的融合，为诗歌开辟了一个新的世界。诗的风格是刚健的，语言是质朴的，感情是真挚的。唐诗中那些雄浑的，充满了健康气息的诗篇，从北朝的民歌中吸取了丰富的养料。

清朝有个诗人在写诗方面作过自我批评，他嫌自己的诗“幽燕气”太少，要到冰天雪地里去寻找生活，来弥补这个缺陷。“幽燕气”三字，可以借来譬喻北朝民歌的特色。但“幽燕气”深深植根于人民的生活、斗争当中。从人民生活中吸取清新刚健的思想感情，吸收生动的语言，在我国古代文学史中，北朝民歌的作者是一个榜样。

把《敕勒歌》《木兰辞》和南朝士族诗人的山水诗来比较一下，山水诗不过是秋风摇落中的一山一水、一草一木，北朝的民歌却像春天，气象是迥不相同的。

我还要介绍《昭明文选》。这部书，唐人是很重视的，杜甫说“熟精《文选》理”，清代也极重视。我以为这部书值得通读，通读了，我们就可以知道六朝以前我国文学有些什么特点，为什么我们以此自豪。

萧统在《文选》序文里说过，他选文的标准是很严格的，要“事出于沉思，义归乎翰藻”的诗文才得入选。这两句话的意思是：既要有独到的见解，又要有动人的文采，内容与形式并重。但萧统毕竟摆脱不了当时士族文人重形式的风尚，有一些好诗便被摒于《文选》的门外；当时的民歌，更是全部落选了。

《文心雕龙》几乎涉及了文学中所有的问题，其主要内容有总论、文体论、创作论和批评论，是我国自西周以来文学的大总结。

当佛学和玄学盛行的时候，刘勰坚持了唯物主义的倾向。他强调文学的社会政治作用，认为文学的变化是由于时代的不同，指出建安文学的“雅好慷慨”，是由于“世积乱离，风衰俗怨”，初步建立了用历史眼光来分析、评论文学的观念。在文学上形式主义风靡的时代，他赞成“为情造文”，反对“为文造情”，主张内容决定形式，而不是相反。

他不承认有抽象的文学天才，认为一切好作品，莫不是对事物做了仔细的观察，在表现方法上下了苦功的缘故。

刘勰之后，在封建社会，文论的著作很多，但没有一个作家像刘勰那样严肃而系统地探索过那么多的问题。在我国古代文学理论和批评的著作中，《文心雕龙》不愧为一部体大思精的巨著。

钟嵘的《诗品》，是在《文心雕龙》以后出现的一部专门评论诗歌的文学批评名著。钟嵘在齐、梁时做过小官，对当时文学上的形式主义的风气是很不满意的。他借用了东汉以来品评人物的办法来品评诗歌，对汉魏（曹魏）以来的五言古诗做了总结。被他品评的诗人从两汉到梁朝一共有一百二十二人，列入上品的十一人，中品的三十九人，下品的七十二人。他善于概括诗人独特的艺术风格，注意探索每个人在风格上的源流派别，指名批判了当时专门讲究用典故和重声律的作家。评语有很多是切中时病和有独到见解的。在反对形式主义的同时，他提出最好的诗，是由于“直寻”（出于自然）而得。

但钟嵘毕竟摆脱不了当时文学上形式主义的影响，当他品评诗人时，往往重词采而忽视思想内容。因此，陶渊明被列入中品，而“甚有悲凉之句”的曹操竟被列到下品中去了。

佛教的存在，有它的社会原因，想用行政命令消灭它，是不可能的。北魏太武帝做不到的，北周武帝当然也做不到。北周武帝死后，佛教又流行起来。等到隋唐统一，南北朝士族门阀统治在隋末农民战争中遭受到致命的打击以后，封建主义的中央集权国家已经巩固了，唐朝的皇帝便宣布儒、释、道并存。这三种精神武器，为封建统治阶级服务都很得力。

云冈石窟的雕刻，虚构了一幅封建统治的和谐图。大佛像高大雄伟，象征着皇帝，其他石像各按品级一个比一个低，环绕着大佛，仿佛为了大佛的存在而存在。自然界的山和水、动物和植物，人世的苦乐悲欢，都一一被理想化了。担负着沉重苦役的“侏儒”（短小、壮健的一种造像），也洋溢着欢乐。统治者借助于美妙的宗教艺术，引诱人们忘记现实世界中的苦难，顺从皇帝的意旨，起着“潜移默化”的麻醉作用。这正是北魏在完成了“武功”之后维护其统治的需要。

北魏孝文帝迁都洛阳，佛教的中心随着南迁，石窟的建造也从武周山移到了洛阳的伊阙。

我常说一个诗人走入人间，或在其中，或在其上，而不能在其外。杜甫是在其中的，而李白在其中亦在其上。在其中的，表现的是它全部的欢喜与悲哀，我们可以从他的作品里呼吸到他所处的时代的气息。譬如杜甫的诗：“剑外忽传收蓟北，初闻涕泪满衣裳。却看妻子愁何在，漫卷诗书喜欲狂。白首放歌须纵酒，青春作伴好还乡。即从巴峡穿巫峡，便下襄阳向洛阳。”说的虽是他一个人的悲喜，但也表现了他同时代流寓西南的人们的悲喜。李白在其中，亦在其上。李白既表现了他的时代，而又超越了它。“德阳春树似新丰，行入新都若旧宫。柳色未饶秦地绿，花光不减上林红。”当玄宗入蜀之后，离乱的人并没有这种感觉；但诗人却摆脱了时代的羁绊，发出这样的声音，不过他并没有置身于事外。批评人生，表现人生，或在其中或在其上的，都流露着一种真情。只有站在人生圈外冷眼看人生，无论其为欢喜或悲哀，处处现出个人的小天地来的诗人，是令人感到他是可有可无的。不过这样的诗人，时间一定会把他淘汰。我觉得徐君之所谓健全而有情的人生观，和我所说的走入人间，在其中、在其上的颇相似。

我国历史上的诗人，除了屈原、阮籍之外，李白是最不可企及的了。但奇怪的是，我们是一个最不能了解诗人的民族。我们的视听仅止于山川风物、田园梦想、君臣的遇合及仕途的坎坷，对于那关涉人类的旷世之情，面对宇宙的深远之思，永远接触不到。充满了我们自唐以下千年来的文学中的，都是一些物囿于汉以后儒家狭隘的教义中的琐琐哀愤与欢情，或身居廊庙，或身在江湖，都没有一种超然而思、奋然而起的极悲极乐之情。人生的意义，似乎就只在于个人的穷通之中。

但李白，比屈原更多的矛盾，比阮籍更广阔的浑茫的感思，千年以来，在杜甫乱离悲悯的诗篇中被人忘却了，而那正是比一切放弃自己的更高的境界。李白生在唐代的盛日，而那个现实世界不能满足他。他追求更高的理想。他是最优秀的民族生命力的一种极高的表现。我们对于他，是有一种不能企及之感的。但一个生命力丰富的民族，是应当比欣赏杜甫更欣赏他的。只有这一类诗人，能给我们以鼓舞，以骚动，以超绝一切的感情。

李白超出了现实的世界，追求更高的、真正的盛唐之音，真正唐人的气象。杜甫执着于现实，怜悯一个光荣的逝去，希望过去的还回来，极易打动普通人的心。我们这民族，对李白似未能普遍地了解，他却是近乎近代西洋的。但现在走杜甫的路的，也只剩故作的感情了。

后人说李白是诗仙，说杜甫是诗圣，也有人强论其二人之优劣。李白是一个永远不能满足的人，他永远在追求，他说：“人生在世不称意，明朝散发弄扁舟。”他极大部分的诗，都作于开元盛世，但他是不满足于这个盛世的。他以《古风》为题的五十九首五言诗，写理想、抱负，写对现实的不满，是值得研究一番的。杜甫在乱离之际，怀念的却是这个为李白所不满足的开元盛日。这就是在诗的创作上代表盛唐之音的诗人。

李白能破旧，富于创造性。杜甫却有些保守，特别是在晚年致力于排律（这是齐梁形式主义的恢复）。论诗论人，我们都必须从批判旧日诗论和人物品评开始。

杜甫（712—770）是比盛唐的诗人要晚一些的。他比李白（701—762）要小十一岁。近体诗到了他手里，就完全成熟了。“三吏”、“三别”、《自京赴奉先县咏怀五百字》都是他的名篇，但都是古风。“朱门酒肉臭”就出自《奉先咏怀》。“白水暮东流，青山犹哭声”，即出于“三吏”中的《新安吏》，《羌村》和《北征》也极著名，人们以为这些都是诗史。

其近体诗五律、七律，思想上和艺术上都臻极境。《春夜喜雨》云：“好雨知时节，当春乃发生。随风潜入夜，润物细无声。野径云俱黑，江船火独明。晓看红湿处，花重锦官城。”《江汉》云：“江汉思归客，乾坤一腐儒。片云天共远，永夜月同孤。落日心犹壮，秋风病欲苏。古来存老马，不必取长途。”《喜雨》一首，观察细微，是哲学，也是诗；《江汉》一首，写孤独的归心，说壮心不已的暮年，景与情会，读着它自然是低徊不已的。

柳宗元是一位杰出的思想家，文学成就亦最卓越。他的诗作不多，却首首动情。“海畔尖山似剑铓，秋来处处割愁肠。若为化得身千亿，散上峰头望故乡。”这是和一位和尚在柳州看山寄怀长安的亲戚朋友的。其《渔翁诗》云："渔翁夜傍西岩宿，晓汲清湘燃楚竹。烟销日出不见人，欸乃一声山水绿。回看天际下中流，岩上无心云相逐。"既是诗，又是画，又是音乐。

和柳宗元一道参加永贞革新的刘禹锡，在思想上、文学上和柳宗元有很多相同之处。他的怀古诗，如《石头城》《乌衣巷》，读之真令人无限低徊。他和白居易相遇于扬州，正是贬放被征回返京师之时，有诗云："巴山楚水凄凉地，二十三年弃置身。怀旧空吟闻笛赋（用向秀事），到乡翻似烂柯人。沉舟侧畔千帆过，病树前头万木春。今日听君歌一曲，暂凭杯酒长精神。"不论是艺术性，或者是思想性，在我国诗史中，无疑地都是第一流的。

幼年读《唐诗三百首》。六十年过去了，我认为这还是一个很好的选本。解放之后，唐诗选有好几种。清人沈德潜编著的《唐诗别裁》，我以为还没有超过他的。

两宋在思想上是我国第三次思想解放的时代。"五四"时期，有不少学者，以为我国的近代史当自宋始。宋太祖不立田制，不抑兼并，遗命不杀士大夫；两宋镇市和过去的大不相同；农业的单位面积产量之逾越前代，都是这种思想解放的背景。当然，在政治上之倚士大夫为治，也是十分重要的。宋人治经，讲究义理，是为经学史上的又一大变化。其后又生出心学一派，独树一帜，至明中叶而始大炽。其代表人物是陆九渊（宋）和王阳明（明），称为"陆王心学"。钱穆说宋人给后世留下了两大问题：一为"万物一体"，一为"变化气质"。其说甚略，其义尤精。初学宋明理学者，可以抓住这两个问题，寻绎理学和心学发展的曲折线索，求得入门。

理学对宋以后学术思想的影响不用说，对整个社会的思想文化的影响也是极大的。不管我们喜欢或不喜欢，我们要研究，要存其精华，去其糟粕。解放以来，我们对封建的东西，批判很不得力。批资产阶级，从某种意义来说，是放空炮。阻碍我们前进的东西，大量是封建的东西。“内圣外王”，我们认真思索一下，在我们亲身经历的这三十多年来的生活中，也是有表现的。

宋代史学的发达，既远逾汉唐，也不是明清所可比。史家辈出，真如群星灿烂。在这些灿烂的群星中，司马光是最明亮的一颗。南宋史学名家李焘、李心传，都承其余绪，为我们留下两宋真实的历史。

《新唐书》，北宋欧阳修、宋祁奉敕撰。二百五十卷。志中有为前史所无的《仪卫》《选举》和《兵》。进士科始于隋，至唐而大盛。进士、明经二科，为人才所自出。增《选举》，实史官之特识，不步趋于前哲的表现。嘉祐修《新唐书》，正宋代禁兵不足以抗敌的时候，乡兵已逐渐在临近辽、夏前线地区建立了，总结前代兵制，乃当日政治的需要。志之外，表亦佳。如《宰相世系表》。列传亦有远胜《旧唐书》者，如《黄巢传》，旧者只一千六百余字，而新者几及六千字。一般说来，纪、志出自欧阳修，列传则为宋祁之作。

以古为鉴，在北宋是很突出的。真宗景德二年（1005）命王钦若、杨亿等修历代君臣事迹，至大中祥符六年（1013），凡八年而书成，诏题曰《册府元龟》，也是想取鉴于旧史。宋代史学是我国史学发展的一个高峰。所谓“三通”，《通志》《通考》即占其二。踵《通鉴》而作的，有《续资治通鉴长编》《建炎以来系年要录》，还创为纪事本末体，除《通鉴纪事本末》之外，复有《续通鉴长编纪事本末》。这不能不说和两宋君臣欲以史为鉴的思想有关。

历史编纂学为什么在宋代会这样的发展，以至形成我国封建社会历史中的修史高峰？司马光在著《通鉴》时，是说得极为明白的。

为了“资治”，就必须注意过去的治乱兴亡盛衰得失。司马光以一个有眼光的封建史家，认为可以从过去的治乱兴亡中得到借鉴。南渡之后，史家辈出，李焘以司马光为师，用大量的经过审查的史料，示人以北宋一代治乱兴亡之迹。李心传、徐梦莘写的更是当代的历史，无疑地更有着山河破碎之痛。

我认为宋代史学发达的原因，可以进行研究。我提的，只不过是其中的一点，也有可能是不对的。等到史学转而为局限于考证时，已是士大夫做稳了奴才的时候了。

《资治通鉴》是我国史学著作中的绝作，和《史记》一样，同为史学中不朽的巨著。其作者与司马迁并称为“两司马”。非常有意义的是《史记》产生于一个新时代开始之后的约略三百年之时。唐天宝乱后，我国进入了一个与其前不同的时代，租佃制逐渐确立之后，直至近代不改；史书所说的“不立田制，不抑兼并”，均田制破坏以后，就这样了。唐代开始的古文运动，宋以后，古文在散文中占统治地位八百多年。理学的萌芽，众所周知，也是应当上溯至中唐的。而《资治通鉴》的产生，也正是在安史之乱后约略三百年之时。

继《通鉴》而作的，有南宋李焘的《续资治通鉴长编》。此书现存版本为清人从《永乐大典》中所辑的五二〇卷本（有四库本、张金吾活字本、浙江书局本），是北宋最重要的编年史。王安石变法和王学（《三经新义》），李焘是不赞成的。《宋史》卷三八八《焘传》说他“耻读王氏书”，对司马光却佩服之至。但《长编》中却保存了大量变法的史料，《熙宁奏对日录》赖以得见一二，就是因《长编》中采录了。为什么会如此，也只能从“以古为鉴”这一点加以说明。

在《通鉴》影响之下而成的宋人编年史，有李心传的《建炎以来系年要录》，心传和丹棱都是四川人。《要录》记靖康以后事，终于绍兴。史料出自日历、实录、会要，这都是官书，他还广取私家各种著述，考订精细。四十多年前，我读此书，简直一气呵成，对北宋末及南宋初史事，似乎“了如指掌”。

过去，对《宋史》的认识也是错误的，最流行的一种说法，是《宋史》的“芜杂”。比起《明史》来，《宋史》是芜杂的，但它保存了很多史料。元修《宋史》，时间很短，当时保存的宋代史料（蒙古攻下临安，南宋宫廷所存图籍完整地北运，藏于元大都），颇为完整。修史的人，几乎全用旧文（用《续资治通鉴长编》李焘自注中所引国史的传和志，和现在的《宋史》中的传与志比较，基本上是相同的。当然，自注中也还有一些传，是现在《宋史》所无的。），因而缺乏剪裁，使我们得窥当时宋人所写历史的本来面目。《宋史》各志，写得非常详尽。廿五史中其他各史的志，远远比不上。以《礼志》来说，几乎等于宋以前各史《礼志》的总和。《新唐书》始有独立的《兵志》，但《宋史·兵志》，不仅详记禁军、厢军的统率机关，还对各级军官、番号、训练、迁补、屯戍、给养等等，都记得很详尽。禁、厢军之外，还记乡兵、蕃兵，以及军器的制作、军队的校阅和马政等等。

四百九十六卷的《宋史》，在二十四史中，最为人所不满。有不少人曾经打算重修，也有所谓的《新编》立于书林中了。但这个《新编》，比旧史更不行。就史料的丰富来说，《宋史》在二十四史中可能是比较可取的一部。我国马克思主义历史学的任务，应当是重新研究我国有文字记载以来的历史，恢复它的本来面目。对于两宋历史，也应该是这样。

两宋历史，在我国历史中，具有特殊重要地位，其文化实亦为我国文化之瑰宝，对我们的影响很深很大。重新编写一部宋史，有助于建设具有中国特色的社会主义精神文明。

唐宋的诗本是文学史上聚讼的问题。我对于唐诗和宋诗的看法，常爱把杜甫和黄山谷比一下：同是描写秋天，杜甫写成“无边落木萧萧下，不尽长江滚滚来”，黄山谷写成“落木千山天远大，澄江一道月分明”。一个表现出秋天的气象，诉之于我们的听觉的比视觉多，充满了音乐的快感；一个是刻意在那儿描摹，俨然画出一幅秋天的景色，给我们一种图画的鲜明。他们用的方法，显然两样，一个是身在其中，一个是身在其外。一个令人近乎沉醉，一个令人十分清醒。我以为从这个例子可以看出唐宋诗的分别。

宋诗和唐诗不同，不仅是因为时代不同，而且是因为宋人刻意求新，“以文为诗”。人们以北宋的大家首推苏、黄。但王安石、陈后山（师道），我以为是不亚于苏、黄的。安石的思想甚高，诗中七绝以形象作高度的概括。其《北山》云：“北山输绿涨横陂，直堑回塘滟滟时。细数落花因坐久，缓寻芳草得归迟。”《夜直》云：“金炉香烬漏声残，翦翦轻风阵阵寒。春色恼人眠不得，月移花影上栏杆。”《六言绝句》云：“柳叶鸣蜩绿暗，荷花落日红酣。三十六陂春水，白头想见江南。”陈衍认为“绝代销魂”。“细数落花”之句，不也是写的与众不同的寂寞么！

黄山谷、陈师道均刻意为诗，为江西诗派之祖。山谷《寄黄几复》诗云：“我居北海君南海，寄雁传书谢不能。桃李春风一杯酒，江湖夜雨十年灯。”以“桃李春风”之句，写往日相聚之乐，以明怀想之深。

清初，顾炎武、王夫之、黄宗羲俱为宋明理学之反动。炎武反对依傍，以明人著书为盗窃，认为凡事都要详其本末，参以证佐，主张博征；要求学问和社会相关，服膺“载诸空言，不如见诸行事”的古训。王夫之在国变之后，著书穷山，以为物理无穷，已精而又有精者，不守一家之言，不落前人习气，以为天理即在人欲之中。黄宗羲作《明儒学案》，作《明夷待访录》，以为天下之大害为有君（“无地而得安宁者，为有君也”），“有治法而后有治人”。这三位大学者，是开创清代学术思想的巨人，也和中国文化的发展是分不开的。

清初学术思想，实宋明理学之反动。明社覆亡以后，一些士大夫痛思之余，去空疏而趋于沉实。因满族入主中夏，志节之士，耻立其朝，亦刊落声华，致力专精于朴学。脱旧学的牢笼，开研究之新路。

朴学（考证学）在清初，如前所述，还不过是部分之影响。及至乾嘉，则笼罩宇宙，占领了全部学术领域。这一时期最主要的人物，一曰惠栋，二曰戴震。而戴学之精神，实远远超过惠栋。

惠栋之学，得自家传。梁启超说：“惠派治学方法，吾以八字蔽之，曰‘凡古必真，凡汉皆好’。”由此可见，其后学王引之说“惠定宇先生考古虽勤，而识不高，心不细，见异于今者则从之，大都不论是非”，是说得很对的。惠派嫡传弟子江藩作《汉学师承记》，以为黄宗羲称王弼《易注》无浮义。胡渭力攻图书之谬，辟五行灾异之说为非是，乃惠派之观点。其后阮元辑《学海堂经解》，一遵其说，俱以为凡汉皆当信奉者也。这和朴学初期的怀疑精神，正相左了。惠氏之学，可以说是纯粹的汉学。清初诸儒则不是，其后的戴东原也不是。学问之道，在于求真，“凡汉皆好”，就不是求真的态度。

（戴）东原常说学问有三难：淹博难，识断难，精审难。他以为郑樵是淹博的，但精审则不足。比起惠栋来，郑樵是淹博的，而东原则三者兼而有之。其著述最大者，则为《孟子字义疏证》。东原自谓此书为“正人心之要，今人无论邪正，尽以意见名之曰理，而祸斯民，故《疏证》不得不作”（段玉裁《经韵楼集》卷七《答程易田丈书》）。指宋明理学为“以理杀人”，实东原哲学最大胆的冲决网罗，但那时还不具备这种冲决的物质条件，故其学亦不甚显。

章学诚是浙江会稽人，生清乾嘉时代。青年时并没有表现出什么才能，史载“幼不甚慧”，他自己说“二十岁以前，性绝呆滞”，但他最终成为和刘知幾同样重要的史学家，特别是在乾嘉考证之风正盛之时，他能提出史纂、史考和史学的不同。他的“六经皆史”的主张，是大胆的，正确的。虽然他只说经均出于史官，实则把经都看作史料。

他把记注和撰述加以区分，记注即吾人所说的史料，撰述即史著。《通鉴》在他看来是史著。他以为史著当中，有“比次之书”（史纂），有“独断之学”（史学），有“考索之功”（史考）。他说：“高明者多独断之学，沉潜者尚考索之功。”他提倡通史，赞扬郑樵而卑视马端临。在他看来，郑樵有史识未有史学，曾巩具史学而无史法，刘知幾得史法而不得史意，他自以为四者都通，《文史通义》就是一部代表作。

（龚）定庵才思横溢，“九州生气恃风雷，万马齐喑究可哀。我劝天公重抖擞，不拘一格降人才”。这个人的知识面极广，佛学、史学、舆地之学无所不及。其诗甚佳，政治上不得志，乃为红粉知己之思。“风云材略已消磨，甘隶妆台伺眼波”，“今日不挥闲涕泪，渡江只怨别蛾眉”，都是这样的感情的流露。

康有为《孔子改制考》《大同书》出，便如火山爆发。他说：孔子托古改制，托尧舜；老子托黄帝；墨子托大禹；许行托神农。

托古改制，不独孔子为然，实一代之风气。喜言通三统，三统为夏、商、周三代不同，俱有所因革。喜言张三世，三世谓据乱世、升平世、太平世，愈改而愈进，时代是不断进步的。有为政治上改革的主张，实本于此。孔子是改制的老祖宗，被尊为教主。

《大同书》是一部创作。《礼运篇》云："大道之行也……是谓大同。"大同就是太平世，升平世则为小康。

只有"五四"以后的新文学运动中诸形式，才是我们今日中国的民族形式的萌芽，正如鼎革以后，我们的政治制度一般。现在（编者按：时为 1941 年）政治何曾大好了，但我们总不会再拾出那君主专制政体来的！

五四运动要求的是民主与科学，白话文学要建立的是"活的文学"和"人的文学"。这一切都是新的东西，也可以说是当日西方大大地超过了中国的东西。当时有人提出要用活的语言，要欧化。五四运动到现在快七十年了，我们的文学和旧文学有了大大的不同，不仅用的是活的语言，也"欧化"了；但中国优秀的文学传统还是继承下来了，人们一看就知道这是中国的东西。老舍、沈从文不用说了，茅盾、巴金的文字就欧化得很厉害，端木蕻良和欧阳山也是如此，但不也是中国味很浓吗。马克思主义传来中国，中国人的眼界更为之一开。但毛泽东思想却充满了中国味，大家知道，那是与中国实际结合了的缘故；但只要认真读一读，就知道也是吸取了我们的优秀遗产的。实事求是、百家争鸣，不都是我们祖先也十分熟悉的么？

读毕纪德《刚果旅行》。纪德真正是新时代的声音。个人主义在今天，似乎是没落了。我们的国度里，个人主义的声音，更是随着我们所向往的思想与文艺一齐消逝，连一层薄暗的影子都不曾留下。但在我们今日（编者按：时为 1944 年），一切显得幽昧、无力的时代，却是需要个人主义的。

个人主义，其实就是独立不惧和质朴天真的表现。而这两种美德，在我们身上，很难找到了。代替它的，是表面上的集体主义和骨子里的自私自利，是谄媚人和要人谄媚的极度的奴性。

五四运动以来，鲁迅是真正的个人主义者。充满了他作品里面的反抗的、洋溢着生命的情绪，在现在的文学作品中，是被虚伪和粉饰代替了。

论治史

恩格斯说“一切历史都要重写”，这一句话，一方面说的是包括资产阶级在内的史学著作，都没有反映历史的本来面目、历史的真实，另一方面说的是我们要用历史唯物论来研究历史、写历史，恢复历史的本来面目。恩格斯这一句名言，被人误解为对过去全部历史著作的全面否定，这是很不对的。

我国历史上许多历史事变、历史事件，都应当重写。重写的目的是恢复它的本来面目，揭去封建道德那一层迷雾似的轻纱。如唐朝的玄武门之变、甘露之变都属于这一类。

对理论产生兴趣就是因为它能给“为什么”以解答。解答得使人心服，这种理论就会被重视和研究，也一定会给人以力量——研究和行动的力量。人们常说，历史是万古长青的。这就是因为理论在不断变化发展，对历史事实的认识也今古不一，未来和今天又不尽相同。要对理论有一点兴趣，我是常常这样说的。

要捉住历史的主要问题，就要在充分占有史料的基础上，用理论去发现问题。占有的史料越全面，理论水平越高，发现的问题也就越有质量。我是十分重视学习马克思主义理论的。现在有些同志，特别是年轻的同志，不重视学习马克思主义。他们追求的是一种尽善尽美，绝对正确的理论，而不是努力从伟大的理论中汲取营养，努力去研究理论的展开过程。用这样的态度去学习理论，任何理论都是没有用处的。

历史是复杂的，但曾经在相当长的一段时间内，在我们的历史研究中，历史却被大大地简单化了。问题出在哪里呢？就出在我们的头脑被简单化了。头脑的简单化，原因是我们把理论简单化了。理论一简单化，一切又都是从理论出发，历史自然要被简单化。

理论又是怎样被简单化的呢？认为理论是一成不变的；一成不变，又放之四海而皆准，百世以俟圣人而不惑了。用这样的态度对待马克思主义，结果是把马克思主义看作教条，只重结论，而对其理论体系的展开和论证过程失去了兴趣。一讲历史唯物主义，就是经济决定论；一讲辩证唯物主义，就是上层建筑对经济基础的反作用。反映到具体研究中，则更进一步简化为阶级斗争，生搬硬套，把中国历史说成是农民战争史：地主阶级残酷地剥削压迫，逼得农民起来反抗，推翻一个王朝；新王朝建立，休养生息，对农民让步，生产得到恢复和发展；又是残酷剥削压迫，又是起义，又是王朝覆灭……如此这般。

理论是随着事物的变化发展而逐渐完善的。事物的变化发展永无休止，理论的完善也没有尽期。理论是随着事物的变化、发展而发展变化的，一成不变的东西是没有的。列宁说，马克思主义的灵魂是对具体问题的具体分析。我们的历史研究恰恰违背了这一点。我们学会的只是贴标签。贴标签是不会有说服力的。

我们要把观念形态弄清楚。首先须要懂得辩证法，否则就无法弄清什么是观念形态。

我们晓得，斯大林是个伟大的马克思列宁主义者，但是斯大林在辩证法方面，我们还不能说他已经懂得很彻底了。例如，斯大林对存在于两个阶级间的矛盾谈得很多，说明工人阶级和资产阶级的斗争性，但是他没有说明这两个阶级还有同一性，工人和资本家也有相同的地方。地主和农民是相斗争的，但是他们也是有相同的地方。举个例子，在我国封建社会中，地主也罢农民也罢，他们都有宗族的观念，地主阶级难道就不要宗族了吗？这是地主农民相同的一方面，怎样产生这种思想观念的呢？这是由当时的生产力状况决定的。以工人与资本家言，他们处在同一个时代里，生产方式是大规模的机械化生产，因而工人阶级思想与资产阶级思想也有相同的方面。如果我们否定了这些相同的一方面，那么观念形态的相对独立性与承继性也相对降低。

我们晓得，基础与物质关系也有两个方面，例如封建社会中的生产方式为封建社会中的生产力和生产关系所组成。在生产关系上，封建地主占有生产资料，农民受地主的压迫剥削，在生产力中呢？封建社会中，生产时的锄头、耙，或者是手摇的纺织机、水力的磨坊，等等，这一些是相同的。再讲生产力。生产力是由两个方面组成的：一、生产工具；二、发明与使用生产工具的具有一定劳动技术和经验的人。因此，从这个基础来讲，还不是包含两个方面吗？两个阶级的人都包括在里面，一个是占统治地位的地主阶级，它剥削和压迫农民，它有自己阶级的思想意识；但是另一方面，由于农民在生产中所处的地位与地主不同，农民又有它本阶级的思想意识，只不过不占统治地位罢了。我们不能忽略这两个方面。如果我们忽略了这两个方面，认为封建社会中只有地主阶级的意识，那么我们对很多事物就没法解释。譬如说，我们对杜甫的诗“朱门酒肉臭，路有冻死骨”，就没有办法解释。

历史是发展的、变化的，理论也应该是发展的、变化的。研究历史的目的是要知今，现实总是在对人们提出新的问题，要解答这些问题，人们对历史的认识也必须不断更新。所以，我们不仅要重新学习马克思主义，还要学习各种新的理论。学习马克思主义，发展马克思主义，都不应该有禁区，否则就无所谓学习和发展。决不能以为有了马克思主义，就不需要再学习其他各种理论了。曾几何时，我们把马克思主义理论简单化，与我们对西方的各种历史的、哲学的、经济的、社会学的理论所知甚少有关。理论上的贫乏，造成了理论研究的困难，以至于热衷于对理论作简单化的理解，这实际上是不要理论或轻视理论，而只重个别结论。用结论去研究历史，当然只好“以论带史”了。所以，一些即使是很明显的错误，也堂而皇之地登堂入室了。如主张历史为现实服务，明明是错误的，人们却不以为怪。历史是已然的东西，现实是正在进行着的、运动的，它们之间的关系，怎么会是服务与被服务呢？古为今用，说的是历史的经验可以借鉴，而不是说历史是百货商店，要什么就可以买什么。

历史是发展的、变化的，二十世纪的发展变化尤其之大，新的理论新的思潮也随之出现，由此对历史提出了新的问题。教条主义者不是看不到这种变化，就是苛求前人没有预见到这种变化。我们的历史研究如果也采取这种教条主义的态度，就将失去它的现实性和力量，也就谈不到认识历史和总结历史的经验了。作为一个史学工作者（我不敢自称是马克思主义的），应该坚持马克思的历史科学的研究精神，认真地研究这些新的理论和思潮，并从历史发展变化的各个方面去获得理解，对历史提出新的问题。由此，历史科学才能发展，我们的历史认识才能提高。

马克思主义没有传入之前，我国史学方面，即在研究社会历史方面的理论，不可能是历史唯物主义的。大家知道哲学上的唯物论和辩证法，马克思主义产生之前，就已经有了的。所有的唯物论者，一进入社会历史研究的领域，就不能坚持唯物论。恩格斯、普列汉诺夫、列宁关于这方面说得很多（可认真看一看《论一元论的唯物史观》）。

但却不能说在此之前，一切理论都是无用的。诚然，我们的前人是在历史唯心论的指导下研究历史的（文化史观、英雄史观），我们却应当以唯物史观来研究历史，也要以历史唯物主义来研究以往的理论，取精华而去糟粕。唯物史观是马克思、恩格斯的一个创造，是最正确的。

必须懂得剥削阶级在历史上也起过作用，个人在历史上也起过作用，偶然性对历史的前进或暂时的倒退也起过作用。这就要认真学习马克思主义，学习一切新东西，西方的、苏联的、日本的。

历史学是一门科学，治史者必须具有尊重这门科学的良心。这良心从何而来呢？我以为，一个对真理的精神没有透彻了解的人，是不可能坚持真理的。真理的精神存在于对真理追求的过程中。这是一个实践的问题，而不是一个理论问题。列宁说："马克思是十九世纪人类三个最先进国家中三种主要思潮的继承人和天才的完成者。这三种主要思潮就是：德国古典哲学、英国古典政治经济学同法国一般革命学说相连的法国社会主义。"（列宁《卡尔·马克思》）说到继承与完成，我们可以看到，马克思始终是把它们与自己对历史和现实问题的缜密思考联系在一起的。所以，马克思总是把自己的思考，集中于当时最先进的国家。对德国、英国和法国的思考，一方面是从对各种理论的体系上去把握；另一方面是从现实和历史的联系中去理解。这就是历史科学的研究精神，也就是追寻真理的精神。丧失了这种研究精神，不会有历史科学，更无所谓治史者的良心。

学习理论是一个更艰苦的过程，而且要用理论去指导具体的历史研究，其前提就是研究必须首先开始。理论的作用应该是潜移默化的，研究不应该从理论出发。所以，治史者要想发现历史的问题，还须注意方法。最重要的是比较的方法。王国维在其《殷周制度论》中，以为周人制度大异于殷者有三：第一是立子立嫡之制，第二是庙数之制，第三为同姓不婚之制。这都是“由殷制比较得之”。有比较才能发现问题，有比较才能区分问题的性质和主次，有比较才能启发理论思考。历史不会是陈陈相因、古今如一的。汉承秦制，却不是一个模子铸成的。倘采取比较方法，进行研究，则秦汉之差异自见，而其所谓同，也大有可说了。汉唐俱称全盛，差异也很不小。即以唐一代言之，天宝之前及其后，中央与地方的关系便迥乎不同。唐宋差异很大，土地私有，租佃制的确立，两宋在我国历史中是别具特色的。在古代，自然条件对历史发展的影响很大，山地和川原，经济文化俱不同，以成都府路而言，山区和平原差别也很大。研究历史，不独有时间上的比较，还要有地区上的比较。中外历史也要通过比较，才能互见。一概而论，就会迷失历史的真相。

有一件十分应当使人注意的事。凡治中国学问的人，向西方学习得认真的，便有卓著的成就。王国维的《人间词话》、鲁迅的《中国小说史略》、郭沫若的《中国古代社会研究》、朱光潜的《文艺心理学》、冯友兰的《中国哲学史》，至今俱为名著，能说不是受了西方的影响么？梁启超学习西方是很认真的，我国史学脱离封建窠臼，他有开山之功。近代西方的文学，对我国新文学的发展不也是他山之助？自然科学和技术，就更不必说了。这就犹如佛学之于经学，一经结合，便成为影响我们近古的理学，对中国古代文化，起了不能轻估的作用。

研究历史，史料是十分重要的。不论你有多高的水平，研究任何一个时期、任何一个方面的历史，不全面掌握史料是不行的。也可以说像做饭，“巧妇难为无米之炊”。但史料不等于史学，不论他掌握多少史料，都不能说他是史学家。在全面掌握史料的基础上，能总结出或抽象出一些规律性的东西来，例如陈寅恪先生从大量胡汉融合的材料中，抽绎出一个关陇集团，而这个集团在隋唐初政治斗争中是一个起决定作用的力量。

史料不是历史，不是史学的著作，不是史学。章学诚说“六经皆史”，在当时是很进步的，因为经被视为圣人之言，比史要高。但“六经皆史”的史，指的是史料。章学诚以为《通鉴》中的“臣光曰”是不容易学的，以为“据事直书，善恶自见。史文评论，苟无卓见特识，发前人所未发，开后学所未开”，是不足取的。他不赞成老生常谈。（《代毕沅与钱竹汀论续鉴书》）章学诚是个很有见识的人。

一个从事历史研究的人或者是从事历史教学的人，首先要弄清历史事实。写出的历史，即我们所说的史书，和历史事实总不能完全相符。司马迁作《史记》，被人称赞说是实录。实录是最高的称赞。但是，《史记》也有不符事实的地方。求真，是历史研究和教学必不可少的功夫。马克思主义不仅反对把历史简单化，而且要求恢复历史的本来面目。

历史研究，无论宏观微观，都应当是具体的。自以为有了好的理论，就无视具体的史实，妄发议论，随意地解释历史，那就无所谓“宏观”，而是什么也看不到；同样，自以为掌握了许多史料，却只见树木不见森林，那也看不到历史的真实。这样，还有什么历史认识可言呢？

在历史研究中，每一个史学工作者，都必须贯彻“通史”的观点。历史中，没有什么东西是孤立的，眼界越远越好，越宽越好。社会的、政治的、经济的、文化的，以及其他各种因素，总是交织在一起。尽管，要做这样的研究，对任何一个治史者来说，都是极困难的，但一个治史者如果根本没有这种意识，也就从根本上违背了历史的精神。

司马迁作《史记》，说要“究天人之际，通古今之变，成一家之言”。按我的理解，他这里所说的“天”，就是历史；天人之际，就是各种历史因素的因缘际会。一部《史记》，百三十卷，其中列传、世家、本纪占了百一十二卷，绝大部分是人物传记。但这些人物都不是孤立的，人与人，人与事，总是联系在一起。这样，一个个历史人物及其所处的时代，就活现了、具体了。所谓“通古今之变”，关键在于强调历史变化的因果关系。古今有关系，我国很早就认识到了。《尧典》第一句“曰若稽古”，就是一个证明。孔子也懂得这一点，赞美周的“郁郁乎文哉”，是“监于二代”而来的。司马迁说“通”，更是要对历史的绵延变化，有一个透彻的了解和把握。惟其如此，对于“成一家之言”，我们也不能简单地理解为是诸如道家、法家、儒家那样的一家之言。《史记》是一部纵贯几千年的通史，司马迁就是想通过对历史的完整叙述，来表达他自己对历史的理解。所以，他的“一家之言”，更多的是在他对历史的尽可能完整的叙述中。只有从整体出发，才能把握局部，才能看见具体的史实。史实清楚了，才能通变，才能借鉴。

历史研究的首要任务，就是去把握历史事件的完整性。这是极为困难的。许多历史事件，前后经历了几十年，甚至上百年；一些看来是偶发的历史事件，有的只是骤发于一夜之间，但真一着手研究，我们就会发现，所有这些事件，前前后后也都联系着许多问题。历史研究，就是要探究历史事件的这种联系，一旦割断了这种联系，对于这些历史，我们就不得其解。中国古代的史学，对于探究历史的因果关系，把握历史事件的完整性，是十分注重的。

在实际的历史研究过程中，历史学家们总是设法抓住那些联系面较广的问题并着手研究，以使他们的研究范围逐渐扩展。我对魏晋南北朝史的研究，是从当时的劳动者身份、坞壁组织和民族关系这三个方面着手的。我以为，这些问题，都牵涉到当时历史的各个方面。很可惜的是，我对这些问题的研究才刚刚展开，那场“史无前例”的“文化大革命”就爆发了。1957 年的“反右”，本已使我的研究陷入困境，而我的几乎所有积稿和相当一部分资料卡片，又在“文化大革命”中被毁或遗失，等到“文化大革命”结束，种种原因使我再也无力把这项研究继续下去。呜呼！难以尽言矣！

历史研究要做到比较全面，就要抓住那些能够联系各个方面的核心问题。有些问题，看上去微不足道，其实牵涉面甚广。马克思写《资本论》，捉牢一个商品，从中引出一系列的重要问题，像劳动和交换，价值和使用价值，生产力和生产关系，上层建筑和经济基础，阶级和阶级斗争，等等。这些问题，都是历史研究的重大问题。

研究历史，寻本溯源是一个重要的方面，某一专题，某一断代，都必须上下左右地看。这是很困难的，但也是史学家应当刻意追求的。历史研究的目的是要通变，变是历史运动的一种特性。尽管一种社会形态、一种制度，可以绵延几百年而不变，甚至上千年，但其内部的变动还是很大的。有人说中国封建社会是个“超稳定系统”，但是在这一系统内部，一个宰相制度从秦汉到明清，就不知有过多少变；田制、赋税、货币也是如此。不去研究这些变动，就无法对这种系统何以“超稳定”，作出历史的说明。

刘子玄是我国第一个系统地阐述其史学理论的作者。他通过对史书评论，发表其史学见解。正如刘勰的《文心雕龙》，是我国有系统的文学理论著作一般。他提出“史有三长，才、学、识，世罕兼之，故史者少。夫有学无才，犹愚贾操金，不能殖货；有才无学，犹巧匠无楩柟斧斤，弗能成室。善恶必书，使骄君贼臣知惧，此为无可加者”（《新唐书》本传），他这种说法，清代章学诚以为还当加“史德”一项，“史德”即作史时的用心，这实在是一个人的品质问题。

我以为现代能写出一本可称为史学的著作的，也必须具备这四长。史识，就是理论修养，当然还有别的因素，俗话说“见多识广”，除读书外，还要行万里路，做许多调查，广交朋友（包括和自己职业不同的朋友）。史才，主要是文学方面的修养。司马迁、班固也都是文学家，大家是知道的。文学修养之外，理论修养也与才分不开。史德，用孟子的话来说，就是富贵不能淫，贫贱不能移，威武不能屈；人是高尚的，有道德的。孔子说“见贤思齐”，我们现在说“不谋私利”，都是史学家应当具有的品德。学是功夫，就是我们现在所说的掌握了多少资料。

我以为一切必须真，真而能感，能表现，而做得恰到好处者，便是大艺术家、大文学家。歌德晚年，写一部自传，叫作《诗与真》；王国维论词，指出境界二字，谓能写真境真情感者，为有境界。现代人都似乎缺乏一点真，写下文章可有可无，显然为某某种不相干的观念所支配，而人亦似乎失去了太多人情，尽情尽理的事，我们已很少见了。

王安石变法是宋史上一个大问题，邓广铭先生和漆侠同志都有专著，王曾瑜同志也发表了长篇的论文。比起前人来，他们对这个问题的研究深入多了。但变法的性质还难确定，王安石所提出的改革措施，是不是比前人多，比前人新呢？是不是有前人已经实行过的东西却被他看作理想而为之奋斗呢？人们说，司马光是保守派、顽固派，是不是这样的呢？司马光无疑是一位了不起的史学家，他尊重事实，处处事事要问证据，而且努力从事实中探求经验教训，代表了我国史学的优良传统。我以为王安石和司马光的争论，是因为思想方法不同，其政见也就相左了。其后的“更化”“绍圣”以至北宋灭亡，就不过是统治阶级内部争权夺利的斗争。这一切，都需要做深入的研究，严密论证的。

在研究工作中，我以为有一种学风是要不得的，人云亦云。譬如说，我们都以为宋不立田制，不抑兼并。不立田制，当然就是不像唐那样实行均田，也不像西晋实行占田课田。倘如此，就不能以为宋才如此，大概均田制破坏之后就是这样的吧。我没有研究，不敢说得那样肯定。抑兼并基本上是两汉以后封建国家的国策。宋为什么不抑兼并，我以为要去想一想。宋所谓“兼并”，是否和两汉是一样的？邓广铭先生新著《岳飞传（增订本）》附录《有关“拐子马”的诸问题的考释》，一扫八百年来关于拐子马流传之误，言之凿凿，据事说理，我以为这是不人云亦云的好榜样。

历史唯物主义和历史唯心主义相反，对人的考察，也就是由个体转向群体，重视了阶级、群众这方面的研究。但历史唯物主义并不否定个体，并不否定个人。但我们的“马克思主义者”，把阶级、群众和个体分离开，以至否定个体，否定个人的作用，把社会看得非常简单。不是革命，就是反革命；不是劳动者，就是剥削者。凡是反革命，必一切都坏；凡是剥削者，必事事皆非。帝王将相不能谈，谈了就是为地主阶级树碑立传，甚至说清官比贪官还要坏。有个时期，这种歪理还占统治地位。马克思主义并不否认个体、个性、个人在历史上的作用。秦末在沛县出一个刘邦，总不是必然的吧，以为偶然性不起作用，历史就会变得神秘不可知了。

历史人物的研究，应当受到重视，研究历史和研究历史人物是分不开的。汉末纷争，群雄并起，研究这个时期的历史，能和那一大批迄今还活动在人们心目中的曹操、刘备、孙权、诸葛亮、周瑜分得开吗？讲两汉通西域，当然也和张骞、班超分不开。历史是人造成的，在阶级社会中，人又被划分为阶级的。不同的时代，有不同的代表人物，不论在哪一个方面都有。这些代表人物，在阶级社会中，莫不是统治阶级的代表。封建社会中，有些地主阶级的代表，即使对农民也有同情心，“悲天悯人”，但对那些造他们的反的农民，必呼为“逆”“盗”“乱”。

创造历史的不是某一些个人，某一些英雄人物，这是无可置疑的。但是，我们现有的史书，据以研究古代历史的资料，都是封建时代的史家留下来的。这些史书和历史资料，记载的是帝王将相，是大大小小的贵族和官吏。这些历史人物，不是剥削阶级的代表，就是剥削阶级出身的。有一个时期，只要是剥削阶级出身的历史人物，就只能批，不能评。据说，官总是坏的，清官比贪官还要坏。然而在封建社会历史中，没有当过官的思想家、科学家、发明家、政治家、军事家、文学家和艺术家，很少很少。因此，历史人物就几乎全盘被否定了。但也有例外。秦始皇算是一个，连他的焚书坑儒也被肯定为是好事。“千古一帝”的桂冠，加在秦始皇头上，并被吹捧为最伟大的法家。这样，我国历史上，除了陈胜、吴广式的农民英雄，就只剩下寥寥可数的法家人物了，汉武帝、柳宗元、王安石都成了法家，汉光武帝则是“羞羞答答”的法家。学术便如此这般地成为儿戏，历史科学被践踏得不成样子了！

任何一个剥削阶级，无一例外，都代表过一个时代的进步，其阶级精神，也必然是一个时代的精神。孔丘、孟轲、荀卿、商鞅、秦始皇，都是剥削阶级的代表，也都是那个时代精神的代表。现在看来，他们是不足的；在两千多年前人们的眼里，他们也不是完人。我们不能以对现代人的要求来苛求古人。要尊重历史，要研究这些人物，给他们以应有的评价。

任何一个在事业上有成就的人，总是吸引人的。我近来颇以为评论古人，也要看他对现实世界和历史所持的观点和态度是什么。

任何一个人，都有时代的局限、阶级的局限。要孔丘去同情“小人”，是不可能的。他说得多么肯定啊：“未有小人而仁者也。”除了这种局限之外，还有生理的、心理的、教育的等局限。研究历史人物，应当知道这一点。毛泽东同志晚年，对自己也有个估计，说后人能对他“三七开”，就很高兴、很满意了。这是很科学的态度。

我国人才辈出的春秋战国时代，是令人难忘的。三国和近代，也是满天星斗。欧洲文艺复兴时期，人才之盛，被喻为群星灿烂。日本的明治维新，不也造就了一批头角峥嵘的人物吗？人才的出现，和时代的关系是很密切的。

研究历史人物，一定要了解他所处的时代。司马迁说“屈原放逐，乃赋《离骚》”，假如我们不了解战国末期秦、齐、楚三国的关系，不了解当日楚国内部的斗争，对于写出这伟大作品《离骚》的屈原，就很难了解，对这部作品所表达的思想感情，也就只能体会到那只是属于个人的深沉的悲哀。汉武帝是一位雄才大略的君主，董仲舒在思想上是具有开创性的；司马迁对自己的要求，是“究天人之际，通古今之变，成一家之言”，他创作了我国最了不起的一部史学和文学的名著，被誉为“史家之绝唱，无韵之离骚”。他们都做出了具有深远影响的事业，假如不了解他们所处的时代，这些业绩就会被解释得不合理。汉末经学大师郑玄，也是时代成全了他。他从事学术活动时，无论今文经或古文经，都有充分的发展，今古文的斗争也已有了一个半世纪。因此，他就有可能成为集两汉经学大成的人物。顾炎武和康熙皇帝，成就是不同的，不研究他们所处的时代，对这两位历史人物，我们的认识就会处于蒙昧之中。

同一时代，因地域不同，其人物亦不同。战国时代的秦国与齐国，没有也不可能产生屈原。楚国的山川，楚国居民的信鬼神而好祠祭，是深深地渲染了屈原的作品的。屈原既是那个时代的产儿，又是楚国的精魂。法家思想，渊源于三晋，著名的法家李悝、吴起、商鞅、韩非，或出于三晋，或和三晋有关。这是因为韩、魏处四战之地，强兵富国为当时的急务。

研究历史人物，要研究他所处的时代，所活动的地域；在古代，更要重视他的青少年时期是在什么地方度过的。北宋饶州兴学于仁宗初期，其后则有影响及于全国人物的出现。张根、汪藻、洪皓是最著名的。

人是生活在社会中的。任何一个人，必有各种各样的社会关系。我国古代的社会关系，有君臣、父子、兄弟、夫妇、朋友，处理这些关系，封建社会有它的准则，概括起来，可以称之为“道义”。父子有亲，但大义灭亲，至少春秋时就已受到了鼓励和赞美。君和国往往是一致的，忠君的人亦必爱国。

研究历史人物，必须充分了解他和其他人的关系，才能认识到这个人本质的东西，才能见其本色。范仲淹是一位重要的历史人物，研究他，就必须研究他和吕夷简的关系。吕重视过他，放逐过他，是他的前辈，又是他的上官。他和吕论人物，吕说没有见过有节行的人，范反驳他，说有节行的有的是，只是你看不见；你思想上认为没有，有节行的人你当然也就看不见了。范仲淹死的时候，有一份遗表，丝毫不及私事，个人的要求一点也没有。他做过很多任地方官，所到之处，奖掖后进，推荐人才。研究一下和他有关系的人物，对他的了解就更深了。

按照一个人的行事，来研究一位历史人物，这是谁都知道的。但我们往往注意的是大事、好事，是他的作为是否合乎时代的要求。好事则褒，坏事则贬。这全然是不错的。但在实际上，即使是一位伟大的人物，所做的事，也不一定全是对的。奖掖后进，总是对的吧，但所奖掖的，不一定个个是人才。提拔人才也是这样。知人不易，谁在这方面都难免犯错误。我们研究历史人物，要研究他的行事，他对事物的态度，对事物的分析，对事物作出的决断。事物是复杂的，有各种各样的矛盾，认识它是不易的。

古人说“文如其人”，又说“读其书，想见其为人”。说得是很有道理的。历史人物留下的著作，是进行研究的第一手资料。研究司马迁，离不开《史记》。班固是研究过司马迁的；《史记》，他大概也读得很熟。因此，他对司马迁写这部伟大著作的指导思想，说得很正确：“论大道则先黄老而后六经，叙游侠则退处士而进奸雄，述货殖则崇势利而羞贫贱。”虽然他并不赞同这种指导思想。

研究一个人的作品，要求全。陶渊明是个隐士，但也有金刚怒目式的一面。不仅如此，他的作品中还有“愿在丝而为履”的闲情，有“岁月掷人去，有志不获逞。念此常悲凄，终晓不能静”的感慨苍凉，和“采菊东篱下，悠然见南山”一比较，似乎不是出自一个人的手笔。要研究陶渊明，就要看到这一点，否则就要把这个隐士混同于一般的隐士。

人是复杂的，对一个人的了解，要全面。有了全面的了解，写起来就有血有肉。作家写人物总是写那些对他印象最深的，绝不会什么都写。但印象最深的东西，是从比较中得来的，是从印象一般或不甚深的里边筛出来的。

论世知人，是古代一门大学问。研究历史人物，是这门学问的一个重要内容。培养人才，是当前建设的大需要。研究历史人物，有助于我们培养人才的借鉴。

在历史研究中，因从宏观上把握历史大格局的困难，研究者随时随地都可能被史料导入歧途，从而使具体的史实得不到澄清。但是，这样的表述，显然还存在着某种不足。首先，历史研究的起点是史料，具体的史实是通过相关的史料，才能触摸得到的。那么此时此刻，何以避免误入歧途呢？我以为，在这一个问题上，《资治通鉴》的编纂方法，是很值得借鉴的。李焘对此讲得很具体："先使其寮采摭异同，以年月日为丛目，丛目既成，乃修长编。唐三百年，范祖禹掌之。光谓祖禹，长编宁失于繁，毋失于略。今《唐纪》取祖禹之六百卷删为八十卷（实际为八十一卷）是也。"（《通考》一九三《经籍考》）相传，《通鉴》修成后，洛阳有两间屋子的残稿，大约都是长编的底本。其所用书，除正史外，所采杂史多至二百二十种，或谓三百二十二种。

"宁失于繁，毋失于简"，这是指搜集史料作资料长编而言，目的在于避免有用的史料遗漏。只有在此基础上，才能决定史料的取舍。做这一步工作，司马光用力甚勤，"参考群书，评其同异，俾归一途，为《考异》三十卷。"撇开历史的、阶级的和思想的种种局限不谈，编《资治通鉴》的目的，是要"监前世之兴衰，考当今之得失"，故其对中国历史上的治乱兴衰，是很有说明力的，做到了既具体又抽象。

盖治中国古代史者，如果说有什么捷径，那就是首先以《资治通鉴》和十七史对读，相互比较、揣摩。通过找《通鉴》史源，就能在查书过程中，初通版本目录之学；在有关史料的比勘时，校雠之法也得以略涉门径，在史料比较与溯源的同时，既可以观摩司马光与胡三省在史料运用与考辨上的精当，若偶有讹误之处的发现，又可以引导我们粗知考证的门道；至于《通鉴》正文与胡注所涉及的五代以前的典章制度、事件人物，则更是治中国古代史者必不可少的基础知识。我国古代史家，深知治史之难，写史颇重体例，必欲通博，编年、纪传于此虽各有所长，却也有兼而得者。其荦荦大端者，《史记》《通鉴》是也。今日治中国史者，五代以前，或能将《通鉴》与正史对读，参照比较，适足以博而反约，取为通裁。自宋以下，文献既多，个人即使穷毕生之精力，也来不及利用。研究这一时期的历史，如不先从几部纪传体正史和几部编得较好的编年体史书着手，更是无所适从。古人用心良苦，今人不可不察。

学习《通鉴》的方法，采取的是找史源的方法。《通鉴》中，比较重要的，如党锢，如八王之乱，如淝水之战，如玄武门之变，如藩镇（这是包括裴度和李德裕的平蔡州和泽潞在内），都要找一找司马光是根据什么书写的。《考异》和胡注，在读书时也要注意，也要找一找那些东西的根据。

用找史源的方法有三点好处。1. 可以帮助你把重要史实记住。读史是要记的，当然不要死记，方法不对头，硬背下去，对你们已经不行了。2. 可以使你多知道一些书，懂得一点目录的重要。也可以知道一点校勘和考证。3. 可以使你们懂得司马光对于史料的鉴别和取舍。为什么他取《汉纪》；为什么他用《北史》，而不用魏、周、齐《书》；用《南史》，而不用宋、齐、梁、陈《书》；用《旧唐书》而不用《新唐书》。

胡注是《通鉴》注中最著名的一种，其中也有不少问题。陈援庵写过一本《通鉴胡注表微》。这要读。从这里，可以看到胡三省是怎样古为今用的。古今，是史学中的一个大问题。古与今，有些人要分开，说古就是古，今就是今。实际上，这是幻想。今中必有古，这是常识，衣、食、住、行哪一件事不是这样，不过有多有少，有的可见，有的不可见。

历史的经验值得注意。《通鉴》一书，就是“监前世之兴衰，考当今之得失”。在我国史学中，以古为鉴是一个传统，而《通鉴》是最突出的。因为这个缘故，作者于史料力求其真，封建社会一千多年，记农民起义不厌其详，其故即在于此。近人在论《通鉴》时，对于其书农民起义这一点，多有褒词，但不理解此书怎么样会“写了不少农民起义可歌可泣的事情”，似乎在这一点上，司马光偏离了地主阶级的根本立场。《考异》也是被肯定的。司马光在《进书表》中说：“参考群书，评其同异，俾归一途，为《考异》三十卷。”《考异》之作，也就是在力求史料真实之思想指导下的产物。从不真实的史料中，是总结不出经验教训来的，当然也就说不上以古为鉴了。

研究宋史，比研究宋以前任何一史的材料多，这是非常有利的。但我们在这方面的研究近几年才迈开大步。我认为要分门别类研究宋史。先集众力搜集材料，搜集材料要全，要多，要繁富。在这个基础上，一个专题，一个史，进行编写。如写政治，写军事，写经济，写学术。政治中又可以分很多专题，君臣可以作一个专题，君民又可以作一个专题。写专题时，写史时，要求真，要求精，要求简净。这两件工作做好了，才能对有宋一代的历史有个通解，才能做出具有规律性的结论来。

研究宋史，《宋史》和《续通鉴长编》《系年要录》是基本的史料，《三朝北盟会编》《宋会要辑稿》《文献通考》《玉海》却有更多的原始资料。《宋大诏令集》、宋人文集中的内外制也是原始的资料。内外制都是为皇帝作的文告、命令，特别多的是任命状。研究宋代职官是很有用的。经子集部宋人的作品存世的不少，研究宋史的人，还来不及利用，都说宋代的史料太多。以上所说，可以说是书面材料。还有很多的考古材料。金石之学，宋代都开始了，欧阳修的《集古录》，赵明诚的《金石录》，这是大家都知道的。

上海师范学院集中了历史、中文两系几乎全部可用的人力，上海历史研究所和复旦大学参加《宋史》校点的亦各有五六人。我是始终参加工作的。这一部分量最大、材料最多的正史的出版，应当说是宋史研究中的大事，盛事。但这部经过整理的《宋史》也还存在许多问题，标点、校勘、分段，都有问题，更不必说此书原来已经存在的自相矛盾的那些问题了。这一部材料最多的书，我以为还要做校证的工作，如邓广铭先生所做的那样去做。宋代史料整理的工作，是大量的，没有一个相当长的时间，不认真组织人力，是整理不完的。整理是为了研究。整理研究的目的，那就是弃糟粕而取精华，继承宋代优秀的文化遗产。

古籍整理是实践性学科，只有自己动手去做了，才知道水有多深！一个逗号、句号、人名号、地名号、书名号，就那么容易点下去吗？光把课程学好还不行，必须参加古籍点校实践，才有可能合格。

我在大学读书的时候，一个著名的学者说自己有“考据癖”，我觉得很有兴趣，以为考据成癖，也有点近乎痴了。我们当时所受的史学方面的训练，考证、校勘占的分量颇重。有的时候，我也有点兴趣，当自己以为能辨明一些史事的真伪，确知某一学派的源流，是不禁“手之舞之，足之蹈之”的。当时人们写文章，不是这个考，就是那个考，还有什么小考、考略……无考不成文章，考证风靡一时。也不知道为什么，我对这种考证渐渐反感起来，对于有关这类文章，后来看也不屑一看了。在史学方法这一课上，我写了一篇学期论文，用当时的话来说，就是写了一个 paper，主张写一部通史，不用一句引文，使人人可读，读得有兴趣。当时，我断定搞考据的人，左引某某曰，右据某某云，是写不出这样的通史来的。我很佩服张荫麟先生，他在三十年代初就写了一些不用引文使人读起来十分有味的历史名篇。当时，我一点也不知道他在写这些文章之前，对历史问题做过非常艰苦的考证工作，文章中也利用了不少旁人考据的成果。

考证的目的在于求真，这是后来才真正知道的。抗日战争时期，我曾两次去过前线。我知道有些战役是打了胜仗的，有一些却失败了，而且败得很惨。1941 年的中条山战役，我住在洛阳第一战区的最高指挥部宿舍里，彻夜听到牛铃的声音。望不到边的牛车，两辆三辆一排，把战区的物资、用具撤退至豫西洛宁。中条山三十万驻军，一夜之间，完全溃退。但当时河南的报纸上，还是宣传胜利，说是捷报频传，或歼敌若干。1945 年 11 月 25 日，西南联合大学在晚上举行了一次大型座谈会，国民党的军警蓄意破坏这个座谈会，时时放枪，意图骚扰。第二天昆明的《中央日报》，却说是“西郊白泥坡匪警”。写历史，是要利用这些报纸的。但是，这些报纸不经考证，就真伪莫辨了。“文化大革命”中，“四人帮”不知说了多少假话，制造了多少假案。谁都知道这要认真查证以恢复事物的本来面目。马克思主义的历史观，首先就是强调要恢复历史的本来面目。学历史是要有点“考据癖”，三十岁以后我是完全相信的了。只有于史不谬，我们才能总结历史的经验，古为今用。

先网罗史料，通过分析综合，芟繁去芜，才能使历史的真相凸显出来。一味地堆砌史料，却不注意发现史料与史料之间所存在的问题，是无法看到具体的史实和历史的真相的。如隐士，这在中国历史上是一个很突出的现象。孔子说："隐居以求其志，行义以达其道。"又说"天下有道则见，无道则隐。"其实，这只是隐士的一种。对隐士，范蔚宗说："或隐居以求其志，或回避以全其道，或静己以镇其躁，或去危以图其安。"同样是隐士，性质却大不一样。要研究中国历史上的隐士，就要看到这种不同，并从这不同之间，揭示各种不同的历史问题。北宋有个大隐士，名叫林逋，此人并非无意功名，他的侄儿登了进士甲科，惊喜之余，他赋诗曰："闻喜宴游秋色雅，慈恩题记墨行清。"他的《送范（希文）寺丞》诗，赞美范仲淹"马卿才大常能赋，梅福官卑数上书"，也表明了他自己于世事的热衷。然而就是这样一个人物，在当时却受到了朝廷的鼓励和士林的景仰，生前有皇帝的粟帛之赐，死后有皇帝的褒赠；像范仲淹这样十分执着于用世，得志之日，就尽其心力于救弊除害的人物，也对他推崇备至。这是什么原因呢？盖其时，读书人一中科第，便可做官，享受俸禄和一些特权；而且贡士的数目日益增加，录取的名额日益扩大，积成冗官。冗官是北宋的一个沉重负担，而当日士大夫贪恋官位，更是雪上加霜。一个叫王彦超的人，六十九岁了，才想到七十岁要致仕。而一个叫吴虔裕的人，听说王彦超请求致仕，说"纵僵仆殿阶下"，也不学王彦超七十就告老。甚至有的官员八十岁了，也不提出辞呈。由此看来，林逋恬淡而为隐士，的确有他的过人之处，这就难怪即使像范仲淹这样"居庙堂之高，则忧其民；处江湖之远，则忧其君"的士大夫，对林逋，不仅说"风俗因君厚"，还赞美他："片心高与月徘徊，岂为千钟下钓台。"一个原本并不重要的人物，却因从他身上折射出重大的历史问题，就变得重要起来了。这样的问题，就史料而史料，是根本看不出来的。具体的史实，真实的历史问题，往往只存在于史料与史料的相互联系中。

我国古代史中有许多问题，言人人殊，北魏均田制也就是这样的一个问题。其中，有的是由于资料相互矛盾而来的，有的是由于对资料的说明不同而来的。关于北魏均田制的意见分歧，多半是由于后者而不是前者。

《晋书·孙恩传》说孙恩自海上攻上虞，江东八郡响应，吴兴太守谢邈、永嘉太守谢逸等皆遇害。同书《安帝纪》谢逸作司马逸。王鸣盛《十七史商榷》卷四五、钱大昕《廿二史考异》卷十八都已经注意到了。《十驾斋养新录》卷一二更据《南史·孝义传·张进之传》肯定了《孙恩传》之误。司马光《通鉴》据本纪亦作司马逸。后读许嵩《建康实录》亦作司马逸。许嵩为唐玄宗、肃宗时人。司马光修《通鉴》时，可能也参考了此书。近读时人论文，却仍据《孙恩传》作谢逸。这本来是一件小事。永嘉太守其人，管他叫司马逸也好，谢逸也好，死已千五百余年，可以不谈。但这儿却牵涉到这么两个问题。第一是史料的鉴别。旧史不仅各书记载有所不同，一书中纪传亦有异，此传与彼传也时相矛盾，传写模刻，复有异伪，留给了我们很多困难。此所以需要考订、校勘。我们在使用资料时，必须慎重，不可顾此而失彼，要有一个实事求是的态度。第二是对待前人，特别是对待清人的遗产的态度。如上所说，王、钱一辈人，为我们做了许多工作，一般说来，这些人治学的态度是严谨的，书读得仔细，治学方法也是精密的，我们不能弃而不用，否则，吃亏的还是我们自己。

要多读书，少发表文章，勿为小名小利所误。在读书中发现问题，然后注意收集相关的资料，在穷尽某问题的资料后才能动手写作。历史上遗留的问题是很多的，有小问题，有中型的问题，还有大问题，小问题则写小文章，大问题则有可能要写专著去解决它。还要搞清楚哪些问题已为前哲先贤解决了，已经解决的问题就不要再做，切莫拾人牙慧、仰人鼻息、人云亦云，在广泛的阅读中找到前人未发现、未解决的问题，那是最好的课题。写论文要做到资料翔实且丰富，说理要透彻，分析要细致入微，概括要有高度且简明。

我的老师和我讲断代史，都是讲问题。陈寅老从来讲的都是自己研究的成果，我则半是寅老的意见，半是自己的研究所得。

爱国主义的教育，是我国各类学校教育重要内容之一。中小学的历史教学，应当以历史人物为中心。历史教学中，不论什么内容，都和历史人物分不开。战争不必说了，指挥城濮之战的晋文公，指挥官渡之战的曹操，指挥淝水之战的谢安，都应当结合战争加以介绍。讲典章制度，也要讲人物。曹魏屯田，是因枣祗的建议而实行的。李安世和均田，杨炎和两税法，都分不开。

选取历史人物中的精华，作为教育青少年一代的教材，是我国教育史中的一个优良传统。

我们过去有一个错误的认识：教什么，学什么。教历史的学历史，教数学的学数学。事实是教历史的只学历史不行。只学历史，只知道三皇五帝、项羽刘邦；农民领袖是好人，地主阶级头子是坏人；辽、金、夏、蒙古进攻宋，都是侵略；岳飞是民族英雄，可惜镇压了杨幺起义，等等。在中学里，教历史的教师没有劲，学历史的学生没有劲。

学校里打算实行学分制。我看了历史系一个材料，这种学分制，只不过是把学时变成学分而已。我认为历史系倘要读一百三十个学分才毕业。历史学科的学分只要有七十个就够了（包括论文），其他六十个，要有文学、哲学、社会科学和自然科学。马克思哲学，现在是必修的，内容要彻底改变。要从古讲到今，使人们知道这种哲学是怎么来的，它从前人那里拿来了什么东西，又有了什么发展。这样，才可使学生懂得马克思主义为什么是最锐利的武器，是正确的认识论和方法论。这样的教学计划培养出来的学生，他讲历史课就大不相同了。

你们将来是历史教师，历史研究的问题很多，历史教学的问题也很多，有这样一个组织（编者按：指大学生史学社团“史声”），可以研究问题，可以大家一道研究问题。大家一道研究是很重要的。我们中国人，向来主张师友之间的讨论，说这种讨论是“切磋琢磨”，是说非常形象的。师生之间的讨论，同学之间的讨论，现在要大力提倡。平等的讨论，我认为是一种极好的学风，能收切磋琢磨之效。讨论中，谁自以为是，高高在上，都不对，都不是研究问题的态度。教师不一定什么都比学生强，学生也不一定什么都比不上教师，这是一千多年前的人就说过的。同学之间，更是如此。“三人行，必有我师”，这是两千多年前的人就知道的。

希望日本以及欧美的宋史学界同仁们能把有关信息传达给中国宋史研究会，以便把宋史研究的国际学术交流提高到一个新水准。我还认为，这种交流既应包括研究成果上的相互了解，也应包括研究信息上的相互反馈，还应包括研究方法上的相互借鉴。也许，西方的史学理论、研究模式与东方（中国及日本）的传统史学方法相互借鉴，会使各自的宋史研究获得重大的突破。

流金诗词抄

程应镠

1935年

十九岁初度

故园郁郁冬青树，掩映童心十九年。今日儿时成昨梦，异乡月好不须圆。

1937年

孟夏夜雨（二首选一）

二十一岁时在北京

三千里外慈亲泪，应比今宵客邸多。雨击楼台催梦醒，心牵湖海看春过。云山冥濛家常在，日月播迁岁几何？豆蔻花开买归棹，灯前老母话蹉跎。

1938年

故乡立夏

自山西归已两日矣

久作异乡客，南风忆故园。岂期多难日，小住水云村。强饮吾亲喜，低吟暮雨昏。烽烟连万里，所食尚鸡豚。

1939年

廿四岁初度

腰围减尽诗犹佳，零落乡心梦更哀。乱世麒麟悲堕泪，殊方日月怕登台。醒来琴筝难回首，历遍风霜未染埃。二十四年前事在，杜陵身世魏王才。

1940年

出蜀有感

西蜀地形天下险，杜陵诗句万人传。安危此日终须仗，松柏经寒益更坚。大局东南情岌岌，小臣方寸意拳拳。明朝走马秦雍道，回首关山只暮烟。

宁羌醉中作

蜀道崎岖忽已过，入秦峰势更嵯峨。黄昏细雨车初到，小市征人酒半酡。疾病不解千日醉，文章已负此生多。飘零南北东西惯，云栈屏山漫放歌。

西京病后闻歌

时八月十七夜

青灯小院夜闻歌，百二山河似梦过。月色初亏风渐老，腰围半减病方瘥。于今行役音书少，忆往情怀涕泪多。听彻秦声幽咽甚，万千心事诉嫦娥。

移居长官部志感

小小园林一月居，偷安得似武陵渔。（原住省府南院，地幽僻而饶园林之胜）未能夷简同高士，且学嶒嵘写谤书。（谓近作《罪与罚》）此日文章等糟粕，一秋风雨费舟车。来春好遂南归愿，返我儒冠与俗疏。

1941年

岁暮诗四首

余闲居寡欢，寒云冻树，独对凄然。想明时于已远，抚近事而伤情。岁且云暮，发为短章，亦以遣怀。

肃肃霜飞岁又残，感时难得此心安。愁边雁过江南去，云外山从直北看。鼙鼓声中悲落日，烽烟台上怯高寒。平生剩有澄清志，惭悔儒冠莫自宽。

十年南北东西路，一夕悲欢离合情。华发早生心益苦，文章无用意难平。倚门乡阙萱堂梦，忆弟池塘春草生。此日洛城千万意，说来唯有泪纵横。

南游滇越西巴蜀，北过秦雍又洛伊。万里关山看不厌，一秋风雨愿相违。身经百嶂千峰地，梦坠三更五鼓时。杜老苦吟情不减，难将形胜论安危。

河南河北传烽火，江右江东遍虎狼。旧日衣冠皆左衽，此时粉墨又登场。遗民泪尽胡尘里，王业偏安杜宇乡。忍向樽前说旧史，汉唐盛事已沾裳。

十二月八日

冉冉光阴寒月初，吏情归思两难舒。风声浩荡市声寂，月影凄凉树影疏。宦里生涯等鸡肋，客中心境似鳏鱼。何时了却平生意，听雨挑灯读异书。

十二月廿七夜

读罢遗山又放翁，文情乐与古人同。耽吟强饮非吾志，弹铗思鱼亦道穷。可耐新霜入青发，但愁孤直比枯桐。阮郎死后深山寂，庾信江南句未工。

梦到江州与蜀州，思亲思友两情遒。平生意已空陈迹，半世忧成作醉侯。大局虽难凭手挽，男儿端不为身谋。山林朝市非居处，欲语吾怀却欲愁。

洛阳经冬不雪开春后烽警频传因赋长句

才放梅花三两枝，江边一树又舒眉。经冬日暖天无雪，来岁年荒鼠且饥。民困应知征调久，边烽频报捷书迟。诸公好画平戎策，莫任苍生靡孑遗。

斗酒即席有怀

时在座者有畹秋、道平、麓峤、李四滨、荣声夫妇等。

斗酒十千笑语开，哀时王粲敢言才。曾闻济世安人略，忍说红羊劫后杯。北国几人歌易水，东都无泪泣高台。遥怜今夜天边月，犹是将军梦里回。

赠高阮

微言久绝天南北，更有何人说凤兮。道丧吾徒唯待死，时危物我岂能齐？尚书乞米空鸡舞，校尉封侯亦路迷。莫叹迁流悲汉祚，江山兴废鹧鸪啼。

四月五日遣怀

冷雨埋春四月初，天涯牢落忆吾庐。绕篱春笋生无数，满陌青秧翠有余。久别方知田舍好，远游更恨雁书疏。何时弃此冷官去，独向湖边赋索居。

病中（二首选一）

太白兄有赐新词，因成两律奉寄。

我意难为俗子论，佯狂无赖食侯门。愁烧绛蜡诗千首，闷系天涯酒一尊。落日黄云怀故国，淡烟芳草忆王孙。世人欲杀君还惜，懒为劳生更断魂。

岁暮怀人

开莱十月八日来书并寄诗一章，久思奉答，以文情枯涸而止。今日得高阮蜀笺，复提及开莱此诗，即用郑太傅感怀诗元韵并袭其首句分寄开莱、高阮，用以代书，亦岁暮怀人之意耳。

沉沉戎幕罢衔杯，风急天高雁唳哀。顾我自非题柱客，知君皆是不凡才。天涯踽踽归无计，往事悠悠去不回。且喜故人相问讯，几回翘首几徘徊。

1942年

北　邙

北邙山色西宫树，感物怀人古帝京。伊洛有情朝魏阙，文章无意问苍生。凄凉乡社归耕晚，零落亲朋客梦惊。少小虽非投笔吏，至今尚有意纵横。

偶　成

登封大金店。

漠漠冬寒酿雪天，幽居又值送残年。萧条山市堪酤酒，寥落军书好醉眠。道路畏闻柴米价，文章乐在水云边。商量生事今何虑，且读庄生内外篇。

寒　夜

寒夜更声太寂寥，故山归梦最魂销。三千里外思亲泪，应似胥江八五潮。

洛阳即席赠道平（二首选一）

秋至初为别，从军细柳营。几回明月夜，不尽古今情。中岳云山拱，孤村烟雾生。苍茫游子意，唯足与君论。

读海宁蒋百里先生遗文有感

板荡神州事可哀，先生空负不凡才。要论事业关时运，岂惜声名付酒杯。慷慨有人歌击楫，栖迟无梦入荒台。青山千载英雄骨，欲吊灵均恨几回。

岁暮村居即事（临汝）

岁贫汝颍村无酿，地僻鳞鸿信未通。短日送寒知岁晚，青灯黄卷又年终。思亲泪应更声落，忆弟情同汝水东。尚喜此身强健在，未须惆怅感飘蓬。

界首始登舟望月

四年不见春江水，今夕舟中亦快哉！明月照人千里远，银涛拍岸几帆回？满船咿呀都儿女，一片氤氲入酒杯。嵩洛风尘成昨梦，平生怀抱向谁开？

简高阮津门

寄书未足言心事，百草千花值暮春。岂恨相悬如日远，但悲难复对庄吟。生涯落落数杯酒，身世悠悠一散人。大别山边暂栖止，登高只为濯京尘。

初夏述怀

卅一年六月太湖

山中梅雨初收日，江上轻帆饱挂时。一片夕阳翻石壁，数家农妇倚柴扉。乱离久作还家计，悲愤难为乞食词。戎马二年惭报国，功名岂逮挂冠期。

湖山虽好敢淹留，忆昨滇南接俊游。少日文章轻贾谊，当时意气薄名流。传经心事今还在，忧国情怀总未休。待得秋来乘传去，拾遗有笔似吴钩。

寄弟渝州

五年丧乱走南北，乡情日夜注江曲。前年北上过巴中，亲情笑语一何乐。同携幼妹戏道衢，语语如今俱可惜。蜀瓜不如故乡好，蜀水不比故乡绿。弟留重庆不多时，趋庭还泛嘉陵水。忆夜相送在江滨，思亲别弟泪双垂。八月秋风起，我向秦中去。叶落秋风老，行人踽踽潼关道。潼关巍峨河水黄，战声日暮倍苍凉。烦怨新鬼应无数，何人更咏潼关路？潼关东去向东都，万里来投卫公幕。卫公门下三千客，肝胆如同楚与越。北邙苍苍洛水清，悠悠我思古人情。古人于今不可见，洛阳山色莽苍横。西风吹尽洛阳草，四月南风复又生。滔滔孟夏南风多，胡马南来欲渡河。中条险巇惟鸟道，四年胡马未能过。古称在德不在险，山高水深奈敌何？太行西下如风雷，山中白日蔽尘埃。中条大军三十万，一夕曾无片甲回。将军不死战士死，黄河呜咽东流哀。洛中车马今犹昔，侯门歌舞夜仍开。昔人唯道南中苦，云山北望千行泪。今人苦怨洛阳尘，说到南中泪如雨。岂关南北风景殊，哀乐之心判如许。八月烽烟起郑州，我随细柳下登密。中岳云峰耸天汉，箕颍风高邈难及。讲院犹存昔贤像，少林尚见达摩石。我生虽当三季后，依依窃慕古人节。秋风张翰莼鲈思，命驾营中苦不速。十年湖海事多乖，何必人间徒碌碌！二月春风始南行，桃红杏白柳青青。颍川东去五百里，入淮好与白鸥盟。淮水长流向江海，白云皛皛川上平。我生二十气纵横，淮南月夜万里犹梦骑长鲸。不向淮南攀桂枝，行行日近长江水。大别东来千万山，去江犹有百余里。闻说敌骑尚纵横，波涛汹汹不可渡。不可渡，且留住，山中夜雨思乡泪，江上云飞别母心，四年慈母望归时。今夕山中初见月，夏气炎蒸入初伏。寄诗吾弟如晤语，似觉可以慰幽独。

八月三日寄蔡剑鸣师长河南（二首选一）

春到淮南卜此居，吾生已分世情疏。若非寄食同飘梗，自可终享饱脍鱼。薄宦原无三日恋，穷乡恐废十年书。圣人门户从今始，已过皆非且学蘧。

壬午八月廿四日得剑鸣兄信并惠赠三百金因寄兼呈高阮上海宗瀛贵阳开莱王逊昆明

世乱迫偷生，山中少欢趣。所亲俱远道，四视惟异类。晨夕望山川，依依念前途。山气夏多佳，江流亦逶迤。如何少年士，沦谪此山隅？忆昔燕赵游，气动震风雷。因遭东夷祸，远迁至南陲。虽多流离感，清言犹可娱。文学王与钟，政事李与徐。庚辰一北行，复别昔相知。萍水逢吾子，风流世所稀。儒术祭征虏，高怀阮与嵇。至情存古道，千载不可遇。感我遭飘荡，视我如兄弟。我远来山中，与世日相违。家书半年断，滇蜀信亦疏。惟日望子信，慰我久羁旅。今晨有书来，语语铭肝肺。赠金念我贫，感之双泪垂。顾身如幽系，何以报琼琚？秋风江月白，古木夜鸣时。

病　余

病余岁月似还山，得意希罗古史间。损益可知千载事，蹉跎已负一官闲。希罗多德真吾业，凯撒庞培失旧颜。怀古怀人情不浅，短灯挑尽意犹悭。

十二月七日答念兹西安

当年载酒行吟地，此日重来百感兴。论世何人千斛泪，怀君夜雨十年灯。河潼形胜今仍在，李郭功名岂不能！想见故人相问意，白云华岳比崚嶒。

1943年

四月廿一日寄泽蓁

故人有约青山老，及壮犹思梦是家。文字千秋空想望，才情一代负春华。秦关蜀栈风波恶，洛水嵩云岁月赊。记得昔年江海去，曾因芳讯问天涯。

六月二十四夜侍瑾叔二姑丈谈至更深宿沙坪坝中央大学宿舍不寐用八叔祖龙泉寄示诸侄元韵赋感

因饥驱我河南去，心恋江湖归去来。蜀水如看章贡水，吾才何似李苏才。花溪此日能为隐，怀抱何时得好开。独夜不眠听雨滴，空山隐隐有轻雷。

七月十五日作

时来花溪七日矣。

四千里外神驰地，一一都从眼底新。岑岭有情频点首，稻粱无计得闲身。连朝风色夸清霁，一片相思逐水云。观瀑亭前心似镜，拈来诗笔已如神。

三　年

三年奔走空皮骨，到此能安且作家。止酒不愁贫无俸，著书可待笔生花。溪山有约行千里，学殖何须富五车！羁绊一官抛弃早，报书应向故人夸。

廿八初度

今年初度黔中郡，六载飘蓬过眼来。相思纷纷南复北，停云霭霭水之涯。才因忤世甘休隐，学可传人不用媒。更喜花溪好风色，寂寥相慰且徘徊。

1944年

岁末怀旧游兼呈高阮悌芬

岁恶村贫苦闭关，稻粱无计幸生还。难逢名士教挥麈，且为儿童一解颜。踏雪寻梅思往事，清谈薄饮忆诸蛮。梦中重历天南北，欲问苍生意尚殷。

喜得祖兄自坪石来信并赐诗奉答

七年两向黄河去，慷慨曾思革裹尸。书剑未成惭报国，溪山此住愧为师。乱中久断佳人问，意外欣闻岭上诗。仿佛西窗风雨夜，对床同说别离时。

将之滇作

一年邂逅花溪住，临去溪山百有情。梦里温存莺宛转，望中惆怅水清明。论心旧惜青山约，偕老新成白首盟。他日乱平重过此，沧桑应问鹧鸪声。

到昆明一月颇忆高阮偶想旧游遂温往事率成三章兼寄宗复山西宗瀛贵阳新桂成都

北居日夜忆南鄙，梦接斯文每慨然。匡复有人且揽辔，横流何地著先鞭。驰驱戎马三年后，敝屣功名歧路前。四月南风归计决，飘然又到蜀江边。

花溪一载堪留恋，儿女情深复友生。风雨青灯他日话，文章白首百年心。溪山处处皆成梦。鱼鸟依依亦有情。不谓安居才到夏，鹓雏猜意又西行。

四年梦里昆明树，苍绿依然上小楼。议论有心夸独到，边愁无奈入离忧。翠湖明月成新话，曲巷清宵忆旧游。煮酒已难评世局，书生鲜不为身谋。

十月十七日得重庆友人信因寄

人皆逐利轻名节，我亦浮沉任去留。家国阽危忠义绝，扪心欲恸泪难流。

为　人

为人性癖耽孤往，末世天真独不磨。丧乱论交文字始，飘零相问死生多。潜心数理雕肝肾，托兴诗文远鬼魔。伊洛壮游情未已，昆明寂寞只君过。

1945年

岁末念母

别母已七年，年年远作客。况值干戈际，音书久断绝。忆当别母日，童心犹未歇；忽忽期而立，母发应已白。岁暮多北风，绕屋声惨恻。倚门望远方，母泪应如织。幼弟适异国，大姊滞异县。老父亦飘零，母情真可见。七年岁月赊，艰难惟一面。敌近陷赣州，江西苦征战。我情常恻恻，思亲心如煎。昆明少阴寒，今日亦雨霰。

昆明喜晤应铨

腾说收京日，边城晤弟初。八月慈母泪，万里故乡鱼。哀乐终宵并，艰难志未舒。连床听夜雨，有梦亦江湖。

真儿初生有作

三十喜得子，所喜志有托。我生三十年，志业最落落。识者怜孤往，愚者恣笑谑。十五诵诗书，二十气磅礴。廿二遭国难，立志填沟壑。两度黄河去，从军在汾洛。目击生民艰，抗言论民瘼。廿八投冠归，传经甘藜藿。得意青云间，性理穷冥索。涕泪阮公咏，壮心结山岳。高吟李白诗，耻效阮公哭。举世在罗网，我欲奋飞跃。心灵自永恒，安用不死药？去年在花溪，喜结同心约。汝母识吾情，慰我长寂寞。汝生才两日，我心即恢拓。汝我赤子心，将令世人觉。及你而立年，我当仍矍铄。我志有未就，汝我同奋作。

书　愤

百死难为魍魉身，哀时有泪亦潜吞。志存家国嗤心性，血写文章论本原。大地烽烟连海静，人生意绪逐江翻。故园亲老归无计，蛮雨蛮烟正断魂。

1946年

到汉口吊一多师并念滇中师友

西南漂泊佳人死，忍泪脱从虎口来。契阔死生诚梦寐，斗争文字疾风雷。望门投宿思张俭，酹酒临江吊楚闾。家国阽危忠义绝，江声东去隐沉哀。

重到汉口有怀

汉阳绿树武昌山，百样情怀逐浪翻。南去北来多旧约，东行西上失朱颜。旌旗父老诚无恙，生死艰难岂等闲。障目烟尘怀旧侣，楚云犹映泪斑斓。

自南昌泛舟归里门一首

买舟自南昌，清秋奋诗思。江野旷无人，愀然多所悲。客行逾十年，丧乱久别离。山川殊不异，井邑非故时。自经沦陷后，十室九不炊。妇孺辗转死，土地久废弛。乱定已一年，壮丁犹未归。舟子为余言，感叹亦唏嘘。忽听桨声寂，江水流澌澌。我生经变乱，久矣失仁慈。今日闻此语，不觉泪亦垂。默默俯长流，欲语拙言词。（编者按：“唏嘘”疑作“嘘唏”）

到　家

远客归三伏，离家已八年。蓦然悲喜极，久矣魂梦牵。乐事天伦里，哀心遗像前。夜阑说丧乱，惊悸母犹怜。

寄高阮宗瀛上海

赋归敢诩田园兴，衣食无营亦苟安。南北此心系烽火，江湖是处有饥寒。斗争文字拼刀刃，丧乱亲朋易肺肝。历历望中山色好，秋深迢递慰凭栏。

故乡怀不歧北塞

荒凉故宅沈秋感，零落亲昵异旧欢。千斛泪应悲豆煎，一秋闲为警风寒。未成白首归毋亟，得惜朱颜石可刊。慷慨思君天北极，夜阑灯炧意如湍。

素梅三姑乱定还乡长句哀逝敬步原韵亦以咏怀

九年风雨异乡秋，西北西南叹滞留。定乱愧烦回纥马，得归敢乞望庐楼。（楼为幼峰公养疴习静之地，家故楼也）卜居蒋诩惟三径，伤时张衡有四愁。独立沧江悲逝水，缤纷时俗尽从流。

1947年

灯　火

灯火杯盘酒报春，殷勤珍重百年身。诗来道韫情何厚，归赋东山屈暂伸。烽火田园如梦寐，文章青眼属家人。依依绕屋清流水，隔岸庐山日夕亲。（录按：原诗失题）

1948年

晤屏孙兄有作

未成报国惭书剑，安得雄词沥肺肝。（东坡句）南北有情迷望草，东西无碍急流湍。河山崩析功名晚，风雨凄其道路难。契阔几回问消息，相逢有梦到长安。

卅三初度

大乱之生幸有家，讵怜无计惜年华。妻能淡泊甘同命，我亦峥嵘学种瓜。少日心情哀畹晚，而今思慕在蒹葭。故乡可望三千里，归梦依依过白楂。

1949年

寄宗藁

半年四度劳车马，迢递征途两地心。儿女几曾系归梦，田园虽好亦沾襟。哀余偃蹇无长策，累你沉吟入暮砧。愁绝一楼风雨夜，前缘如海涌骎骎。

闻解放军云集江岸喜成一绝

大军已集江南岸，亿兆生民盼解悬。不信长江是天险，精诚所至海能填。

1953年

屡求回高等学校任教不获忽四年矣因春感赋一律

万里春风喜莫加，卅年委运恨如麻。回天力已成诸夏，起死恩今感万家。快意恶除萧艾尽，会心人惜蕙兰花。自怜才薄当斯任，有志难谐鬓渐华。

1956年

解放之后七年重到北京两绝句

似曾相识惊重到，雪后群山卧夕阳。嫩绿浮天春汗漫，千条万缕舞淋浪。

陇麦纤纤翠作堆，楼台重叠梦中来。谁知二十年前客，依旧诗人梦未回。

与周游柯华力野荣声集于中苏友谊餐厅

摇金柳色春如梦，畏病中年酒未酣。想得燕京读书日，尚余春梦足清谈。

丙申十月于役福州喜晤矩孙申江一别已过八年距昆明相聚之日忽忽十七年矣论事怀人遂成长句

何期百嶂千峰地，邂逅居然别久逢。情重故人心尚赤，语开生面气如虹。西风依约山前水，晴日槎枒寺外松。生事一瓢仍足乐，艰难忆往与君同。

入闽杂诗（三首选一）

十年行尽西南路，今日东南始一行。岁月催人忽四十，江山万里喜相迎。

1957年

一九五七年春假答念兹金陵盖先有西游之约也（二首选一）

今春有约金陵去，畏病居然未敢行。四壁图书供啸傲，一灯文字任纵横。

1960年

庚子元旦

浩荡春光一望收，河山壮丽世无俦。万千烟突排云出，大小村庄竞自由。四十年华惊电速，九重恩义感山丘。从今慎把光阴惜。跃马挥鞭立上游。

寄周游北京

自叹中年百不如，韶华逝去得追无？革新人物开生面，跃进江山好画图。未尽涓埃伤往事，宁思安乐惧长途？青春有约从头践，白尽髭须誓不渝。

1961年

十二月十九日立春细雨从邮局取回宗瀛寄宗藁食糖枕上吟成长句因以代书

冬尽江南雪尚希，春回细雨润如酥。楼头依约天边笛，枕上沉吟海外书。失马塞翁知祸福，亡羊歧路极踟蹰。昆明风雨花溪夜，敢话平生说故吾。

喜得宗津信并简王逊

难得燕京一纸书，脱胎换骨证双鱼。春风又绿江南岸，柳色摇金病欲舒。

辛丑初夏随社联参观青浦发掘新石器时代遗物并游淀山湖率成四绝句（四首选二）

遗物居然见太初，石锛陶釜记唐虞。江南历史应重作，岂独龙山记海隅。

临湖小市足鱼虾，锦绣江南莫漫夸。记得瘟君曾肆虐，百家剩有两三家。

辛丑中秋于力寄新词诗以答之叙心境怀旧欢亦有所期也

年来发薄不胜梳，论史论文每自疑。春雨向荣舒万木，青毡惟恐负明时。风生万壑鹰思奋，月到中秋梦欲痴。鲈脍莼羹乡味美，待君横槊赋新诗。

一九六一年十一月周游来沪流连尽日欣然有作

久绝亲朋会，欣为一日游。青衫怜旧雨，白首记同舟。春雨江城暮，西风海国秋。悠悠廿四载，惭愧此淹留。

1962年

不作古体垂二十年壬寅二月十八日读德基访问内蒙古自治区诗欣然尽日取其自由得一百三十八字

喜读德基诗，塞北风光入眼迷。牛羊成群豆成堆，牧草如云牧马肥。江山自古惊辽阔，今日江山非复昔。抱山拥水新成市，灯火人家迎远客。霸业千秋余古迹，议论终须大手笔。上京遗址有长篇，议古论今俱第一。与君结交三十年，我昔花溪君蓝田。君时致力在汉史，以诗论史意拳拳。楼头日日看春柳，岂意君诗胜春酒！望断天边绛色云，东风嫩绿浮南亩。

壬寅五月十八日风雨骤作追忆前月森弟上海之行并示应铨

怜君巴蜀长为客，我亦江东逐俸钱。昔日少年俱老矣，旧时乡梦尚依然。莺花三月舒青眼，哀乐中年感逝川。危坐一楼风雨急，声声珍重问吾铨。

示炎女

平生剩有江湖恋，乞得清闲便索居。烧饭炊茶欣有女，北窗一榻读藏书。

秋后渐凉闲中得句

少逐声名翰墨场，晚于青史识沧桑。九年蝶梦迷归路，三斛纯灰净秽肠。绿色侵帘瓜豆蔓，好风穿户午阴长。夜窗卧看星河落，清露无声枕簟凉。

秋日窗前好读书，此生已分食无鱼。后山双井槎枒甚，欲向飞鸿学画图。

秋日园林豆荚肥，辛勤不负手亲栽。平生领略闲中趣，此是渊明第一回。

读朱东润作《陆游传》二首

三十年前读剑南，一回一读一潸然。只今识得孤愤泪，闾里忠言胜简编。

铁马冰河爱欲痴，放翁端的是男儿。中华此日开新运，逝去青春亦可追。

1963年

一九六三年一月十九日参观松江山阴人民公社

早发城闉午到村，田家风物喜相迎。炊烟广陌连天碧，晴日长空映岸赪。鹅鸭甚喧临水竹，鸡豚渐足满栅棚。新看敬老成新院，历尽艰辛乐太平。

读碧野《月夜青峰》有怀

一片豪情逾旧时，全篇风格见新知。江山秀绝浑如梦，人物英奇尽是诗。辟地开天书跃进，移风易俗颂红旗。因君一点灵犀动，长夜挑灯有所思。

读《雷锋日记》

风流人物今谁是？卓荦雷锋一代钦。洁比白云纯似玉，气吞黄海志如金。

1964年

初　春

风生万壑鹰思奋，春到人间喜自由。往矣曹公歌伏枥，休哉王粲赋登楼。天连东国云方曙，龙战三洲气正遒。如海心潮闻大庆，红旗高处即鳌头。

炎女去新疆参加建设诗以勖之

中华儿女志气高，吾儿志气亦凌霄。伊犁河水天山雪，好画新图颂舜尧。

广厦方今已奠基，青春灿烂仗明时。叮咛骨肉情深语，战士雷锋是你师。

得炎女乌鲁木齐长信多作豪语喜而有作

万里飞来一纸书，昂扬斗志信吾儿。行军五好夸同辈，革命终身是壮图。沙漠风光堪苦战，明珠世界盼先驱。更期娇女成钢铁，伫待佳音慰倚闾。

甲辰秋日与百年再逢上海为别不觉十六年矣忆往情深相期语重爰成两章聊为别后相思之资

十六年前君少年，而今我发渐皤然。已成初志除三害，更尽青樽著一鞭。锻炼久惭亏后辈，瞻依仍许望前贤。长江后浪推前浪，莫向人间哭逝川。

新秋皓月竞光华，论史论诗意未赊。迢递关山思往事，艰难岁月护新芽。（一九四八年秋，百年由沪去解放区，临行前数日语余，曾促成之）满天星斗能为梦，遍地桑麻可作家。彩笔待君千气象，九州生气起龙蛇。

我国第一颗原子弹爆炸成功

百年积耻已全消，风卷红旗似海潮。已有文章惊宇内，更闻核弹撼星条。欢呼浩荡动天地，奋立峥嵘颂舜尧。飒爽秋风今又是，黄花满地胜花朝。

四十九岁初度有怀旧游

四十八年今日过，敢将心事悔蹉跎。知非岂在古人后，鉴往应随白发多。寥廓霜天看雁字，苍茫月夜渡黄河。秋深岂有江湖恋，却忆青春学枕戈。

甲辰秋日与荣声相晤于上海追述旧事成四绝句

怜君少有移山志，中道覆车亦可伤。我昔漫漫望天晓，何期歧路哭亡羊。

一天霜雪风陵渡，万丈尘埃古洛州。少小不知家国恨，却收热泪叹淹留。

生年五十从头学，犹有丹心似旧时。相对夜窗如梦寐，千回百转只君知。

易老人生不老天，好收心力惜华年。相逢后日从头问，敢逐声名作郑笺。

1965年

一九六五年十月松江县城东人民公社兴隆大队贫协成立大会

歌声遍地欢成海，秋色宜人稻始花。破浪乘风帆尽发，翻江倒海事无涯。须知狐鼠终为祟，好趁风雷狠打蛇。热火朝天敢胜利，泖江潮涨映红霞。

十一月七日青浦观获稻

秋尽冬回始见霜，郊区社社获田忙。千斤亩产超纲要，万井人歌向太阳。南舍东场机脱粒，四方八面稻成墙。不分男女兵商学，尽把农庄作战场。

1966年

示宗蕖

清明已过，小园绿成一片而雨不止，宗蕖去松江访问学习，寂寞无侣，率成一律。

一天风雨叹霜髭，寥落晨星忆习池。把酒甚惭顽有禄，挑灯长恨闷无知。中年儿女犹为累，四卷雄文学去私。想得松江春涨满，访贫问苦欲忘归。

1968年

简应铨

岁末怀吾季，芸芸谁独醒？有身成大辱，何人问死生。除夕风兼雨，孤灯暗复明。梦回惊岁换，不尽古今情。

1969年

江　涛

江涛汹涌横沙岛，海浪掀腾六月天。满目葱茏人换世，红旗飘荡晓风前。

无　题

海上涛来云似墨，天边雁字月如霜。夜窗犹忆惊风雨，老眼婆娑泪万行。

1970年

怜　君

怜君此日黄山去，正值炎归万里天。昔日儿童今长矣，旧时意绪竟茫然。且抛恩怨舒肝肾，欲为桑榆惜晚年。春梦已随青草远，不知明月照窗前。

送炎儿返疆得长句

潇潇风雨车声远，送你归来意转深。壮志倘能空塞北，人间何用不平鸣。兰摧桂折悲前世，地覆天翻乐此生。都下恨无佳讯到，悠悠万里念长征。

1972年

母亲谢世忽忽六年扫祭无由恸成二十字

春草年年绿，哀思瀛上萦。何时游子泪，一为洒江城。

归　途

留恋莺声出谷迟，偶然疲累歇云梯。因逢旧物思前侣，且喜同游有老妻。阅历渐深风景异，湖山愈好世时移。驱车直向钱塘去，绝顶登临望欲西。

郊居书事呈中玉

江头日日看春归，每向西郊送夕晖。无病老来原是福，得闲灯下自哦诗。当窗云树成新侣，如梦音容有旧知。偶与异书相邂逅，不知人静夜阑时。

1973年

壬子岁暮怀人简植人姊妹周游柯华

三十年前塞上行，哀时俱作不平鸣。沸腾热血思三户，慷慨论兵誓九京。铁马冰河多壮志，陈言谰语藐诸生。大青山北连天草，雪映飞车喜晚晴。

闻宗蕖轮换返沪甚多感触遂成两章（二首选一）

岁暮多风雪，殷勤望汝归。遥怜小儿女，偏惜少年时。大泽归无计，新书读几回。十年叹憔悴，从此莫仳离。

壬子除夕示怡祺

插队迢迢结伴归，一儿一女乐难支。未须惆怅人千里，且尽欢娱酒一杯。老去雄心犹未歇，春回大地尚能诗。年年佳节思亲日，好味而今异昔时。

春日杂诗（五首选三）

毁誉由人每自宽，偶然亦忆在山泉。春风二月如刀剪，且喜还非缩项鳊。

抱玉端知没此生，投珠终被鹓雏猜。清风明月无人管，挹取诗情入画来。

此日校书亦自得，他年扫叶更何人。索丘坟典欺人甚，不遇知心未足论。

忆　旧

壮岁游山泪不收，陆沉千度哭神州。大青冬尽漫天雪，庐阜秋深万树楸。甚爱风狂如怒虎，颇怜山静似疲牛。从军两向黄河去，踏遍青山恨未休。

西江月·黄山归来示宗蕖二首

四十年前梦想，千岩万壑销魂。乱云飞渡了无痕，悄然不语黄昏。　迎客青松有意，夜来幽梦谁论？淙淙流水绕山门，何时了却风尘！

四十年前梦想，千岩万壑销魂。可怜秃笔不能传，始信天工独运。　青松历尽霜雪，白云时过天门，何时把臂与同看，白头乐尽天真。

雨花台有感

群峰叠翠拥丰碑，凭吊英灵亦自哀。奋掷头颅缘底事，千秋模楷雨花台。

1974年

祺儿返黑龙江呼玛县得抵大连安报有作

汝兄消息三年断，送汝江干亦黯然。骨肉多情怜白首，诗书有味忆华年。嗟余悻直难谐世，愿汝飞扬快著鞭。幸喜海行兼昼夜，无风无浪未妨眠。

1975年

乙卯秋与开莱相晤于上海距昆明之别已三十年论事怀旧遂成四绝句寄斯城开莱并呈从文先生（四首选二）

声名藉甚祖冲之，老去峥嵘尚有诗。三十年间双鬓白，壮心犹说少年时。

南铣王逊成新鬼，玉笛山阳不可闻。惟有凤凰一老在，森森谡谡每空群。

续成一绝答家玉

十二月五日，家玉兄来，谈及余旧和念兹诗，有“平生好作江湖梦，此夕真惭马列书”之句。念兹谢世已十七年，和诗也完全忘记了，因续成一绝。

平生好作江湖梦，此夕真惭马列书。风雨凄其人渐老，壮心犹慕蔺相如。

1976年

总理挽诗

大力难回绝世悲，新摧天柱万人哀。一江寒水千重泪，不朽英名旷代才。可慰中华仍屹立，尚思魑魅欲为灾。后生若问艰难事，且读新刊第一碑。

丙辰清明偶成

日里几番晴雨晦，夜来月色暗还明。黄梅时节江南客，头白昏昏醉复醒。

闻一多先生殉国三十周年

又是蝉声噪晚天，横眉冷对忆当年。艰难一死谁犹惜，慷慨长歌我独怜。历世自悲骑瞎马，得休便买泛湖船。如今豹变寻常事，拈笔真须哭逝川。

闻十月六日事有感

谁知覆雨翻云手，搅得周天阵阵寒。易直果能当大事，（易直，北宋吕端字）未须兵甲即平安。

收听《论十大关系》报告

一夕徽音降碧空，气吞江海却从容。能令禹域为伊甸，亦念寰球跻大同。颠倒人妖寒彻骨，澄清宇宙快乘风。单于休问中朝事，喷薄扶桑日正红。

1977年

有　赠

别后当惊岁月赊，相逢有恨说天涯。谁怜海国清宵梦，长与春风竞岁华。

宗津挽诗（二首选一）

送君客岁秋将尽，长去人间夏始来。剩有招魂赋楚些，不堪清泪望燕台。难收覆水伤肝肾，敢谓投珠是祸胎。遗作可能共晨夕，金田未作有余哀。（宗津拟作金田起义大幅油画，未成而卒）

莫干山归来赠徐中玉

幽居若此真嫌短，安得黄庭可换鹅。早岁有心师士稚，中年无奈似东坡。声名岂悔平生贱，忧患凝成侠气多。无病老来原是福，长谣不用叹蹉跎。

一九七七年九月与天蓝相见于北京距延安一别垂四十年感成两律因以为别兼呈刘春

春归上郡曾相见，地覆天翻四十秋。白首有情心尚赤，青春无计水东流。谈经久愧随人后，论世方知亦过头。却忆严霜江汉夜，誓歼倭寇与同仇。

辽海曾传一纸书，叮咛语重绘新图。从来大笔关群众，岂有雄文媚独夫！李杜诗篇堪借鉴，工农生活启新途。怜君少有移山志，敢惜余年托后车。

十月二十三日北京微雨独坐窗下追念辰伯怆然有作

地下能相见，生逢不可期。秋深云漠漠，风老雨丝丝。遗札当三复，（辰伯二十六年前函嘱不可在高校任马列主义教席，以为当先受教育）淫威逞一时。劳人还草草，寂寞待春归。

1978年

总理逝世两周年祭（二首选一）

白酒黄鸡祭晚天，神州重庆治平年。倾心犬马皆思奋，捷足工农快著鞭。改地戡天兴未艾，看花跃马互争妍。（时上海高考放初榜）最怜松竹园林净，独对寒梅一泫然。

寿建猷兄七十时丁巳除夕也

曾共艰难利断金，寿君真不忝平生。春归海国迟迟夜，目尽尧天衮衮情。变幻龙蛇松不老，倒颠庠序梦犹惊。寻常七十夸强健，雏凤声清胜晚晴。

一九七八年十月四日夜校家驹《沈括》一书毕风雨交作遂成一绝

呕心剩有遗书在，忆往难禁泪满腮。廿载相从心似玉，一灯愁听雨声来。

浣溪沙·为邓公复职而作

复职喧传说邓公，苍生望重九州同。家家爆竹庆三中。　魍魉岂能伤至洁，万年遗臭小爬虫。老夫醉得满腮红。

1979年

三月一日与宗蘘夜话感事怀人遂成一律一九三八年夏与周游柯华同由延安至武汉思之历历如昨呈许杰徐中玉教授并简周游柯华

廿年伤弃置，投老喜逢春。海国梅争妍，江城梦尚温。（则良喜论政，五十年代转治近代史颇有述作，一九五七年由莫斯科返国，自裁于北京）文章思杜牧，议论惜王存。（王逊一九五七年事后郁郁以死）老妻相对语，哀乐总难论。

青岛杂诗（四首选一）

万顷晴波岛尚青，迤逦山色变晨昏。易阑夏梦老将至，务去陈言心尚存。缓缓渔舟归欲晚，茫茫大海望无垠。平生最爱幽燕气，一吊田横一断魂。

1980年

夏日偶成

鹧鸪声急夏初酣，老至方知天地宽。却笑世人逐流水，无车何事怨冯谖！

八〇年八月九日到太原吊赵宗复

岁月匆匆敢哭君，太原无地吊忠魂，曾惊海国清宵梦，犹忆山城日暮云。磊落英名全直节，峥嵘特立夺三军。谁知四十年前事，依旧伤心不忍闻。

一九八〇年十一月北海口占

清晨望极粼粼水，绿树临池未肯凋。白塔云飞惊照影，曲廊人去忆前朝。天高风急鹰思奋，秋尽冬回雪尚遥。旧梦迷离忘老至，长吟归路亦无聊。

1981年

临江仙·重到西湖

独寻芳草春将半，九年又到西湖。东风犹自怜菰蒲。小舟轻击水，低唱采桑姑。 历尽风霜人似玉，何须千斛明珠。此中烟景世间无。北山春似酒，能否换髭须？

西湖孤山寺旧址独坐怀从文先生

松柏经寒质益坚，何妨桃李与争妍。天教春色浓如许，独对松阴意惘然。旧学商量传绝绪，新知解道沃心田。明年湖上花开日，期与先生并榻眠。

1982年

友人问疾诗以答之

忧患余生最自珍，病魔潜袭已兼旬。文章又见流传日，议论终须不傍人。得失久谙关世运，荣枯每惧损天真。莺花三月江南夜，怀远思亲一怆神。

喜晤宗瀛于上海时正卧疾遂成长句

十年不见苦缘悭，握手江南梦又圆。卧疾得闲心似镜，谪居犹忆日如年。艰辛岁月天难问，生死亲朋事总牵。抵掌纵谈家国事，太湖烟雨正弥天。

示　儿

老去移山志未伸，汝曹宜自惜青春。传经我爱他山石，报国谁知白首心。秋入园林思塞马，梦回长夜忆青襟。登临敢说兴亡事，太息当年苦避秦。

刘春退居二线远致书问并示七十自寿诗时正年尾诗以报之兼问天蓝

昔赋凌云今退居，朔风岁晚读君书。移山事业成诸夏，向日葵心励壮图。楚泽行吟怜旧侣，秦关策马斗强胡。故人七十身犹健，欲为神州赞禹谟。

1983年

一月十日得从文先生信并手写汪曾祺祝其八十寿诗知寿辰已过然犹激动不已敬成一律遥寄为寿

八十年来忧患身，文章中外久铮铮。边城写尽人情美，散记抒多乡土情。揽胜道元传妙笔，临池逸少负时名。瓣香我亦繁霜鬓，祝寿还应喜晚晴。

重到昆明参加中国地主阶级研究讨论会

久溺图书忘老至，饱看峦嶂幸重来。千峰翠色诗难夺，九日清樽意未开。历历旧游惊旅梦，离离荒草掩苍台。（谒一多先生衣冠冢）中华国史当重作，糟粕精华费剪裁。

湘西道中

千山晓日下辰溪，始信传经与愿违。忽忆边城怜翠翠，文章默诵复湘西。

文天祥就义七百周年

铁石忠肝有宿称，丹心千古照人明。为爱中华知所耻，遗编犹自作金声。

吉安净居禅寺途中有感

归来贪看吉州山，五十年间梦未还。气节文章堪继往，（谓方志敏烈士及陈寅恪师）江山人物自开颜。意中桔柚夸千树，望里篻筜喜万竿。太息西风秋又尽，片云正傍夕阳闲。

再到花溪四十年矣感而赋此

地覆天翻四十年，重寻旧事已如烟。传经且喜人为瑞，走笔仍悲马不前。碧嶂清溪人有宅，白鱼黄雀席多鲜。秋深不作江湖恋，看尽青山不费钱。

1984年

甲子新春试笔

车书一统情弥切，梅柳争春岁又新。三十四年渡海客，可堪更忆故乡人？

水调歌头·宋史研究会三届年会有感

底事不得脱，翘首问青天。不知创业艰难，长愿月儿圆。却忆京华旧侣，关心故国兴亡，谈笑斥投鞭。茫茫人世事，犹幸履冰坚。

惜春秋，论宋史，已四年。不应有恨，缘何名位苦纠缠。白发苍然老矣，清愁缕缕如丝，惆怅亦无边。介甫与君实，争执损安眠。

1985年

沈志远同志逝世二十周年（二首选一）

论事曾惊掷地声，明时复作不平鸣。难忘会海凄凉地，长恨文坛草木兵。侃侃屡箴贵自反，铮铮更鄙逐时名。吞声廿载终能问，谁与庄周齐死生。

教师节作

诸蔽今方重，传经昔所钦。出言当可法，有行足为箴。表范人师乐，时序百年心。（借句）新秋得赋此，喜极泪盈襟。

临江仙

携宗藁重来花溪，参加清华中学恢复旧名活动，得晤宗瀛有作。

溪山清绝今如故，人生得失难论，乱中情事不堪闻。唯怜白发在，慷慨志犹存。　今日相逢应一笑，传经心事嶙峋，无言桃李自缤纷，清华云际里，含睇有湘君。

1986年

十二月十二日夜会宴四川饭店距“一二·九”已五十年念不能忘遂成长句

不觉云龙五十秋，白头争说少年游。鸡豚鱼蟹都无味，好恶恩仇总未休。怀旧岂难惭后死，论心犹与赋同仇。天南地北升平夜，却忆甘为孺子牛。

九老寄诗依韵奉答胸中犹有块垒也

此生幸见太平年，乐事还被忧事缠。议论有时夸仲任，文章何意著蛮笺。吟成白雪犹心悸，梦入邯郸续旧编。最忆少年行乐地，秋风归雁倚窗前。

七十书感

十一月四日，忽忽七十。忆与心远中学同窗游庐山，今五十年矣。当时意气峥嵘犹如昨日。

七十无成剧可哀，华年逝水已难回。有妻自少甘同命，无欲于今是杀才。燕雀岂能窥远志，鹓雏犹枉作疑猜。苍然一树云间立，却忆匡庐十月来。

1987年

答问近状

布谷声声夏令初，小园绿树似山居，好书可得时时读，新草还须细细锄。幸喜退闲因远佞，系心惟待有双鱼。忧余七十犹心悸，梦里仍惊下坂车。

1988年

雪后初晴

时卧疾华东已五月矣。

雪后新晴瑞气清，升平歌舞几人醒。十年动乱思初治，半世艰辛念太平。病久颇厌粗制食，梦中犹喜问前程。诗成自有萧疏感，日色穿窗照眼明。

程应镠自述

程应镠

我的幼年是在江西新建大塘乡一所大宅子里度过的。这所大宅子建于道光二十年（1840）左右，在乡村显得特别巍峨、壮观。我高祖出身翰林，官至巡抚。家里有一副林则徐写的对子，说：“湖山意气归词苑；兄弟文章入选楼。”长大之后，知道林则徐的为人，深以自己出身于这样的家庭而自砥砺。

1922年春节过后，入塾读书，才五岁零三个月。学屋是座小楼，叫作望庐楼。书堂前面有块空地，全是花树。空地东侧一排回廊，中有一堂，匾曰“枇杷晚翠松柏后凋之斋”，是老师住的地方。红梅花初春香得醉人。过了十岁，我上夜学。梅花香味和如水月光，在记忆中还像是昨天。

楼上北窗望出去，便是隐现在云雾里的庐山。晴明日子，浅淡青山轮廓十分清晰。楼上有木刻一联，上联是“一楼明月追吟谱”，下联是“万卷藏书作宦囊”。老师教对对子，便说：“一对万，楼对卷，一楼对万卷，实对实。追对作，追吟谱对作宦囊，虚对虚。”印象十分深刻。

在私塾里，我读了《诗经》《四书》《左传》。读完《左传》，读《东莱博议》时津津有味，我学作文便从此始。第一篇习作《屈瑕论》，受到老师称赞。私塾最后两年读《古文辞类纂》，一些经史子集的知识，都是从这部书得来的。

1929年春节后，去南昌一所小学补习数学。小学校长是我的叔叔。先在五年级听课，不到一星期，因为成绩优异，便成了六年级的学生。数学从比例学起，课余由叔叔的一位同学为我补习、讲解四则运算，我迅速地掌握了小学算术的知识。这年夏天考取了江西省立第二中学。这是江西的一所著名中学，一进学校，我便知道植物学家胡先骕、物理学家吴有训、数学家傅种荪都是这里的毕业生。这所学校的创办人，有意识地对新生进行爱校的教育。这对我很有影响，后来，我在昆明办学，在上海办学，都以毕业生的成就来鼓励在校的学生。

二中学生多学理工。我初中毕业免考进高中，对物理学和用器画也很感兴趣。但这个学校的文史教师，阵容不弱。汪君毅老师讲中国近代史，讲高中国文，使人喜，使人悲，时而激越，时而低沉。顾祖荫老师讲中国地理，讲得学生流泪。

1934年春，因不满二中教务主任，转学心远。心远是以自由著称的。"九一八"之后，学生办报，在社会上销售，销得亦广。校刊也办得很出色。我仍读理科，课余在运动场上的时间比在图书馆多得多。可是在这里和新文学有了接触，读了大量的郁达夫的小说和散文。最后，被沈从文的《边城》吸引住了。当我还不足十九岁的时候，做一个像《边城》作者那样的作家的念头，便萦绕着梦思。

1934年秋，从清华大学毕业不久的陈祯老师为我们讲历史。从希腊、罗马讲到法国革命和拿破仑战争，内容丰富，语言生动，常使我和本国历史比较，引起我考虑很多问题。我觉得历史是一门最有兴趣的学问。毕业前夕，我决定进大学读历史。

1935年秋天，我进了燕京大学历史系。系主任是顾颉刚先生。陈祯老师向我介绍过他的治学方法，赞美过他的疑古精神。我进燕京就是由于对他的仰慕。这年冬天，一二·九运动却把我吸引到文学活动和理论书籍的阅读当中去了。我只是照例上西洋通史和中国通史的课。西洋通史是一个外国人教的，内容贫乏。讲授中国通史的是邓文如先生，他娓娓动听的叙述和鞭辟入里的分析，带着很浓厚的西南官话的腔调，使人终生难忘。我读了大量俄国和苏联的作品。理论书籍对我影响最深的是《家庭、私有制和国家的起源》。这本书是一位社会学系的同学发起组织阅读的，它像一阵清风把我从朦胧的睡梦中吹醒。我第一次看到的新世界是陈祯老师讲授的两千年的欧洲，第二次看到的新世界就是恩格斯笔下从野蛮到文明的历程。

1937年1月，我和几位同学随一个南方来的慰劳团过了大青山，去百灵庙慰劳战士。塞外苦寒，走在冰封的哈尔红河上，似乎生活在辽远的史书所记载的年代。从百灵庙回归绥远（今呼和浩特），车行大青山中，蜿蜒迂回。大青山北的草原上，野马奔驰，和汽车竞速。一抹斜阳映着坐在岩石之上的牧人和傍着斜坡悠然上下的羊群。塞北风光，虽一掠而过，可叫人迷恋。

抗日战争爆发了，我逃出北平，从秦皇岛南归，过上海，滞留南京、武汉几个月。冬天，从潼关渡河，由风陵渡至临汾。临汾这时已是山西的政治、军事中心。在山西从军，过了许多山，过了许多水。在吕梁、姑射山中，转来转去，两渡黄河，不禁叹息："黄河之水真是从天而降！"

1938年夏初到延安，可说是第一次从军的结束。从延安南下，关中平原，壮阔无边，到咸阳正是旧历四月，大麦正黄。西安城像一座庄严沉静的古堡。城内钟楼、鼓楼，南北相望，其间是一条笔直开阔的大街，略如北京的东西长安街，气派真像是古代帝王之都。

同年秋天，我由江西经湖南，穿过贵州到了昆明。进入西南联合大学，重新攻读历史。这所大学，有我许多在北平认识的朋友，他们或是一二·九运动中的健将，或为当日青年学生的领袖。学校里充满了民主自由的空气，学术上也真正是百家争鸣。不同的学术观点，可以在讲坛上公开争论。同学之间，政治主张不同，文艺见解不同，在壁报中也展开辩论。我在联大的第一学期，便和王永兴、李宗沄、徐高阮、丁则良等出过一张叫“大学论坛”的壁报，论政、论学、论文，为另一些同学不满，在壁报中进行笔战。我们都是读历史的，后来都成了中国历史的某一方面的专家。徐高阮解放前夕去了台湾。他以陈寅恪先生合本子注之说，整理了《洛阳伽蓝记》。后作《山涛论》，以为山涛、羊祜在政治上实相一致，洞察魏晋之际统治者内部朋党之争，发千古未发之蕴。现已下世二十余年。丁则良先治宋史，后转攻近代，在同辈中是通古今中外的一个，1957年含冤自沉于北京大学未名湖，将近三十年了。

我在联大第一学期，选修了张荫麟先生的宋史。张先生上第一堂课开了个书单，下课后我便去商务印书馆把《宋史纪事本末》和《宋人轶事汇编》买了回来。有个把月，不上课的时候，便在以被单做帷幔的书室里读书。同屋的人笑我，说：“他下帷读书了。”宋史这门课因张先生去重庆停开。从此，那两部书也就束之高阁。我无论如何也不会想到三十二年之后又会和宋史朝夕打交道。1971年从五七干校回来，参加《宋史》点校的工作；1977年开始，主持《续资治通鉴长编》的点校；1980年开始，主编《中国历史大辞典》的宋史卷。

1940年夏，我毕业了。秋初应友人之约，经重庆、成都，过剑门，由汉中至宝鸡，再到西安。在西安病倒了，十月初才到达洛阳。洛阳是九朝旧都，这时，是抗日战争的一个军事中心。我工作的地方就是中原地区最高的军事指挥机关。这算是我第二次从军了。但工作十分清闲，天天与我为伴的是从省政府图书室借来的一部四部备要本的《通鉴》。时事与历史，都使我感慨万端。这年岁尽，我写了四首七律，第一首一开始便说："肃肃霜飞岁又残，感时难得此心安。"冬天苦旱，没有下过雪，我忧虑的是："经冬日暖天无雪，来岁年荒鼠且饥。民困应知征调久，边烽频报捷书迟。"

1941 年初夏，洛阳最高军事机关的大墙外，停满了牛车，一辆接一辆，望不到尽头。夜深清脆铃声，常搅人清梦。机关内部纷纷传说要撤退，中条山溃军有的已渡河而南。后来我追叙这件事，在一篇寄弟渝州的七古中，说："中条大军三十万，一夕曾无片甲回。将军不死战士死，黄河呜咽东流哀。洛中车马今犹昔，侯门歌舞夜仍开。"

1943 年夏重到西南，开始教书。在大学教西洋通史，在中学教国文。西洋通史是引起我学历史的兴趣的。在大学读书时，我选修过希腊罗马史、欧洲中古史、19 世纪史和现代史。我读过的这方面的近代著作，都很有文采。费希尔的欧洲史，一千多页一厚册，还保存至今。从 1943 年开始，讲欧洲历史一直讲到 1951 年。因为外文不好，在大学学的法语几年不用，连阅读的能力也没有了。当重新回到高等学校时，就完全放弃了外国历史的教学工作。

在中学教国文是非常开心的。从小就欢喜中国诗，十几岁在一位堂房叔祖指导下读《剑南诗稿》，陆放翁很多七言律诗都背得出来。在北平学习时，对陶潜、杜甫发生兴趣。1942 年在安徽太湖，穷山无书，偶得《十八家诗钞》，便爱上了黄山谷。教国文讲《九歌》，屈原对我的吸引更超过以前接触过的那些诗人。闻一多先生是 1944 年才熟识的，我向他借阅《楚辞校补》的手稿，和他论诗。从屈原、阮籍说到李白，我以为他们都是不满现实，有所追求的人物。从思想境界说到艺术意境，说得很兴奋。闻先生是诗人，又是学者，听我说时，目光像冬天的太阳。我说完了，他说："So far, so good.”他还要我读《说文》：“不论治史，或是研究古代文学，都要一字一字地认真读一遍。”

但我对中国诗的研究一开始便夭折了。为了衣食，我教很多课，尤其是抗日战争胜利到了上海之后。

来上海后，教学工作压得我透不过气来。最多的时候，我每周上课三十节，在三所大学、两所中学任教。剩下来的时间，还要在几个刊物上发议论，当然，这些议论引证的都是历史，外国的比中国的多。有一篇驳何永佶教授的长文——《论所谓中国式的代议制度》，是在一个晚上写成的，天黑动笔，直写到天明，有一万字，署名流金。流金是我从1936年开始就用的笔名，散文《一年集》，就是收集1937至1938一年内发表的文章。解放之后，才不用了。

解放后，在中学当了五年校长。业余读《说文解字》和理论书籍。《资本论》读了第一卷，深感古典政治经济学知识不足，打算回头读李嘉图和亚当·斯密的著作。1954年重回高校，讲中国通史和魏晋南北朝隋唐史。曾想写一本三四十万字的简明通史，1956年还和湖北人民出版社订了约。1957年被错划为“右派”，退回了预付的稿费，心想再也不会做这种工作了。

狂风暴雨过去之后，在“待罪”中，为历史系收藏的金石写了十几万字的跋语。在对历史的研究中，往往忘记了现实的创痛。1959年恢复教学工作，为学生讲历代文选，因此又对古典文学做了一些研究。但用力最多的还是在汉末开始出现的坞壁、北魏实行均田的地区与对象、拓跋部汉化的过程，以及西魏北周时士兵地位重新恢复，被称为兵农合一的府兵制，即陈寅恪先生所说的鲜卑兵制。1962、1963两年，为学生讲授魏晋南北朝史，所讲大部分内容是1954年开始，以后逐渐深入，做出了结论的研究所得。

“文化大革命”之前，因为讲历史文选，对我国古代史学史也做了一些探索，重点地重读了《史记》《资治通鉴》《史通》《通志》总序和《文史通义》。在讲授此课时，学生认为有些新意的东西，就是这种探索的点滴成果。去年为古文献专业讲古代学术概论，其史学部分，就较为系统地把点滴所得贯穿在一起了。

近三十年来，我国历史研究中不少问题，都是由于片面地理解马克思主义造成的。我在研究工作中，不知有过多少次，想谈谈自己的看法，但话才到嘴边又咽了回去。到处碰到的是以势压人的现象。以势压人，有各种各样的表现形式。1956年讨论百家争鸣，我发表了一点意见，以为大学里权威太多，校长、系主任是权威，党委书记、总支书记是权威，以至教研室主任，等等，都是权威，而真正的专家、各门学科的教授只能在这些权威下面喘息。不到一年，百家争鸣不提了，我成了阶下囚。

1962年的春天是难忘的。吴晗同志主编一套中国历代史话，从原始社会开始，直到清代，共十三册。史话将由北京出版社出版，周游是这个出版社的社长。他们都想到了我，周游给我写信，问我要不要写一本。这时，我已卖完了妻子母亲的遗物，开始卖书了。能够写一本书，拿一笔稿费，是求之不得的。

写一部通俗易懂的中国历史，是30年代初期张荫麟先生的愿望。他写了十几篇，从上古写到汉武帝，后来结集成书，叫《中国史纲》。张先生的文笔是很好的，议论也使人心喜。我二十几岁时也有过这样的设想，发过议论，主张语必己出，要是实录，又有文采。1956年也几乎成为事实。我给周游写信，表示愿意写；不久，又和吴晗通信，承担了南北朝史话的写作。吴晗告诉我，他自己写明，邓拓写清，两晋由何兹全，金由冯家升，春秋由陈懋恒，秦由翦伯赞，南北朝剩下来了，就给了我。

大约不到一年，史话写完了。南朝部分先完成，寄往北京，吴晗阅读了全文，给我写信，要我就那样写下去，快点写完它，并说已决定把南朝部分先印，分给其他各册作者参考。出版社后来还约请了在北京的史学家讨论过这一部分，把许多同志肯定这一写法的意见抄了给我寄来。1963 年全书完成，十三万字，注文比正文少不了多少。吴晗不赞成加注，说是通俗读物，不必说明句句都有来历。注作成未全寄，已寄的被退回。这未全寄和被退回的东西，“文化大革命”中全成了灰烬。

我看这本书的清样大约是在 1964 年春夏之交，估计年底可以出版。不久，李秀成是个叛徒的小文章为全国所注目。我那本史话当然不久也就被“工农群众”和“青年学生”判为不通俗，存在许多问题而不出版了。出版社的同志煞费苦心地按这个调子给我写了一封信。收到信，我有些黯然，也预感将有一场风暴要来了。

学校已经充满了火药味。我依旧上课，同事们见面，不交一言，非常严肃。时代精神的讨论，使人瞠目结舌，只有农民阶级和无产阶级才是时代精神的代表！我内心十分痛苦，十分清醒地以为马克思主义是在被玷辱、被宰割。但我这个“满身是资产阶级泥污”的人，只好独坐斗室，叹息“中年儿女犹为累，四卷雄文学去私”了。

此后七年，什么事也不能做，什么书也不能读。在学校附近的生产队，拉了两年粪车，目中无人地走在从这个生产队通往学校的大路上，晚上被关在历史系的小屋里读宝书，九点半才放回家。难得有不劳动不学习的日子，就从一半已经作了衣柜的书橱中取出《通鉴》，像看小说一样的看下去，真正感到是在过着史无前例的日子。

意外地盼到了“四凶”翦灭，更意外地在 1977 年秋天到了北京。离开北京已经二十一年了，天依旧是那样的蓝。我是得到北京出版社的通知，说《南北朝史话》准备印，要我去北京最后一次修改的。

出版社把一位专家对史话的审查意见交给我。厚厚数十页，工作做得非常认真，我仔仔细细地读了。真没有想到我错误会那么多！仿佛又是在读大字报，接受批判，心潮如海，站立不安。但这几年我的脑子清醒了。史话说刘宋大将到彦之年轻时挑过粪，就是美化地主阶级，这是绝对不能使人心服的。斛律光被杀，北周为之大赦，被指为没有根据，当然也会因出自专家之口而使人信服（这是明明白白见之于《通鉴》的）。

审查人结论性的意见是：作者南北朝史熟，文笔好，但观点不对，发表了更易传播毒素。谢天谢地，出版社并不同意审查人的意见。改完全书，我正式向他们表示，我一个字也没有按照审查人的意见改，除了“走向文明”这一节中被指出的一处知识性的错误。

“托身人上，忽下如草”，讲的是梁武帝萧衍。初稿是写过八遍才定下来的。这回又重写了。对这个人物的评论，从来就有分歧。我是同意范文澜先生的意见的。我自己没有什么新东西。在写这本书的时候，有一些问题，曾和吴晗同志通信讨论过，大的如民族融合，小的如斛律光父子的评价。吴晗总是明确地表示自己的意见的。

1979 年 3 月，我改正之后，写了一首诗：“廿年遭弃置，投老喜逢春。海国梅争艳，江城梦尚温。文章思杜牧，议论惜王存。老妻相对语，哀乐总难论。”感慨是很深的。在上海很多老友，许杰、徐中玉、刘哲民、陆诒都得到改正，真像是寒梅给人间带来了春色。我又想到 1938 年初夏和周游等同由延安至武汉，决心去抗日前线采访新闻的往事，仿佛还是昨夜的星辰。在昆明的好友，丁则良和王逊，却往而不返（王逊 1957 年后也郁郁而死），看不到人间的春色。

1979 年以后，我的工作，一是教书，二是编书。这年秋天，为新入学的中文、历史两系学生讲中国通史，每周四课时，讲一学年。原始社会的材料，几乎全部是新的。暑假中，除去青岛休息来回十天外，全部时间都用在阅读这些材料。但讲课却不过一周。我还为华东师大古籍整理专业的研究生讲了魏晋南北朝史的专题：民族问题、流民问题和这一时期的土地制度。1980 年开始，招了一名魏晋南北朝史的研究生，1982 年又招了两名。宋史研究生招得多些，迄今已有八人。不论是哪一门，第一年都读《通鉴》，遇重要问题找史源，这样，熟悉一些书，懂得一点校勘和考证，更可以具体认证这部巨著作者的求实精神和以史为鉴的思想。魏晋南北朝史研究生，第二年读十二史，从《三国志》到隋志，要找问题，越多越好。宋史研究生第二年则通看标点本《宋史》全书，纠正十五卷纪、志、传中校读之误。

1980 年开始主编《中国历史大辞典》的宋史卷，耗费了不少精力。仅确定辞目，就差不多花了十个月。人物辞目，从《宋史》《宋史翼》《宋诗纪事》《宋人轶事汇编》中，选来选去，增增减减，稿凡四易才定下来。我主张这本词典要收旧史中全部成词的东西，礼、乐、舆服、仪卫全不能有所遗漏。因限于条件，当时只能照现在这个样子进行工作。现在，《中国历史大辞典》宋史卷已经出版了，旧史中的食货、职官，卷中收得不少。这都是过去所说的专门之学，读者乍见往往不得其解的。

对于历史人物的研究兴趣，我很早就有了。30 年代末，沈从文先生说要为孙中山作传，就心向往之。他的自传和记丁玲，曾使我读之不忍释手。为曹操、武则天翻案的时候，我很兴奋，虽然没有发言的机会，却对同在患难中的朋友窃窃私议。三十多年来，历史研究中的问题很多，历史人物研究中的问题也很多。从 1981 年起，我就公开发表这方面的意见。曾对历史系去中学实习的学生说，中学历史教科书有许多问题，不讲人物是一个。人物要讲。讲历史要讲得有血有肉，有声有色，没有人物的活动，就真是剩下几条筋，干巴巴的了。后来又在几所大学，以谈谈历史人物的研究为专题，讲了几次。

1982 年病中，不能做事。天天抄录已经阅读过的有关范仲淹的材料，依年代顺序，誊满了两本笔记本。我还在幼年时，读《岳阳楼记》，已经为“先天下之忧而忧，后天下之乐而乐”的胸怀所感动。1971 年点校《宋史》，宋事知道得多了，对范仲淹这个人也了解得多，也更有感情了。1979 年便决定为他写传。1982 年暑假写了五万字，后来时作时辍，直到去年才成初稿。已开始修改，希望夏天能脱稿付印。

研究宋史，比研究宋以前任何一史的材料都多，这是非常有利的。但我们在这方面的研究近几年才迈开大步。我认为要分门别类研究宋史。先集众力搜集材料，搜集材料要全，要多，要繁富。在这个基础上，一个专题，一个史，进行编写。如写政治，写军事，写经济，写学术。政治中又可以分很多专题，君臣可以作一个专题，君民又可以作一个专题。写专题时，写史时，要求真、要求精、要求简净。这两件工作做好了，才能对有宋一代的历史有个通解，才能做出具有规律性的结论来。我正在筹划做这样的工作，我希望还能工作二十年。

在史学方面，我以为历史经验的研究值得十分重视。对过去几千年的历史，要重新改写。

1986 年 2 月 4 日

（原载《世纪学人自述（第 5 卷）》，北京十月文艺出版社，2000 年）

传　记

忆应锼

李宗蕖

一

第一次见到他是在半个世纪之前了。在贵阳医学院教师们租的充当宿舍的一间北屋里，屋子很大，光线不太好，东西两间分住着几位男女教师。中间那间厅，除了饭桌，还放着两张书桌。我的一个哥哥住在这里。

大概是到那里的第三天，哥哥的一个同学来了。他要去昆明复学，问哥哥是否愿意去，说如有这个打算，他可以为哥哥办复学手续。除此之外，他们还谈了各自离开学校一年来的经历。他的经历很有趣，去过山西、参加过八路军、到过延安，还是个年轻的作家，发表过一些散文、小说。口音很重，那时我还分辨不出是哪一省的，后来才知道是江西口音（以后这一直是我和孩子们调侃他的话题）。他高大、潇洒，又有那么多有趣的经历，应该会引起我的注意。可我那时完全沉浸在自己的世界里，只偶尔听到他讲的一些片段。

好几年以后，我问过他，那天傍晚，可曾注意过我。他说，屋子很大，灯光射不很远。屋角那里好像有一个女人，穿着浅蓝的长衫，没有开过口。可笑的是，他说时还带有歉意。我告诉他，那个灯光照得到，有着有趣经历的人，也没有给我留下什么印象。

“二·四”轰炸之后，我离开了贵阳，投奔在昆明复了学的四哥。

四哥和一些同学在校外租了民房，我去时他和应镠住在一处。和他们的往来，使我的眼界开阔得多了。比起他们来我还只是个孩子，同时又成了好为人师的大学生们的小朋友了。后来应镠单独住了一间，他那间屋子就成了我很感兴趣的地方：那里有很多书和出出进进的文学青年，还有和四哥一样学历史、好论时政的、年纪比我大一些的学生。听他们高谈阔论，虽然似懂非懂，我却被吸引住了，认识一点点扩大，理解也似乎深了一些。

应镠和哥哥都是历史系三年级的学生，但交往的圈子不太相同。应镠那时兼了昆明《中央日报》副刊《平明》的编辑，时间更多花在集稿、看稿和编辑上。作家沈从文先生时常来他的住处，从手中的蓝花布包袱中，取出一叠稿子交给应镠，并在留下自己对这些文稿的看法后就匆匆离去了。虽然来去匆匆，也不会忘记把作者向应镠一一介绍清楚，很多联大、中山大学的文学青年，就是他热心地推荐给报刊的，应镠也是当初在北京时由沈先生推荐给报刊、杂志社的。沈先生关心有志于文学创作的青年，一批一批地把他们推向读者，推向社会。四哥是“一·二九”时代的学生运动领袖。后来（大概是“一二·一二”）与一些学生运动的领导人有了不同的见解，转了系，交游也有了些改变，来联大完成学业时，和当时的风云人物们好像已经很少往来了。

我去找哥哥玩时，总要去应镠房间的书架上觅宝，有时也会鼓足了勇气向他借阅。其实，他从来没有拒绝过我，还常常向我推荐一些翻译小说。在半年中我读了不少翻译的名著，如：俄国的普希金、屠格涅夫、托尔斯泰，法国的司汤达、纪德和英国的毛姆等作家的作品。哥哥笑我，捞到篮里就是菜，不加选择；应镠只说，看完想一想，不妨讲讲自己的看法。他们都不了解我当时饥不择食的馋劲儿。在家里，旧小说多一些，新的有一些，翻译小说只能靠学校那位年轻的图书管理员对我们几个爱读书的学生的关照，让我们在书架后面躲着、藏着、一本一本地换着看。现在，在应锼的书架前，他不但肯借书给我看，还会介绍他认为好的书，甚至还会谈些自己读书的体会。这真是令我眼界大开。但是，有一次我把屠格涅夫的《春潮》带回了学校后弄不见了，我吓得有两三个礼拜不敢去哥哥那里。应锼知道后来小学校找我，说想看尽管拿，书本来是让人看的，我才又有选择地去他那里借书了。

三年级的大学生、报纸副刊的编辑、小有名气的作家流金，和我——一个小学教师能谈上几句的，也只有世界名著，特别是俄罗斯小说。我常向他借书。他们几个，有时和哥哥一起到我工作的小学里来玩。那里一到星期天寂无一人，宽大的房屋任我们活动，满院梧桐的绿荫更是嬉戏的好去处。比起哥哥和另一个大的同学，他显得矜持，也不和我们一样爱唱爱喧笑。有时他也讲个笑话，但笑话没有讲，总先笑倒了自己。不知为什么，我总觉得他比我大得多，还有点怕他。

那年夏天，我也考上了联大，哥哥和他已是四年级的学生了。在他们租的树勋巷 5 号里，还住着好几个高年级同学。在我眼里，他们都很大。我只和哥哥以及哥哥的女朋友，一起唱唱歌，几乎什么话也不说，写了东西也绝不敢拿给他们看。那时的我还有点迷迷糊糊的，好做梦，书也读得不好。没有把自己和流金放在一个层次上。

二

1940 年暑假四哥毕业了，决定回贵阳去清华中学任教。他对教书一直很有兴趣，又加上女朋友家在那里。应锼也是这一年毕业。他这两年一直在写文章、编副刊，还在中文系当着半个助教。因为忙，连作为论文的《罗马史》的翻译也只翻了一半。临毕业，要留校任中文系助教的约定也泡了汤。这时，本来在河南郭寄侨的部队当秘书的陈其五，因共产党员身份暴露，必须离开，赵荣声就介绍应镠去接替他。应镠临行时心情十分不好，朋友为他送行，酒后狂言。虞大姐本是心直口快的人，就说他狂妄。在情绪失控下，应镠竟指着房门说："谁认为我狂妄，就请离开这里。"不知为什么，我这本来话不多，胆子也不大的人竟忍不住了说："话不是我说的，但我认为很对，是太狂妄了。"我说了，但也被自己的话唬住了，转身就出了屋子回宿舍去了。

应镠在他编辑副刊时，曾不止一次刊登过我的习作。在第一篇《晚星》发表后，他还写了很长的"读后"，称赞了它，鼓励了我，约我继续为他写稿，还送了我一个笔名"留夷"。我珍视这份关心，不但后来在《阵中日报》发表《海行》时用它，连以后写的教学小品也用它发表。

这两年多的交往今天就这样结束了？

第二天他走了，我若有所失地自苦了许久。

他走后我的心情很坏，不愿和朋友们交往。不断琢磨着虞大姐的那几句话："他远离亲朋，生活在另一个陌生群体中。""对朋友不该说那样绝情的话。"她还说："要用最好的信笺给他写些能使他感到安慰的信。"我却在想："太晚了，他不会原谅我那句莽撞的话，也不会了解我当时的心情。现在，没有地址，我想向他道歉，可连信也无法投递呀！"

"就这样我犯了一个无法挽救的错误。"我在日记上写下了这一笔。

不久，他来信了。在系办公室工读的一个同学对我说："收发处有你一封信，从洛阳寄来的。"我急着去了收发室，取了信，很久才打开。信确实是他写给我的。他没有道歉，只说深信我会原谅他那天的唐突。还是那笔修长、灵透的毛笔字，还是对生活诗情的描写，还是那种对生活若有所失的倾诉。我回了信。以后不断有信来往。但隐在笔墨后的比写在纸上的多得多。

那一段时间，我也真忙，要补上没有读懂和读完的书，课余要去打工。先是家教，后来是昆明广播电台的播音员。在一个有三千多男生，却只有不到三百名女生的大学里，女生成为所有活动被邀请的对象，舞会、旅游、聚餐等等。以前我不是这些活动的积极参与者，但去得也不少。之后事情一多，以抽不出空为借口，几乎哪儿也不去了。

应锷常有信来，我回得少些，在广播电台打工之后就回得更少了。电台的工作三班倒：下午一班，晚上一班，半夜向四乡发记录新闻又是一班。睡不够，与所有人的交往都减少了。

应锷突然停止了来信。这是怎么回事？没有信来，我才知道他在我心中的位置，但我在他心中的位置又引起了我的不安。

我努力使自己安下心来。"想这些有什么用呢？"有时遇到他的朋友，问我有没有应锷的消息，我只能说："正想问你呢！他又去了哪儿了？"不祥的感觉令我忧心忡忡。

就在三年级快结束的时候，又是那个在系办公室打工的同学跑来告诉我："收发室有你一封挂号信。就是以前常来信的那位写的，还是那笔漂亮的毛笔字。姓名改了，姓上官，名字叫灵，怪怪的。"我知道是谁来信了。把信取回，看了那笔清癯瘦削的字，我舒了口气。他还好好活着，还惦记着我。信写得很简单，说结束了手边的事就回来。直到我们见了面，才知道我们差点儿被生死隔绝。

事情大概是这样。有一个叫赵理君的国民党特务头子，在河南权势不小，他看上了一个曾在西南联大先修班就读的女孩子，在女孩回乡路过开封时给了女孩一个公务员的职位，并安置在自己属下。

此人胁迫女孩顺从他的淫欲，女孩不肯，向在洛阳结识的应镠求救。张雪中军长是江西人，是应镠的同乡；和应镠在去洛阳路上结识的蔡剑鸣师长，是应镠的朋友，他们都劝说应镠把女孩子救出来，只要应镠答应娶她，就由他们出面营救。女孩到洛阳后，正好后来任工人日报社社长的赵荣声和他的妻子靳明路过洛阳，就把她带走了。应镠那时被怀疑是共产党，后来被张雪中和蔡剑鸣派人保护出境，逃到赵荣声的老家躲了很久。赵理君后来为了掩盖罪行，竟把一个中学的十几个教师活埋。幸好有一个教师死里逃生，把事情揭露出来，赵被枪决了，应镠才得以和四哥联络，并与赵荣声一家离开太湖县，途经洛阳，绕道广元，回到贵阳，去清华中学教书。那个女孩后来嫁了一个空军。"文化大革命"时她单位的造反派，曾向应镠调查她的这段历史。

三

从昆明回贵阳，一路上我想了许多。

等着我的将是什么？是仍被看成好友不漂亮的妹妹？或是一个可交往的女性知己？还是……这已是我第六次走在这条崎岖的山路上，而且和第一次一样是独自一人。想得太多，不免自嘲"谁会在乎你"，会在等着你"回家"。

到了贵阳，直接去了大哥家，那个安在校祠堂里的不大的家。"在那里等着我的是谁？"说不出是高兴还是忐忑，抑郁或是酸楚。

家里只有嫂子一人。她见了我第一句话就是："今天有人来找过你，问你什么时候到。是四弟的同学。说下午再来。"我知道是应镠，却说："找四哥的吧！"

下午应镠来了。大嫂说："这位就是来找过你的程先生。"

"你已经回来了！"才说完我就觉得有点窘。

“能回来真好！”他说，“我已经接了清华中学的聘，教初三和高二的语文。”

我没有说什么。大嫂就问：“宗瀛什么时候回来？”他告诉嫂子宗瀛找马车去了，我们今天就赶回花溪。

我们坐上了宗瀛叫来的马车——一个架在半人多高的两个轮子上的大木箱。车子下了窄窄的坡，上了平坦的大路。聊着、说着，三十多里路不需要多久就到了。应锷谈的主要是他这两年多的坎坷经历，有点像传奇。他讲得很有趣，我和四哥是很好的听众。停车时我们三人都沉浸在遥远北方的那段故事中。下车了，他和哥哥忙着把我的行李取下放在路旁，让我照看行李，他们去学校找车来拉。

赶车的人调转车头回城去了。我等着他们取车回来。

路旁潺潺的流水依然如故。我坐在路边的箱子上，回味着“回来”两字。这地方既熟悉又陌生，既亲切又令人惆怅。

把行李装上推车时，才发现应锷上马车时脱下的上装不见了，大概是中途掉下了车，而大家忙着聊天谁都没有注意到。这是件质地很不错的上衣，是临行前朋友送的，衣袋里还有蔡师长送的300元钱。这在当时是笔不小的财富，竟在重逢的说笑中丢失了。以后这件事就成了笑话，多次让朋友们取笑过。

暑假一结束，哥哥和应锷就送我去贵阳那个在山顶上的小学里去了。

我和应锷、四哥在踏进作为宿舍的木板房时遇见了校长任荣——一位衣着朴素，带着些江南口音的中年妇女。她和我们打了招呼，就把我们带进一间板房，并说：“条件差，暂时就住在这里吧，可能还有一位担任会计的小姐来这里和你同住。”她又和陪我来的四哥和应锷打了招呼，并请四哥向我大哥致意。她说：“目前办学最困难的是很难请到有学历、又能吃苦耐劳并有经验的教师。

您的大哥把这位妹妹介绍来，我确实是非常感谢的。”我听着，脸上一阵阵发烧。我能算得上能吃苦耐劳和有经验的教师吗？四哥向她介绍了应镠，说：“这是清华中学新来的语文老师。我们三个人是同学。”接着他们打开行李，安放好书和用品，就向校长告辞，还说要带我去熟悉一下周围的环境，然后回趟家看看。任校长请四哥代她问候大哥，并再次表达了谢意，就告辞了。最后她对我说：“我很高兴你能来这里，我们一起把这个初创的学校办好。”我除了点头，什么话也说不出来。

傍晚四哥说他要回去了，应镠说他还想看看周围的环境，有时间还想去看一位住在青年会里的办报的朋友，托他就近照顾我。这位朋友是我们都熟悉的陈新桂。

我和四哥分手后，就跟应镠沿着山路走向山下。路的一边是一幢幢新建的房屋，另一边则是清浅的南明河。河从城内流来，向远处流去，顺着山势形成了多处水坝。越过石坝的水流，在落日余晖的映照下，形成一道道银色的急湍、闪亮的水帘。以前我曾带着大哥的小儿子“小三儿”来郊外写生，捕捉绕过岩石的水流灵活的姿态，也曾为他讲述过水和水仙的故事。现在我能做的只是沉默，聆听自己的心跳，任情展放自己的冥思遐想。偶然把目光从水流上收回来，就会接触到那双默默注视着我的眼睛。

四

日子像梦一样地过去，应该是无忧无虑的，但事实并不如此。短短的一年中，除了欢愉，生活中也出现了让人一辈子也无法忘记的不愉快的事。

我记得是在第二年的春天，我带了孩子们去郊游，回到学校时门卫告诉我，贵阳医学院院长打来电话，要我去一趟，说有重要事找我。

坐定后，大哥说想跟我谈谈我和应镠交往的事。我先以为这是一个极好的时机，和大哥交换一下看法，把我心里想的，感情上经受的，都向这位关心我的人倾吐一下。没有想到，大哥一开口就让我感到委屈，甚至屈辱。

大哥先问了问我和应镠的交往到了什么程度，接着不容我分说，就叫我思考三个问题：

首先，他说，你应该仔细冷静地思考一下，对这个社会的认识、理解，你们都相去甚远；在一个寂寞的小城里，他会从你身上看到其实你并不具备的品质；一旦跨进繁华、喧闹的大城市，他会重新对你和对自己做出另一番评价，感情也会随之发生变化。

我从大哥的话里听出了他对我的贬低，他认为应镠不会真心爱上我这样一个幼稚单纯的女孩。

第二点是，大哥觉得应镠是一个很漂亮的人物，和我无论从才华还是外貌上都很不相称。这使我想起从小在家中受到的歧视，包括考大学，连发了榜还在怀疑，而家人的意见竟高度一致。

第三点是大哥否认了应镠所学的东西。他说他并不了解应镠所学的，但是在社会中立足、求生，需要更务实。大哥是学医的，他希望他的几个弟妹也步他的后尘，现在我居然找了个以四海为家，以漂泊为生的人做依靠，这不能不让他十二分地担忧了。

他告诫我："我认为你必须理性地对待婚姻问题。"

也许我应该理解他的看法，更看重他对我的关心。但我的回答却让这个从年龄上来讲更像我的父亲的大哥色变。我说：大哥，你错了。我们这代人对感情是认真的，有自己的理解和感受。我已经是二十四五岁的人了，如果还不知道自己感情的深度，也看不出他真的只有在落后的小城中才能看重我，正确地评价我，那我就应该为自己的无知、盲目而自食其果。

事实上后来我们一直相处得很好。五十多年相濡以沫，即使在那荒谬的年代，我们相互支撑，从未背叛过对方。有一年大哥经过上海，到我那个小小的家来看望我时，恰逢应镠身陷绝境，为了躲避追捕，他不得不丢下刚会叫“爸爸”的女儿和我，逃到追逐者不易找到的地方去了。大哥一定很为我痛心。但大哥还是错的。我们从没有因为来自外面的压力——无论政治的、经济的，甚至暴力的，对我们的爱情有过丝毫的怀疑。

我和应镠风风雨雨的一生，度过了一个又一个险滩，经历了一个又一个考验。确如大哥所担心的，物质的匮乏，让我卖掉了妈妈和哥哥们给我的所有首饰。我们唯一不缺的是相互间的爱和信任。如果大哥还在，我会告诉他：“这一生因为有了应镠的爱，我是最幸福的人。”

但我和应镠对于这位如同父亲一般的大哥，始终怀着敬意。1986年我们和宗瀛在清华中学改回校名的纪念会上，相聚于花溪时，应镠提出让宗瀛写一写大哥，因为无论作为亲人还是于民族有贡献的科学家，大哥都是值得一写的。于是宗瀛收集了很多资料，由于健康问题他嘱咐我代笔，这就是后来刊登在《贵州文史资料》上的《回忆李宗恩》。那时这个为亚热带病学做出过卓越贡献，为了在战后重建协和医学院吃尽苦头的老人，早已溘然离世，长眠于他乡异地了。

五

“西南漂泊佳人死，忍泪脱从虎口来。”这是1946年夏应镠在汉口等我和才一岁多一点的儿子时，写下的一首七绝的前两句。接连两位先行者——我们的老师闻一多、李公朴，倒在特务的枪口下。

应锣的学生们为自己的老师担忧，想方设法弄到了一张机票，催促还沉浸在悲痛中的老师快点离开昆明，并承诺短期内“师母和孩子就可以和你在汉口会面的”。

应锣走得很仓促，没有带行李，只带了一只纸盒子，里面是几件换洗的衣服和几本实在舍不下的书。

那时，天翔中学迁入美军弃废的军营不久，我们就是在公路旁的木板房前分手的，约定在汉口等齐后一起回江西的老家，去看望年事已高的祖母，和他时刻惦记着的母亲。

他走了已经三天了。每天傍晚我抱着孩子在校门前的大路上眺望，盼望有学生送飞机票来。

这天，我又在大路边张望，眺望着空旷的大路，盼望有灯火从远处移近。

盼着了！一辆马车正沿着大路向校门驰来。车前的灯晃晃悠悠地向校门移近，车把上坐着的就是那个学生。赶车的人把鞭子举得高高地，向我们打招呼。小王来了！他许诺过我，不会让我久等的。他从车把上跳下来，急着问我：“今晚走行吗？”我告诉他：“一切都准备好了，立刻就能走。”

行李十分简单，一个装在被单缝成的布袋里的孩子的搪瓷澡盆，里面放着一叠洗干净的衣衫和几件保暖的衣服。他帮我把简单的行李提过去，放上马车，我们就出发了。

在机场外的小客栈里住了一夜，第二天天亮我带着孩子就登机了。

虽然是夏天，昆明的清晨还是很冷的。我把带着的衣服都穿在我们母子两人身上了。机舱是装货的，中间一排是捆得整整齐齐的货物，紧紧地固定在舱底。货舱两壁挂着帆布挂椅，我抱着孩子坐进那软软的挂椅时，心就安定了。

起飞前，接我们来机场的那位同学小王叮嘱我说：“现在可以安心了，高空冷就加几件衣服。到了武汉机场，程先生会来接您的。昨天，我已经给他发了电报。”

昨晚一夜无眠，飞机起飞后，还是睡不着。看着在怀中熟睡的孩子，想着即将到来的团聚，我只能默默地感谢一直到飞机起飞前，那个还在机场跑道边目送我们的学生，感谢他的精心安排。

到达武汉，飞机降落在跑道上，立刻有一群货运工人涌进来。他们都赤着膊。看到我还穿着大衣，正手忙脚乱地为孩子脱下一件又一件衣服，都笑了，我也笑了。应镠赶到舱门，看到我的狼狈相，就赶紧接过孩子，让我空出手来为自己“整装”。事先对机舱内外的温差已经有了心理准备，我走出舱门时，已经整整齐齐像个人样儿了！

在汉口的旅馆中住了五天，等候船票。旅馆到了晚上热得像火炉，每晚都抱着孩子去旅馆的“屋顶花园”乘凉，哄孩子入睡，自己却不断地为孩子的哭声惊扰得在半睡半醒中。前面路还很长，能顺利地走完这程路是最大的好事。

总算买到了船票，可以在九江换长途汽车去南昌了，“万里”的行程就要结束了！买了去南昌的车票，我们已经几乎花完了全部旅费。应镠安慰我说：“罪受完了，公共汽车的票已买好，下午就可以到南昌姐姐家了！”

下车吃饭时，看了路牌。张公渡离老家后门的埠头只有五华里不到。应镠决定不去南昌，“雇个小船，傍晚就能到家了”。但汽车后半程的票不能退，我主张到南昌住一夜，再买返程票回家。应镠说：“不行。”他一天也等不了，归心似箭啊！还安慰我说，傍晚一定到家，就去河边找船去了。

没有想到，天忽然变了，渡口的人都慌忙躲进渡头的茶棚。已谈好价钱的小船也说“这是过蛟”，河上不能走船。我们已是身无分文，孩子开始哭闹，怎么饿着肚子度过这风雨交加的夜晚呢？应镠也知道自己坚持弃车就船的办法是错的。但车子早已开走了，奈何！

在茶棚里躲雨的人问起应镠是不是本地人，说他的口音和这里的乡音很近。应镠趁机自报了家门，一下子就有了转机：“你是程家的大少爷吧！听说是从云南回来的。今晚就在茶棚停一夜，明早晴了再回土库。”听说孩子是因为饿了才哭的，就连忙安排了一桌饭，让我们吃饱：“饭钱、船钱明天到了土库再付。”饭后还把桌子拼在一起，让我们在上面睡了一晚上：“明早天好再上路。”

经过这一番忙碌，我们的心也定下来，我心里的气也消了。对一路上他顾前不顾后地花钱，也原谅了。几句乡音就把我们当贵客待，我除了感激还有什么可说的呢？说什么都不合适。

在埠头上接我们的，竟是应镠的大姐。她急于把我们即将回家的消息带给老人，两天前就从南昌回来了。

到了家，母亲把饿慌了的孩子抱过去，给他找些东西充饥。抱回来时对我笑着说：“你们把孩子饿苦了，他一下子吃了半斤多米糖。”

两个热情的亲人，把我一路上不能释然的疑虑都消解了。但我却不能不把失望留给他们。

我们在家里过了半年，安葬了应镠的父亲后，就决定去上海谋生。祖母在不可能把我和孩子都留下后说：“我知道你是留不住的人。我在这里一个人留了几十年，你娘也为了守住这个家，陪我住了三十多年，没有抱怨过一句。”我知道我们伤了两位老人的心，但两代人的选择是不同的。最终我们把小儿子留在她们身边，春节才过就去了上海。

六

去上海，住房是一个极难解决的问题。按建筑面积的大小、房子的新旧、格式、路段，要付出一大笔“顶费”。房子是“五子登科”中最大的一笔花费，没有二十两金子是“顶”不到房子的，而我们可连一星半点金子也没有。

那天晚上，我和应镠走过法租界的一条路的转角，被一面打开着的窗子吸引住了：多温馨的窗景啊！窗帘在晚风中拂动，墙上挂着一幅油画，在灯光的照射下，显得特别漂亮。什么时候我们能有这样一间屋子，抚平我们无着无落的失落感？我们快步地离开了那里。六十多年前的事了，至今想到它犹如身临其境，无法忘却。

总算在一位在堂叔的帮助下，我们找到了一间后楼。要预付的三个月房租，恰好是我前三个月一次发放的工资。在物价暴涨中，后三个月的房租，靠工资来支付肯定是不够的。第二个孩子将在七月底（学期终了时）出生，我们不能不接受这样的条件。接受了，也不能“入住为安”。

应镠的工作还没着落，想去山西。山西大学的校长是他大学时的同学，但拖家带口到那么远的地方去就业，也太冒险了。真是天无绝人之路，应镠很快在上海新陆师范找到了一份工作。新陆师范开办不久，校长认为应镠可以既教历史又教语文，交谈之下，很投机，他不仅找到了工作，还分到了一套日本式的住房。我也在附近一所只有六个班级的中学里，找了一个英语教师的教职。一个星期十二小时课。这下，我们的生活可以解决了。

就在这儿生活了将近一年半，女儿也已经一岁多了，我决定带着她回大塘去接我的大孩子。虽然不是衣锦荣归，我的心情可是再好没有了。一家人可以生活在一起了。我把在上海的生活描绘得让祖婆婆终于答应我带走了两个孩子。

再次带着两个孩子上路时，我的心气可以说是很高很高的。

回到上海，过了没有几个月太平日子。金圆券狂跌，让最低的生活条件也成问题了。在反饥饿反迫害的声浪中，学生要求老师对他们支持，老师也因自身所受的迫害，和学生们站在了一起。不久，不仅衣食成了问题，连自身安全也成了问题。

五十多年过去了，有时和自己的孩子谈起那时的反饥饿、反迫害，他们很难理解，怎么一个银圆上午还能换几百、几千，下午就只能买几束青菜，跌成五万六万元只能换一个银圆了。金圆券一直没有停止下跌，不久就一文不值了。我们身历其境，真不知日子该怎么过下去了。生活又没有了保障，我只得把刚接回上海的两个孩子又送回老家，在那里，他们至少还有饭吃。

等我再次从乡下回到上海时，应镠已经被师专解聘了，正在找工作。这时，小哥的岳父周先生提出要我们为他照看一下在上海的家，他和老太太要去香港避一避。我们答应了。谁想到这一决定使我们帮助了好几个同学、朋友，逃避了特务的追逐，也帮助了自己。我们是在周先生家迎接解放的，和我们一起得到这座住宅庇护的，还有七八个人呢！

七

解放前夕，上海有过一次大逮捕，喧嚣的警车日日夜夜奔驰在大街小巷。乐观的人说这是反动派的垂死挣扎；一般人宁愿紧闭房门在家里躲过这一阵，都说还想看一看以后的好日子呢！

一天，应镠一早就去了学校，不久跑回来对我说，情况不好，他要出去躲一躲。学校门口张贴出要逮捕的人的名单，他是第一个。这显然是有意制造恐慌。但为了安全起见，他只能到大姐家三楼的放箱笼的房子里躲一躲。我收拾了几件衣物，让他去了。自己反而镇静了，坐在楼下的客厅里，等着“要上门来的人”。“要来的事，总是要来的”，我想。

直到日影西斜，喧嚣的警车声好像略稀疏了一些。我累得靠在沙发上睡着了。

电话铃响了，一阵紧似一阵。我考虑了一下，拿起了电话。

“哪一位？”我问。

“李步洲，中原电器公司的经理。你不记得了？四妹！”

“记得。四哥呀！”

我听出来了，是宗瀛，我的四哥。

知道四哥回来后，应镠在大姐家呆不住了，当晚就回来了，只是在后阳台上拴了一盘绳索，说，实在不行就攀绳索下去，后面的那条弄堂弯弯曲曲的，要逃避追逐还比较容易。其实，经过一天一夜的搜捕，形势显然松了下来，更何况是在周部长家，多少有点保护色吧！

这一段差点儿把我急坏的经历，四哥曾将它写入他主编的英文刊物《东方地平线》（香港出版）的“编辑者前言”中。

整整一个月，我们就半公开地住在那里：“他们是李小姐和她的先生。是周先生的亲戚。”房主人是这样对来“调查”的人说的。

七月二十四日中午，应镠燕京的同学张芝联派车把宗瀛、应镠和启平接走了，说有几个燕京的朋友要在他家聚一聚。

又是什么事？骤然刮起的这场风暴，让我一刻也坐不住。这时电话铃响了，一个名叫周宇的记者自报姓名之后问道：

“你四哥在家吗？”

“不在，去同学家聚会了。”

“哪一位同学？能联系上吗？”

“不知道，联系不上。”

对方停了一刻，就说：“他们走了！有办法通知宗瀛他们吗？”

“我不知道他们的去处，也没有留下电话。”

“那，转告一声，他们要走了。”

“谁？”

“他们。——好，我也要走了。”

这个电话把我吓坏了，因为四哥是改名易姓来上海的，周宇是他的同事，这么急着要找他，和外面呼叫着的警车联系在一起，不会是好事吧。怎么通知他们呢？我真像是热锅上的蚂蚁了。

电话又响了，这次打电话的还是周宇。他说：“我已经到家了，方才没有说清楚。要走的是你哥哥的boss。”

“你把我吓坏了。现在除了要说声谢谢，还要彼此祝贺一声吧！”我就向这个只知姓名，从未谋过面的人致了谢。

四哥回来时，我已经睡着在沙发上了。

第二天一清早还是我接的电话：“去看看，警备司令部上已挂起了红旗，叫他们起来去工作吧！”不知是谁的声音。从它的欢快、兴奋，我知道这是朋友打来的。我叫醒了住在这座房子里的所有的人。

他们都匆匆地走了，高兴得个个像孩子。我却被留下了。我知道我的任务完成了，“太太”的使命到此结束，我只能安于现状了。

这时门口有人声，我打开大门，才知道街面上都睡着年轻的士兵们。我急着去烧了两壶水，想慰问他们一下，却被委婉地拒绝了。还有几个掏出那时通用的华东票，向我宣传起“三大纪律，八项注意”。我提回了开水，默默地回到屋里，坐在沙发上发呆。为什么他们不能像我一样热情地对待我这个对谁都无害的人？

有好几天我都因为被闲置着而感到不安，还时刻怀念着在江西乡下的两个孩子。

八月一日是我的生日。那天应镠突然显得比平时更关心我。问他为什么，他笑我“闲得发慌了！能有什么事呢？”和几个朋友一起吃了晚饭。才回家，他就从口袋里掏出一张去杭州的汽车票，告诉我家里涨了水，两个孩子都有些不适，他相信我是愿意回去看看的。第二天清早我就去了长途汽车站，绕道杭州回江西去了。

这是一段很艰难的旅程。到了南昌，给孩子治病是当务之急。姐姐不顾天热、事情又多，天天陪我去医院，并设法打听车船的行期。我们终于踏上了归途。当火车平稳地开过已经修复了的赣江大桥时，我激动得流下了泪。小女儿又抚着我的脸颊说：“妈妈，不哭！”

到家那晚，儿女们都入睡后，应镠把这首诗默默地塞在我手里。

半年四度劳车马，迢递征途两地心。
儿女几曾系归梦，田园虽好亦沾襟。
哀余偃蹇无长策，累你沉吟入暮砧。
愁绝一楼风雨夜，前缘如海涌骎骎。

读着这页纸，我深信今后生活会一天好似一天。小女儿的身体也会一天天好起来。

生活会给我们满足，给我们希望的。天亮了！

八

解放初期，物价稳定，日子过得没有那么窘迫。我经人介绍，在一个私立中学教了两年国文。两个孩子已经接到了身边，在附近一个幼儿园上学，有一位保姆接送。路很近，也少车辆，我不用操心。应镠一解放就去了高桥中学，当上了校长。他认为这是一个有创意的工作。

为了一家四口的生活，他还在市内两个大学——光华、法政学院——教政治。每星期，我们都能聚在家里一两天，和朋友们议论生风。带孩子去街上玩，也是常有的事。日子如果就能这样过下去，我会很满足的。

但房子不是我们的，我得考虑找房子的事。在上海找一间房子，那时少不了廿两金子，房子已跃居“五子”之首了，我们可连一星金子也没有。后来，周先生接受了董必武的邀请，决定从香港返回大陆。他虽没有说让我们让房子，但我们不能长期赖在老人家的家里呀！我和应镠商量了多次，决定写信给我的老师曹日昌，请他为我在北京科学院心理研究所找一个工作。曹先生同意了，说学心理的人不多，包括在校的学生，不到二百人，同意我去北京，在心理研究所儿童观察室工作。信里还附上了聘书和以后工作的待遇等。没有比这更好的事了，把两个孩子带在身边，做的工作是自己的专业。但上海教育局找应镠去谈，说师专正在筹备，应镠是教育局需要的人，是内定的历史系主任人选，在教务主任没有确定前，还要兼任这一个职务。他们把我也调到高桥中学教语文。那时，我们不接受这个安排，是不可能的——一切服从需要，个人的得失是不容考虑的。

在一个残留着很多旧观念的社会里，夫妇在同一个单位工作，其中一个又担任着领导，肯定会有很多麻烦。虽然已有了心理准备，要来的总会来的；但后来会碰到这么多麻烦，确是我们始料未及的。

我是学生心目中的好教师，但在一些留用的老人和年轻的政工人员的心目中，我却成了享有特权的人了—— 一个类似管家婆的校长太太。租了女生宿舍旁边的两间小屋子，要付比其他教师高许多的房租。两间小屋只有朝南的一排落地长窗，没有一个可以调节室内光线和温度的窗子，找人来开个窗子，就要付抵赔校产的罚金；

我是新来的教师，在私立中学时，月薪较高，现在定为十八级，在他们看来，还是享了特权；副校长指定我做公开教学，几位老先生听了课，就相互递条子，叹息："无懈可击，奈何！"他们原来是来挑刺的。大多数教师，对他们这类活动是持否定态度，不予支持的。但我身临其境，却难以承受。我无牵无挂的日子，至此结束了。

没有这些麻烦，这一段日子，应该说是过得很舒心的——学生都很喜欢我，丈夫和孩子们又都在身边。学生中，除在高桥本地居住的，大半住在宿舍里。我的那两间小屋子，与女生宿舍一墙之隔，我几乎每天，甚至一天两次，去她们宿舍转一转，了解她们的生活情况，问问她们的忧喜。空闲时在校园里走走，遇到自己班上的学生聊几句。大儿子十分淘气，被学生从流经校园的河里不知捞起过几次！事发后，孩子既惊惶又得意的神情深深地印我的记忆里，又生气又怜爱，直到今天还心有余悸。校园里，有的是浓浓的师生情谊，没有白色恐怖之下的惊恐，没有朝不保夕的焦虑，使我感到在高桥的两年里，日子过得很安宁，心情也愉快。我真觉得可以当一辈子教师了。

两年中，和我最接近的是两届高二、高三的学生。担任了这两班的语文和其中一个班级的班主任。课余还和他们一起办了壁报，每期画上几张插图。离开了二十多年后，我参加过一次校庆，还看到了几期保存完好的《文学报》和那上面我画的插图和刊头。

在高桥中学和师专教了两年多，生活在一起，工作在一起，我对应镠认识得更深了。除了浓浓的爱，又多了些年轻的人对年长者的敬佩（其实他比我大了不到四岁）。

在高桥，应镠除了上课、读书、办学外，把全部时间投入到学校的恢复和建设中。

他才去高桥时，我还留在上海，家里的开支都由我负担，他没有把工资带回来过，大部分投入了图书的购置。和他情投意合的教师们，也捐出自己工资的一部分来购置图书。短短几个月，图书从约七百本小册子增加到几万册书，还有像二十四史那样的大部头。副校长顾芳三、总务主任黎尚曙都根据各科的需要，自己掏钱购买文史、理科的参考书和读物。本属于图书项下的经费，则买了马列的文集和国内领导人的著作。

解放前，金圆券危机到来时，应镠兼课的政法学院，不是发的货币工资，而是白米和龙头细布。应镠将存下的这些东西，都按建校时的需要，拨做建校经费使用。我记得，高桥中学礼堂的天篷和幕布是以一匹龙头细布换七十五尺紫红布的比价买回的。学生课后投入建校劳动时，应镠总走在他们前面。掏泥沙，打通流经学校的小河，挖深校园内的一个池塘。把原建在它上面的一座八角亭修理得整整齐齐，用作音乐教室。在旧建筑中找到可用的石料，打磨整齐，造了跨河的小桥。

将这个旧花园改造成校园已经不易，还要派他和总务主任一起到教育局属下的工专，整顿、修建那里的校园。他好像成了流动人员，什么地方需要，他就去什么地方。上海教育局出过一本书，称他是上海当时十二个公立中学中的四位学者型的校长之一，也没有忘记把他称为一位用行动来证明自己的有办学理念的校长。就在这五年，他把自己最有活力、最富有创新的理念、精力最饱满的岁月奉献给了这个中学的建设。

1954 年夏天，我们离开了高桥中学，一起调到上海师范专科学院。

九

那天正是《这究竟是为什么》那篇文章出现在报端的日子。下午，应镠来看我时，我觉得他神情有些黯然，问他出了什么事。他让我不要瞎想。再过两天可以出院了，他会来接我的。我感到不安，但没有把这事和自己的处境连起来。

才出了医院，我就去学校里。等着我的将是什么，我一点也没有预感。

走进校门，看到的是一片大字报的海洋。虽然满目是惊心的大字报和画在上面的红色的叉叉，比起后来“文化大革命”时要少些杀气。对被揭批的人还有“迷途知返”的提示。即使对在当时成为众矢之的的“六君子大字报”，也还有“不要受蒙骗的”正告。

在“正告”工会正副主席的大字报前，我脱口而出说了一句“恍如隔世”，却被抓住了。还没有走出十来米，一张大字报就贴出来了，用的还是“正告”，口气不同了，说这是对我最后的挽救，要我看清形势，“与右派分子程应镠划清界限”。

第二年的五月，先是在民盟内部，接着是在中文系由副主任召集的一个小会上，宣布了教师中五名“右派”的名字，我是最后一个。接着民盟刊物上把我列为第十类处理，从轻。

第一次下乡的身份是“右派”分子。地点是下沙，干的是秋收。一同下去的都是“人民”，只有我没有“人”的地位。秋收结束，收成实在不好。密植的结果，使稻种烂在了泥里。两天后，我们列队走出村口，回学校炼钢去了。

回到上海，进入市区的第一个印象就是店铺几乎“十室九空”，特别是卖吃食的。离开家半个多月，回来最想做的事是给孩子们带些吃食，但店铺的柜台都是空荡荡的。看得到还开着门的吃食店中，除了以薯为馅的点心可凭票供应外，其他货柜都空着。走进家门，孩子们都拥了上来。问他们爸爸哪里去了，他们都说不清，只说是去了一个叫颛桥的地方，在那里学习，没有回来过。大女儿懂事些，她说："回来过一次。"拿了几件换洗衣服，交了几块钱给她，还把一个可以用来买肉、蛋、油的本子交给了她。她还没有动用过，怕让同村的人看到，说这不是我们应该享受的待遇。

晚上，把孩子们打发上床后，就在灯下苦思冥想："今后的日子怎么过。出路在哪里？"门一响，是他回来了，我们相对无言。打量着四个已入睡的孩子，觉得更无话可说。应镠从衣袋里掐出几颗糖，看着已经睡着的孩子们说："我们那里的小铺里还有些糖，我买了些给孩子们解解馋的。你吃两颗吗？"

我摇了摇头。不能吃什么东西已经有几天了，说什么呢？不说更好些。

我们前面不远处就是闸北公园，应镠说那里还可以买到一些糕饼。第二天，他就带着几个孩子去了。孩子们高兴得不得了，特别是两个小的。我能做的就是忍住泪，不让自己的脸色吓着孩子们。我已经意识到，这不是苦难的终结，而是开始。

应镠告诉我，孩子们的祖母或将来上海，帮我们照顾他们，特别是那个最小的，没有人照顾很难挺过这一灾难，听说农村里已有饿死人的事了。

十

统战部筹建的社会主义学院第一期就要开学了。应镠和他一起在颛桥劳动的四十个人都要转到那里去。从 1958 年的九月到 1959 年的一月底，只有周末回家。但日子好过多了。我笑他们是因祸得福，衣食不愁了。有时，他还能从小卖部里带些吃的东西给孩子们。

第二年九月，他摘去了"右派"帽子，去了我心上的一块病。不久就调回学院上课了。也许又有人认为这样做，未免太宽大吧，就留了一个"尾巴"，指定他做中文系四位讲师的"助教"。这件事他没有告诉我，大概是怕我为他鸣不平。校方的这一措施是后来我从他的日记上看到的。

我是他调回学校后，去参加社会主义学院第二期学习的。我们这一期结业是在春节前，大约是二月中。

结业前，负责学习的人，曾向我打过招呼，让我认真写好小结，争取在大会上宣读一下，特别是要向自己的过去告别。“对你说来就是和你的丈夫从思想上划清界限。”我没有这样高的觉悟，也不愿委曲求全，就说：“应镠是我生活的核心，我始终绕着这个核心在转，在思考。”他说，他们对我这种态度很失望，认为我在改造上不努力，才会有这样的失败。我感激了他对我的帮助，说我不能讲自己还没有想清楚的话。其实，我要说的是“我绝不说假话”。以后，我就没有再参加民盟组织或其他类似的学习了。

年初才从社会主义学院回来。三月初，陈云涛书记就向我们宣读了一份名单，这些人要去佘山那边的农村里劳动，没有时间限定，要看改造得怎样。户口暂时转至农村。除了带队的，大部分人是“右派”。女的只有三人，其他两个是受家属牵连，已经划为“右派”的只有我一个。名单宣布后，我就去找陈书记，自己的病一直没有好，血还在吐，请他把我下放的日子推后些。他说：“已经决定并宣布了，不能改动。在具体分配工作时，可以考虑一下你的健康问题。”话已说得很委婉，我还能说什么呢？

我们去的是距佘山九里的乡下。缺粮的情况已经开始了。不久，我吐血的毛病又犯了，血比以前吐得更多了。有一次，据医生的估计，当在150cc左右。有人向上面反映了这事，最后决定让我去养猪场烧火、煮猪食。第二天，大风雨、雷暴，我坐在灶后烧火，有血就悄悄地吐在废纸里，丢进炉灶。时时刻刻提醒自己：“保持沉默！”

风暴是中午来的。教育局局长姚力这天上午下乡视察，看见身披棉袄的我，坐在灶后烧火，不时把血吐在废纸里，他就问："这是怎么回事？"有人向他汇报了。他就说："暴雨一停，就送她回上海。"这一决定使那些要和我接触的人都放下了心，不会被我传染。我当然是最大的受益者。走了九里路，去了佘山脚下的汽车站。回到上海就进了离校最近的第八医院。主治医生只轻轻对我丈夫说："不要让孩子到病房里去。先在医院里住下，可能会好起来的。"

在我逐渐好转时，应镠舒了一口气："他们的判断都不对，你必须活下去，为了孩子，也为了我。"

我很清楚，是饥饿、超常的劳动和被歧视造成的心理压力，把我推向了接近死亡的边缘。

供应是那么的匮乏。我虽然还没有见过四哥的妻子，对她的性格一无所知，但相信他们会帮助我的，就让应镠给四哥写了告急的信。

不仅回信很快就来了，他们还寄来了我急需的食物和药，并告知另有一个渠道，可合法地给我寄来营养品——在南京路上的华侨商店，一次可以寄十磅左右的食品和药物。

我成了家里最享福的人。每晚应镠回家来，就为我冲牛奶，在烤得黄黄的面包上涂上黄油，看着我一口一口地咽下去。那么爱孩子的人，竟不让我和孩子分享。为此，我还和他争吵过。他说："有吃的好，还是有妈妈好？"我的回答是："都有才好！"

经过不短的一段时间，苦难过去了，我们都活下来了。若不是在"文化大革命"中，应镠受了太大的残害，我想我们这个家至今还会是完整的。

十一

这是荒诞年月中的一件荒诞的事，它又与应镠八年前为上海师大买进的那批文物有关。

“文化大革命”开始了，我们这些曾被整治过的人不能不为自己命运担忧。我自以为是死老鼠了（别人说我是死老虎，我觉得还是谦虚些更符合我的实际），又家徒四壁，连曾引以为自豪的四壁藏书，为了四个孩子的吃、穿、上学，早已变卖得差不多了，因此对抄“四旧”（抄家）就很少顾虑。想不到竟会在二十四日的破“四旧”中挨了整，送进了“牛棚”，天天在校园里劳动。

这天早晨，校门外已有设了摊在查身份的人了。我在进校门前被拦住；承认了是“右派”后也就放行了。十时左右正在图书馆三楼采编组中做一些革命群众已无暇顾及的分编扫尾工作时，忽然一屋子的人都涌向窗前争着看热闹——一个示威的游行队伍正经过窗下。忽然窗前的人都回过头来看我，我知道麻烦已迫在眉睫了。我瞄了一眼楼下的队伍，心就窜到了喉咙口：是历史系的队伍。被驱赶着走在最前面的是几个高大的人，其中有应镠。一顶尖顶的将军帽戴在他头上，将军的衣服则分别穿在两位系主任身上，另一位主任和书记挂着和举着分量不轻的文物。几十位教师托着、抱着明器、陶罐、瓦当……被驱赶着的人的沉默和驱赶者的喧嚷，形成鲜明的对比。从 1957 年起我就身受株连之苦，知道这次也躲不过了。果然，队伍经过时，经图书馆的革命群众交涉，停了下来。我被押了下去，临行还为我做了一顶两尺多高的纸帽子。也许应该感谢这一延误——队伍才到大操场已经点了火准备烧“四旧”的地点时，上面来了指令：不要烧，要留作程应镠的罪证。以后这些年中我常常想，这极有权又极聪明的人是谁呢？消解了阻力，保住了文物，可苦了我。

队伍浩浩荡荡直奔现场，可焚烧“四旧”的壮举被阻遏了。积聚得接近燃烧点的狂热怎么发散呢？于是在已点燃的木柴旁演出了一场闹剧：戴着将军帽的应镠和戴着纸质高帽子的我成了戏弄的对象：并排！靠近！绕火堆走三圈；向群众鞠躬请罪！不许用手扶帽子！……帽子掉了，引起一阵哄笑……不紧随命令行动，惹来一片呵斥。在哄笑中，在斥骂声中，我看到的是应镠眼中流露着的关心和歉意；我希望他知道的是：我最看重的是他的心血保住了，是他的襟怀坦荡。回到家里我就拿起笔来写了那张令我罪加一等的小字报：《不该把严肃的阶级斗争，搞成闹剧》。小字报未及贴出，就被当晚来抄家的小将取走了。第二天我就进了“牛棚”。当时怎么会不明白，这一切本来就是一出大闹剧中微不足道的一幕！而我们进“牛棚”只是早晚的事！

十二

来干校已经二十多个月，到了该轮换的时候了。我希望能和应镠一起回去。他在这里干满了一期——十个月，已经安排他回去参加校点《宋史》的工作。我是干校成立才一个月，就从佘山、茶林场一路调过来的。回校的名单公布了。应镠在里面，我不在里面。他踌躇了。看来他已经提过留下来陪我，或和我一起回去的要求，但没有得到批准。我笑着说：“回去吧，我很快就能起来参加劳动的。”

“好好养养，我会尽力安排好一切的。”他临走时对我说。

直到阴历年前，我们才放假回家。乘的是客轮，一切顺遂。只是到达南码头时，已经很晚了。回到我的住处音乐新村时，已是接近午夜了。应镠正披着他那件去干校前用碎布补过的大棉袄坐在被子里看书呢。

“我回来了！”

“我知道你会回来的，等着你呢！”

洗干净了，焐在被子里，等他收拾好来睡觉时，我已经睡熟了。

第二天一醒，他就把一张纸递在我手里，那是他昨晚等我时写的一首诗，我只记得其中的几句：

大泽归无计，新书读几回。
十年叹憔悴，从此莫仳离。

小儿女们都没有回来过年。另一个大的儿子，连下落都不知道。在上海留了半个月。年过完了，我又要回干校去了，把他一个人留在家里。“莫仳离的日子”，当在遥远的明天了。

秋深了，干校的空气不知为什么紧张了许多。不久，场部召开了一次全体大会，宣布了林彪及其妻儿出逃，在蒙古国的温都尔汗附近坠机身亡，并号召留在干校的学员，用笔墨做刀枪，对这些背叛人民的叛徒口诛笔伐。

宣布这个惊人的消息已是傍晚，晚饭后要把文章写成，交给场部，时间很紧。我已习惯于“另类”的身份，写什么呢？不像别的事，可以做些自我否定了事；不写呢，显然是会成为枪靶子的。写得不合适，还有累及家人的可能。我就硬着头皮，写下了廿个字：

凄凄温都行，惶惶铁鸟惊。
折戟坠荒沙，招魂有北邻。

这么大的事，在干校连报都看不到，我能知道它的底细吗？只能凭直觉这样写下。一觉醒来，到第二天早晨，干校的广播中播出了一些稿子，其中也有这短短的二十个字，我感到这次不会又被殃及吧？我把这二十个字寄给了应镠。以后他谈过它：“言简意赅么！什么时候写起诗来了？”

不久，干校的生活结束了，大部分学员都回到了学校。

虽然，应锣离我们而去已有整整十六年。但我们共同生活的一些场景却时常在我眼前浮现，在我心间涌动。冥冥中，我常常感到说不定哪个风清月淡的夜晚，他依然坐在藤椅上，看着书，等待晚归的我。

我看了 1995 年 3 月 2 日的日记上，有这样一段话，是我对自己说的：

> 你走了已经半年多了，深重的失落感竟一天重似一天。
>
> 寂寞啊，寂寞！
>
> 十年前的一天，你出去开会了，我一个人留在家。楼下那间屋子的采光不好，也是一阵寂寞感掠过心头。忽然听到窗上笃笃的响声，抬头看到一只白头翁正歪着头用它的喙，啄打气窗上的玻璃……我笑了，想起了以前看过的童话，还想起《屠场》中那个鞠着躬请“风先生”进来的小女孩。
>
> 昨天，又有一只小鸟在啄那块玻璃，我哭了。这是我在你去后第一次落泪。
>
> ……

这是十五年前的一段日记。这几天在写上述回忆的文字时，我又感到了向上漂浮的力量。孩子们鼓励我走出去，写着写着，我真的有要浮出水面的意愿了。

可是，我老了，许多事情记不清了，总会把时间搞错，弄得孩子们经常会笑我糊涂。啊！给我些力量吧！

（原载《程应镠先生百年诞辰纪念文集》，上海古籍出版社，2016 年）

程应镠评传

虞云国

程应镠是著名的历史学家与历史教育家，青年时代相继在燕京大学与西南联大学习，参加过“一·二九”爱国学生运动，而后投身伟大的抗日战争；抗战胜利后，他在昆明与上海投入民主运动。1949年以后，程应镠先后在中学与大学担任组织领导工作，他是上海师范大学历史系与古籍研究所的创立者，也是上海师范大学中国古代史学科的奠基者。他的史学成就、教育业绩与人格精神，是留给上海师范大学的一份珍贵遗产，值得我们学习继承并发扬光大。

一、得失久谙关世运：生平事迹

1. 斗争文字疾风雷：1949年以前

程应镠，1916年11月4日（农历十月初九）出生于江西省新建县大塘乡。这时，新文化运动方兴未艾，但到求知时，他的思想和知识已完全受其惠赐了。程家是当地大族，他的太伯高祖程矞采，历任江苏、山东、云南巡抚，云贵、湖广总督，太高祖程楙采也官至安徽巡抚。他的父亲程懋琨（后改名觉吾）先后在河北和江西当过县长，母亲况葆琴是一个旧式妇女。五岁那年，他入私塾读书，私塾设在家中的望庐楼，读的是《四书》《左传》和《古文观止》等古籍。在望庐楼里，他接受了六年旧式教育。祖母是幼年对他影响最深的人，经常给他讲家史，希望他成为太高祖那样公正清廉的官吏。

1928年，程应镠去南昌，半年补习完考中学的课程。次年考入江西省立二中，开始接受新式教育。他的读书面大为拓宽，生理卫生、植物学都使他感到前所未闻的惊异。1932年，他以成绩优良免试直升本校高中，就读理科。南昌当时是“新生活运动”的中心，教育也颇受这一运动的影响。他和几个同学组织了一个“风岛社”，开始向刊物投稿。1933年，他写过一篇《我们的西北》，投寄给在南昌出版的《汗血周刊》，次年正式发表，时仅十九岁。因新任教务主任有意为难，指责他和几个同学不服管教，1934年，他被迫转学到南昌私立心远中学。这个学校的历史教师讲中法战争，讲甲午战争，讲戊戌变法，常讲得流泪，而他也听得流泪。在老师的影响之下，他喜欢上了历史，决定弃理学文。

1935年夏天，二十岁的程应镠考取了燕京大学历史系。秋天，他负笈北上，赋诗说“异乡月好不须圆”，抒发了开拓新生活的豪迈胸襟。一入大学，他就如饥似渴地沉溺于俄国小说、古典诗词和《世说新语》之类的著作中。然而，民族危机日益深重，华北之大已安放不下一张平静的课桌。受抗日民主运动的影响，他渐渐感到蒋介石所说的抗日是靠不住的，便参加了著名的一二·九运动，并成为12月16日示威游行的前锋队员之一。他后来回忆：“一二·九运动给了我很大的影响。过去不敢喊的‘打倒日本帝国主义’的口号，十二月九日那天，我高声喊着，一边喊，一边淌着滚热的眼泪。”以后的几次示威游行，他也都参加了。

1936年初，程应镠参加了北方左翼作家联盟。这年，燕京大学成立了“一二·九文艺社”，他成为负责人之一，主持名为《青年作家》的文艺刊物。当时大家都希望得到著名作家的支持，推他作代表去找沈从文。于是他初谒这位倾慕已久的作家，沈从文为《青年作家》的创刊号写了一篇几千字的长文——《对于这新刊诞生的颂词》。其后，两人保持着终生的交谊。这年春夏之际，他与燕京大学同学王名衡、刘春发起组织“大学艺文社”，出版《大学艺文》杂志。他还代表燕京大学“一二·九文艺社”和“大学艺文社”，参加由清华大学发起组织的北方文学社成立大会。他当时是艺术至上论者，强调写什么都可以，但必须“情欲其真，景欲其切”，才能打动人心。这一主张，遭到刘春的尖锐批评，撤销了他出席“北方文学会”的资格。这年，他加入了中华民族解放先锋队。年底，参加上海妇孺慰劳团赴绥远，同行有柯华、周游、李植人、李植青等。

1937 年，抗日战争全面爆发，程应镠留在北平，一度想去西山找游击队，没有成功。8 月初，他经天津至秦皇岛，由海道在 8 月 12 日到上海。次日转乘沪杭车至嘉兴，由苏嘉路经苏州到南京。在南京居留月余，参加过平津流亡同学会的工作。9 月中，他离开南京，回新建故乡小住数日，即由九江去汉口，借读于武汉大学历史系，与赵荣声、刘毓衡（即陈其五）办过一份叫作《活报》的刊物，仅出了一期。12 月，因范长江的介绍，他到山西临汾参加八路军 115 师 343 旅 686 团工作，主要编印团宣传科发行的一种油印报，开始使用流金的笔名。这年，他发表在《大公报》上的《离散之前》《平津道上》《记绥远》《给一二·九运动中的朋友们》等文章，真实反映了卢沟桥事变以后人民的流离失所和慷慨纾难的情景。

1938 年 4 月，柯华从八路军总部来到 686 团，他打算搞一个火线通讯社，刊发八路军战地消息和照片，邀请程应镠参加。征得领导同意后，他们同去延安。延安有关方面同意他们去武汉，一方面向国民政府办理通讯社的登记手续，一方面采购通讯工作所需的器材。南下途中，在耀县碰到周游，便邀他一道参加通讯社工作。5 月，周恩来在武汉八路军办事处接见他们，认为国民党不会批准通讯社立案的，要求他们等延安电示再定行止。在武汉待命期间，程应镠写了一些记述八路军抗战的报道、散文和小说，主要有《汾水的西岸》《我们怎样在这里生长着》《黑夜的游龙》和《姑射山中的风雪》等，他还以八路军的战地生活为题材，写过一本名为《一个士兵的手记》的小书。6月底7月初，他趁待命的机会回家省亲，在故乡组织大塘读书会，举办农民识字班，教唱救亡歌曲，刷写抗日标语，还演出过短剧《放下你的鞭子》。其后，读书会有些成员分别去了延安和新四军，积极投身于抗日救亡运动。当他返回武汉时，柯华、周游已奉命北返，他便由江西经湖南、贵州辗转到昆明。

自1938年9月起，程应镠转入西南联合大学历史系继续学习，阅读了大量中国历史要籍，为以后的史学研究奠定了厚实的基础。大约10月，经友人徐高阮的倡议，他参加创办了联大第一张壁报，名为《大学论坛》。这是一份同人刊物，作者都是一二·九运动中的青年，其中王永兴、李宗瀛是北平学联的负责人，徐高阮、丁则良是地下党。第一期的主要文章由徐高阮执笔，丁则良写了一首七言古诗，题为《哀联大》，诗中有讥讽，有对学海无波的忧虑。这批年轻学子，对联大也不满意，与前线血肉搏战相比，这里犹如一潭死水，他们渴望波澜壮阔的生活。课余，程应镠继续为报刊写稿。1939年，因沈从文推荐，他参加了昆明《中央日报·平明》副刊的编辑工作，结识了凤子和孙毓棠。不少联大的学生在这一副刊上发表了他们的处女作。他自己也发表了《秦皇岛上》《副官》《故乡小景》和《澂江小记》等大量文学作品。他在联大两年，除了学习，便是写小说和散文，内容多与抗战有关，也充满了对故乡的思恋。这些文章，一部分收入《一年集》。这个集子作为章靳以主编的《烽火丛书》的一种，1940年由沈从文推介出版。1949年1月，文化生活出版社将其列入《文季丛书》改版重印。

1940 年夏天，程应镠毕业于西南联大历史系。毕业之前，他已在联大所属师范学院的史地研究室参加过一段时期的工作，师范学院有意留他担任助教。就在这时，燕京大学同学赵荣声从洛阳来信，他当时是共产党员，正在洛阳国民党第一战区长官司令部当秘书，希望程应镠也去那里。于是，程应镠决计重返抗战前线。8 月初，由昆明间关赴洛阳，行程十分艰苦，从重庆到宝鸡几乎走了一个月。到西安时，他因痢疾猛袭，几度昏迷，多亏途中结识的国民党某军副师长蔡剑鸣将他送入医院治疗，才转危为安。到达洛阳后，他担任第一战区长官司令部同上校秘书。1941 年夏季，转入第一战区第 13 军任同上校秘书，仍驻洛阳。这一期间，他到过叶县、郑州、登封、密县、新郑，招待过记者，参观过名胜古迹。工作之余继续小说、散文、旧诗的创作，有的寄到重庆《大公报》，有的则在洛阳《阵中日报》和《北战场》上发表。在《北战场》上，他发表了长篇小说《京儿与小庆》的部分章节。洛阳的军旅生涯离他的追求相去颇远，他在诗里抒发内心的不满："萧条山市堪沽酒，寥落军书好醉眠"，"何时弃此冷官去，独向湖边赋索居"。同时，他对抗战前途和民生疾苦依旧投以殷切的关注："民困应知征调久，边烽频报捷书迟。诸公好画平戎策，莫任苍生靡孑遗！"

1942 年初，他为了营救军中一位受迫害的女译电员，避居 13 军在临汝的办事处。3 月，化名上官灵亡命安徽太湖县，匿居赵荣声故里半年有余。在大半年避匿索居的日子里，他读了《宋元学案》等大量史籍，一种对历史专业研究的向往之情油然而生，《病余》一诗反映了这种心境：

病余岁月似还山，得意希罗古史间。

损益可知千载事，蹉跎已负一官闲。

希罗多德真吾业，凯撒庞贝失旧颜。
怀古怀人情不浅，短灯挑尽意犹悭。

10月，他结束避难，返回洛阳担任第一战区政治部主任张雪中的私人秘书。1943年初，他将战区政治部所属抗日宣传演剧一队和原13军政工队的演员合并，成立了《北京人》剧团，在洛阳连续演出《北京人》一剧达二十天。后来还准备排演《蜕变》，被政治部主任秘书等造谣“诬指”为共产党。见洛阳已难立足，而赵荣声夫妇正从太湖经过洛阳去成都燕京大学复学，程应镠便与他们同赴成都，然后经重庆去贵阳花溪清华中学任国文教师。这一选择决定了他今后将转向教学工作和学术研究，当时他很满意自己的角色转换：

三年奔走空皮骨，到此能安且作家。
止酒不愁贫无俸，著书可待笔生花。
溪山有约行千里，学殖何须富五车？
羁绊一官抛弃早，报书应向故人夸。（《三年》）

1944年8月，程应镠与李宗蕖在贵阳结婚。不久，他携妻移居昆明，担任云南大学文史系助教，并在私立天祥中学任教。因丁则良的介绍，他与闻一多、吴晗相识，和民盟产生了关系。由于吴晗的介绍，他与丁则良虽都不是盟员，但参加过民盟邀集的座谈会。《民主周刊》发行后，程应镠写过《一二·九回忆》和《一个十九岁的上等兵》等文章，都是交给闻一多，由他拿去发表的。1945年6月起，因沈从文的关系，他开始编辑《观察报》副刊《新希望》。闻一多认为这个副刊脱离政治，不赞成他编这样的副刊。闻一多和沈从文原来是老朋友，这时，闻一多转向激进，认为沈从文还是老一套，没有进步。程应镠对两位师长都十分尊敬，认为他们都是好人，还打算调和他们的关系。回顾程应镠后来的治学与为人，不时可以看到这两人对他的深刻影响，追求慷慨壮烈的事业与向往潇淡自然的情趣，是他性格深处看似矛盾却依傍共生的一对因子。

终于迎来了抗日战争的胜利，但政治现状并不符合程应镠所追求的民主社会的理想。这年岁末，昆明“一二·一事件”深刻教育了程应镠，他与广大学生一起投入了民主运动。1946 年，他曾任天祥中学训导主任。不久，学校迁往距昆明七八里地的小坝，迁校的组织工作和宣传工作都是由他主持的。他请当时在校任教的冯契写了一首迁校的歌词，以后成为这个学校的校歌。他在天祥中学时，向学生大力宣传“独立不惧，朴质自然”的人生精神。1946 年 4 月，闻一多希望程应镠也能和他一样勇敢地过问政治，他因而加入了中国民主同盟。7 月 16 日，闻一多被暗杀的次日，他去医院瞻仰了尊敬的师长的遗体。他后来指出：“这件事对我是有很大的影响的。我对国民党反动派如此无耻地暗杀一个正直的学者，充满了愤恨。”一时传闻他也上了国民党的黑名单，在学生协助下，他只身匆匆飞抵武汉，把妻儿都留在了昆明。在武汉等待亲人的日子里，他写诗吊唁闻一多，抒发他的哀悼和愤慨：

西南漂泊佳人死，忍泪脱从虎口来。
契阔死生诚梦寐，斗争文字疾风雷。
望门投宿思张俭，酹酒临江吊楚间。
家国阽危忠义绝，江声东去隐沉哀。

8 月，程应镠挈妇将雏回乡探亲，1947 年 2 月由故乡抵沪，任新陆师范学校教员。8 月起改任上海市立师范专科学校社会科学系副教授，在这里他结识了孙大雨和戴望舒。这年秋天，他们介绍他参加了上海大学教授联谊会（简称大教联）。上海教育界当时发表支持反饥饿、反迫害和反美扶日的宣言，他与大教联成员都签了名。9月起，程应镠兼任市立师范专科学校的训育主任，因站在学生方面与贪污学生伙食费的校长董任坚作斗争，11月被当时的市教育局撤去兼职。从9月起，他兼任上海法政学院教授；为生计所迫，他还在培明女中和越旦中学兼课。1948年，因支持学生运动，他被市立师范专科学校解聘，但仍在法政学院任教。这年9月起，因张芝联介绍，被聘为私立光华大学副教授，继续参加民主运动。1949年春，他通过尚丁（孙锡纲）接上了民盟上海市组织关系。4月的一天，他正在光华大学上课，有人告诉他，国民党在市立师范专科学校贴出逮捕的名单，第一个便是他。他当即去找张芝联，请他用光华的车把自己送走。他蛰居了将近两个月，除了几个最亲近的人，谁都不见面。从1947年到1949年的三年间，他在《中国建设》和《启示》等杂志上发表了《知识分子的路》《论所谓中国式的代议制度》《论持久和平》《民主主义的真谛》《论新中国文化的创造》等长篇政论，还写了《帮忙与扯淡》《痴人说梦》和《停战乎？和平乎？》等杂文，宣传民主政治，抨击专制独裁，揭露国民党的假和平阴谋。在避难的日子里，他迎来了新旧政权的更迭。

2. 报国谁知白首心：1949年以后

对新政权的诞生，程应镠当时是由衷高兴的，有《闻解放军云集江岸喜成一绝》诗。1949年5月，程应镠仍在光华大学和法政学院任教，还担任民盟上海市支部组织委员会的成员。他后来被任命为民盟上海市支部临时工作委员会的委员，还兼任过组织委员会的副主委，积极参加民盟在上海的活动。例如，7月15日纪念李公朴和闻一多的大会，他不但参与了筹备工作，还是主要负责人之一。与此同时，被国民党反动派查封的杂志《展望》周刊也被军管会批准复刊，他也参加了《展望》周刊的工作，当时《展望》的负责人是尚丁。在复刊第 1 期上，他写了欢呼上海解放的社论。自 7 月底 8 月初起，他担任了《展望》周刊的编辑部主任。

1949 年 9 月，上海市高教处指定程应镠担任光华大学的政治教授，同时，上海市军管会中教处派他前往高桥中学任校长。次年初，他辞去《展望》的编辑部主任，以便集中精力专任高桥中学校长。他平生有两大愿望：一是办刊物，二是办学校。出长高桥中学，满足了他办学的夙愿。他本来就有一套办教育的想法，到了高桥中学，便把这些主张付诸实现。在极端困难的经济条件之下，他从办公费中节撙款项，购置图书。其后几年，图书费成倍增加，学生已能在图书室里阅读到各种中外文学名著。他努力贯彻“教学为压倒一切的中心任务”的口号，把升学率作为衡量办学好坏的标准。到任不久，他还抓了学生劳动建校的工作。在他的领导下，短短数年，高桥中学就成为闻名沪上的浦东名校。

1951 年 2 月，在任高桥中学校长、光华大学教授的同时，教育局一度命程应镠兼任上海工业专科学校秘书长，负责行政领导工作，但他在暑假后就辞去这一兼职。这年冬天，教育局组织部分中学的行政负责人和教师去安徽宿县参加土改工作，他被派在宿县王堂村工作了一个多月。1952 年，全国高校院系调整，光华大学和大夏大学合并成立华东师范大学，他辞去了原先兼任的光华大学的教职。这年，他参加上海市思想改造学习，通过以后，即由教育局指定兼任高桥中学的高中政治教员。思想改造运动，是新政权成立以后第一次触及旧知识分子灵魂的政治运动，树立了执政党的绝对权威。程应镠感到自己不是党员，不适宜做行政领导工作，几次向教育局请辞，打算回高等院校搞教学和科研，都未获准。1953 年，他写了《屡求去回高校任教不获忽四年矣因春感赋一律》，表达了自己在社会变动新旧交替之际的喜悦、迷茫和追求：

万里春风喜莫加，卅年委运恨如麻。
回天力已成诸夏，起死恩今感万家。
快意恶除萧艾尽，会心人惜蕙兰花。
自怜才薄当斯任，有志难谐鬓渐华。

1954年暑假，他从高桥中学调至上海师范专科学校任历史科主任。在其后三年间，他代理过一年教务主任，担任过校工会主席，但主要负责历史学科的建设工作。1956年7月，上海第一师范学院成立，程应镠出任历史系主任。这年，他当选为民盟上海市委委员，任市民盟高校工作委员会副主任委员。

1956年，当"双百"方针提出时，程应镠以儒家理想的"一致而百虑，殊途而同归"的主张来诠释这一方针。这种自由主义的理解，使他毫无顾忌地批评时政，而终于运交华盖。在一次民盟市委召开的座谈会上，他公开批评说："学校现在权威太多，党委书记是权威，校长是权威，一级一级的领导，都是权威，只有教授不是权威。而学术问题，真正的权威是教授，是每一门的专家。不去掉这些权威，学术就不能发展。"1957年鸣放期间，他大力宣传北大民主墙，认为这是一个新五四运动。反右斗争开始后，费孝通在报上被点了名，许杰也在上海被点了名，他在公开场合认为许杰在民主革命中是左派，不会是右派。还说："倘若这样，以后知识分子都不能讲话了。"不久，他自己也被上海的那位"好学生"点名划为"右派"。他坚定认为自己并没有"策划于密室，点火于基层"，和某些党员干部相处不好，只是个性脾气，绝不是反党。他声明："宁可粉身碎骨，也不能当右派。"但一个知识分子在狂暴的政治风雨面前，是多么渺小孱弱和无能为力。他也想到过自杀，只因儿女尚在童稚，才没有走这条绝路。直至这年 8 月底，在强大压力下，他见一向比自己进步的一些朋友也都沦为“右派分子”，才被迫承认自己是“右派”。从 7 月份起，他被免去历史系主任的职务，入资料室工作，等待所谓的处理结论。

1958 年 9 月，程应镠参加了由上海市委统战部直接领导的部分“右派分子”劳动学习班，地点在上海县颛桥乡。1959 年 2 月起，他又参加了上海社会主义学院第一期的“学习”。7 月结业，回上海师院历史系工作，从教授降职为中文系马茂元等人的助教。仍须一方面在校学习，一方面在市委统战部和民盟市委学习，每月还必须向党组织汇报思想，这种汇报持续了三年。在这些阴霾的岁月里，他几乎每天都写思想改造日记，自题为《严谴日记》。1957 年以后直至 1960 年摘去帽子，他除了和母亲、姐弟还偶有通信，与一切朋友都音问俱断。工资已被割得难以养家糊口，1959 年之后，为贴补家用，家里的藏书一批一批地卖掉，所剩已经无多。这对以学术为生命、以图书为资粮的学者来说，是最不堪忍受的。

1960 年 9 月，程应镠被摘去“右派分子”帽子，允许正式授课。他感到作为教师必须有点真才实学。从 1961 年秋天开始，他的注意力逐渐转到如何重理旧业，掌握魏晋南北朝的历史资料，为著书立说做准备。他一边读书，一边积极准备做论文。从 1962 年起，他因原任民盟市委委员，就不再在学校进行政治学习，而是直接参加由民盟上海市委组织的政治学习。直到 1965 年春夏之际，他才由民盟市委通知仍回学校学习。这一期间，只要一有余暇，他就埋头于史学研究，尽管当时没有学术刊物会发表他的文章，但他还是陆续完成了《农业劳动力与三国两晋南北朝田制的变化关系》《魏晋南北朝民族略论》和《拓跋部汉化过程中问题述论》等论文。他有一首诗反映了在政治运动的夹缝里偷闲治史的情景：

少逐声名翰墨场，晚于青史识苍凉。
九年蝶梦迷归路，三斛纯灰净秽肠。
绿色侵帘瓜豆蔓，好风穿户午荫长。
夜窗卧看星河落，清露无声枕簟凉。

由于周游和吴晗的促成，约程应镠在一套《中国历代史话》中选著《南北朝史话》。1963年，他写完了南朝部分，把稿子寄到出版社，吴晗通读了全文，回信鼓励他："就按这个样子写下去。我们打算把它印出来，作为担任其他各朝史话作者的参考。"写作过程中，吴晗和他通过四五封信，讨论的问题，大的如民族融合，小的如斛律光父子，吴晗都明确表示了意见。1964年春，《南北朝史话》完稿，不久程应镠还看了三校样。1961年和1962年，对于历史问题，不同意见屡见诸报端；1964年初夏，学术界正在酝酿一场大批判。作为一位历史学者，程应镠对当时讨论或批判的历史问题，是有自己想法的。经过《史话》的写作，这些想法更为明确，他很想为《史话》写一篇序，阐述自己对有关史学问题的系统看法。但这个念头只在脑子里转了一下，便放弃了。书稿交出半年之后，这年初冬，终因政治大气候，出版社正式通知他不能出版。

1965年9月，程应镠参加上海师院农村学习访问队，去松江城东公社学习访问，住了40天，参加了公社、大队和生产队的一些会议，主要是成立贫协的会议。访问结束时，学院领导号召写家史，他也参加了两篇家史的讨论，写了部分初稿。回校不久，上海《文汇报》发表了姚文元批判吴晗和《海瑞罢官》的文章。当时，他以为吴晗的问题是个学术问题，也希望是个学术问题。但在表示意见时，却非常慎重，他想："我是一个犯过错误的人，不能再犯错误。"1966年，《人民日报》发表了《吴晗与胡适》，他不仅感到吴晗问题已经是一个政治问题，而且预感到又一场阶级斗争风暴的来临。他的内心充满了恐惧，希望自己能够保住平安，被迫把吴晗1963年的来信交给了历史系党总支。

风暴终于来了。“文化大革命”的开始阶段，他每次去看大字报时，总是担心大字报会集中揭露自己的问题。吸取了反右派斗争的教训，他主动交代了和吴晗的关系，和周游的关系，交出了周游和自己的全部通信。师院的红卫兵抄了他的家，抄去了他的图书和诗稿，还准备烧毁文物陈列室的珍贵藏品，把他与魏建猷和张家驹等人挂牌游斗，沉重的铁质游斗牌压坏了他的颈椎神经。他认为红卫兵全面地否定过去的文化“太过分”，也“不合法”。运动初期的惊涛骇浪过去以后，他作为牛鬼蛇神被送到学校附近的桂林二队劳动改造。每天，他送蔬菜去市场，到梅陇镇去拉砖瓦，去七宝镇车酒糟，在桂林路和漕宝路上拉粪车……这一期间，他与亲朋好友都断绝了往来。晚饭后，和妻子一灯相对，唯一可以排闷的，便是读书。从中学便已熟读的《资治通鉴》成为他唯一的精神伴侣。他常常是坐在破沙发上，翻到哪里，就读下去，时而沉浸在历史之中，忘记了一切，时而古今对读，发出会心的苦笑。

1968年元旦，程应镠是在写检查交代中度过的。这年5月，全国开始清理“阶级队伍”，他也没完没了地写交代，现存有日期可查的交代就有十余份。1969年2月，他一度被隔离审查。4月12日写了长达20页的“罪行交代”，约25000字，三天后，续写“我的交代”，约万言。当月，他被“解放”。5月，参加“教育改革探索小分队”赴横沙岛。连年以来，揪斗关押，惊魂不定，面对横沙岛上的风雨怒涛和雁月夜窗，他感慨地写了一首诗：

海上涛来云似墨，天边雁字月如霜。

夜窗犹忆惊风雨，老眼婆娑泪万行。

大约从这年岁末起，程应镠转到松江佘山劳动。1970 年 5 月，转赴江苏大丰“五七干校”，继续那种无休无止的改造和学习。

1971 年，上海师范学院与华东师范大学等五校合并为上海师范大学。这年 4 月，工宣队发还了抄家取去的书物，而程应镠所珍爱的诗稿本却不见踪影，于是他凭借着记忆默录出部分旧作。10 月 2 日，他为默录的诗稿写了一段跋语：

> 龆龄学诗，至今四十余年。自二十五岁至五十岁，所作均曾留草，“文化大革命”中，为红卫兵取去。当时窃惟革命人们可以据此审查我的一生，因其中颇有与时事有关者，即友朋答赠的篇什，也可见交游。这种东西，本来是应当烧掉的。为了使儿女从这里取得一些教训，则还有可以保存的理由。我这个人自幼读孔孟之书，后又受到资产阶级民主自由思想的浸润。在洛阳，虽有忧愤，但仍幻想改良。在昆明，忧愤深了一些，改良的幻想也破灭了，却仍然拒绝到工农兵中去。“北去南来”，“东行西上”，固实有所指，但也不过是对朱颜失去的怅惘而已。《寄宗藻》一首，是解放前在上海生活、思想的写实，仍旧落了古人的圈套，即有悲哀，也不过是一千年以前嵇康、阮籍的悲哀。

但跋语强调“读其诗，想见其为人”，“重录了这些东西，不免和它们一同回到了过去的日子”，肯定诗草对了解其人其事的价值。这些诗草与他在 1949 年以前的小说、散文、报导、杂感和政论，后来大都收入《流金集·诗文编》。

从1971年起，程应镠结束了在大丰“五七干校”劳动，参加上海师范大学二十四史标点组，先后参与标点了《宋史》《尉缭子》《荀子简注》《国语》等，尤以《宋史》标校用力最多。1975年，《宋史》标校完毕，次年，在他的促成下，二十四史标点组开始标校整理宋史研究的另一要籍《续资治通鉴长编》。

“文化大革命”中，程应镠私下里只与魏建猷、张家驹仍有往还，患难之中保持着十分感人的友谊。1972年，他们三人还结伴携妻出游苏州，成为那黯淡的岁月中鲜见的亮色。1976年春天，天安门事件的消息传来，他有《丙辰清明偶成》，表达了对政治阴晴的密切关注和乐观情绪：

日里几番晴雨晦，夜来月色暗还明。
黄梅时节江南客，头白昏昏醉复醒。

10月，他听到粉碎“四人帮”的喜讯，也有诗纪事道：

谁知覆雨翻云手，搅得周天阵阵寒。
易直果能当大事，未须甲兵即平安。

易直是宋代大臣吕端的字，他一向被视为“大事不糊涂”的名相。程应镠谙熟宋史，他预感到一个灾难深重的历史时期即将过去。

1977年，程应镠仍在二十四史标点组工作，该标点组后来改为上海师范学院古籍整理研究室，由他主持工作。9月，他应北京出版社之邀，赴京为十余年前的旧稿《南北朝史话》做修改定稿工作。不到京华已经21年，见到阔别已久的师友，抚今追昔，既感慨，又高兴。在北京的50天里，他往往上午校改书稿，下午去访寻古迹，或看望朋友。一星期中，大约有两次去小羊宜宾胡同探访沈从文。

他还去探望了吴晗的遗孤，吴晗是促成他写《南北朝史话》的师友之一。稿子修改完毕的那一天，正碰上北京少有的蒙蒙细雨，他独自坐在窗下，写了一首怀念吴晗的诗：

地下能相见，生逢不可期。
秋深云漠漠，风老雨丝丝。
遗札当三复，淫威逞一时。
劳人还草草，寂寞待春归。

诗的意思很明白，但在政治气候乍暖还寒的当时，他还不敢轻易示人。

1978年，高考恢复以后首届历史专业的本科生入学，同年四月，上海师范学院复校。这年岁末，程应镠被改正“右派”错划，出任上海师范学院历史系第一副主任，仍主持古籍整理研究室工作，为历史系的重建和古籍整理事业殚精竭虑，忘我工作。同时，他的学术活动和社会兼职也日渐增多。1979年，程应镠被选为新一届的中国史学会理事兼副秘书长；成为全国第一批恢复招生的中国古代史硕士点学科带头人。这年3月，他在为即将出版的《南北朝史话》所作的《后记》里说：“为了不能忘却的纪念，我还应当在我的晚年为我国史学做出一点什么来。”他确实是以这种精神鞭策自己的，迎来了自己学术和事业的最后收获期。写完《后记》，他赶赴成都参加全国史学规划会议，会上决定成立宋史研究会，并推北京大学邓广铭、暨南大学陈乐素、中国社会科学院历史研究所郦家驹和上海师范学院程应镠组成筹备小组，责成上海师院负责具体筹备工作。12月，他去天津参加《中国历史大辞典》编辑会议，与北京大学邓广铭同被聘为《中国历史大辞典·宋史》主编。1980年8月，他赴太原参加《中国历史大辞典》编委会会议，会议决定分卷出版《中国历史大辞典》，希望宋史卷能作为断代史的第一部在1983年出书。会后，他全力投入了《中国历史大辞典·宋史》的组织工作。10月，他与邓广铭、陈乐素发起组织的中国宋史研究会在上海师范学院举行成立大会。会上，他代表筹备小组介绍了宋史研究会筹备经过，并被选为秘书长，主持宋史研究会秘书处工作。这年，他开始为撰写《范仲淹新传》做前期准备。

1981年，程应镠完全摆脱学校里的工作，夜以继日地为《中国历史大辞典·宋史》审稿、定稿。1982年4月，他被查出患上了鼻咽癌，被迫住院治疗，但梦牵魂绕的却是尽量夺回“文化大革命”中损失的时光，为史学研究多做贡献。他有两首诗最能说明这种心境：

忧患余生最自珍，病魔潜袭已兼旬。
文章又见流传日，议论终须不傍人。
得失久谙关世运，荣枯每惧损天真。
莺花三月江南夜，怀远思亲一怆神。（《友人问疾诗以答之》）

老去移山志未伸，汝曹宜自惜青春。
传经我爱他山石，报国谁知白首心？
秋入园林思塞马，梦回长夜忆青襟。
登临敢说兴亡事，太息当年苦避秦。（《示儿》）

盛夏出院，程应镠继续擘画《中国历史大辞典·宋史》有关事宜。与此同时，他进一步着手《范仲淹新传》的写作准备工作。盛夏休息在家，便浏览家藏的宋人笔记，有关范仲淹的则随笔录下。约10月开始作范仲淹传记长编，断续花了一年时间。

1983年，程应镠在原古籍整理研究室的基础上创建了古籍整理研究所，出任第一任所长，并把上海师院的古籍整理专业建设成为上海市首批文科重点学科之一。10月，他赴昆明参加中国封建地主阶级研究学术讨论会，并与妻子重游昆明、贵阳等旧地。返沪后赴无锡参加《中国历史大辞典》编委会会议。11月，又赴江西吉安参加纪念文天祥逝世七百周年学术讨论会。西南之行，故地重游，令他感慨和兴奋，为此他写了一组《重游西南杂事诗》。江西是他的故乡，他情不自禁地想到了文天祥和方志敏、欧阳修和陈寅恪，以“气节文章堪继往，江山人物自开颜”的诗句来颂往勉今。他频繁地参加各种重要的学术活动，几乎令人难以相信他是一个癌症初愈的年近七旬的病人。这年秋天，他开始写作《范仲淹新传》。写作之前，他对怎样研究历史人物的问题考虑了很久。上海师范学院校庆，他在古籍整理研究所就这个问题做了一次学术报告。10月去贵阳，在贵州大学又讲了一次。11月去南昌，又在江西师范大学讲了一次。回到上海，他收到《历史研究》创刊三十周年的征文约稿函，便写了《谈历史人物的研究》。《范仲淹新传》的写作，自然而然地成为他在那篇文章中所论述思想的一次实践。

1984年初夏，程应镠赴京参加全国高等学校古籍整理工作会议，被聘为全国高等学校古籍整理工作委员会委员（这一时期，他还是上海市古籍整理领导小组成员）。这年10月，上海师范学院改名为上海师范大学。11月，程应镠赴无锡参加《中国历史大辞典》编委会会议。是年，中国魏晋南北朝史学会在成都成立，他与谭其骧、周一良、唐长孺、何兹全、王仲荦、缪钺、田余庆、韩国磐、吴泽等同被推为顾问。这年岁末，由他与邓广铭主编的《中国历史大辞典·宋史》出版面世。这年，为推动海内外宋史学术交流，他还创办了《宋史研究通讯》作为中国宋史研究会的会刊，并题写了刊名。

1985年7月，《范仲淹新传》完稿。1986年4月，他赴杭州大学参加国际宋史讨论会。月末，赴贵阳参加清华中学恢复旧名活动。10月，《范仲淹新传》出版，自去年定稿后即着手《司马光新传》的写作。自是年起，改任上海师范大学古籍所名誉所长。1987年9月，在中国宋史研究会第四届年会上增补为副会长，仍兼秘书长。

因“文化大革命”中被揪斗时伤及颈椎，颈椎压迫症引发多种疾病而住院治疗。这时，他的《司马光新传》已经完稿，唯传主事迹著作编年仅成其半，征引史料也未及覆核，遂委托助手完成。自此，他久困病榻。卧病期间，偶以笔墨书录昔年所作旧诗。1991年8月，《司马光新传》的出版，给他带来了一丝快乐。1994年7月25日，程应镠病逝于上海寓所。

二、历史教育家的成功实践

1. 历史教学

相对于历史学家的声名，程应镠更重视他作为历史教师的身份。他多次对人说过：“我首先是一位教师，不是什么学问家。”可见教师生涯在其人生历程与自我评价中所占的重要地位。从中学教师到大学教授，从中学校长到大学历史系主任，他在教育领域，尤其是历史教育园地里耕耘了半个世纪之久，培育桃李无数。任何时候，在他身边都会聚集着一群青年学子，平时，他关心他们的学业和为人，关键时刻，他总是忘我地保护他们。他在传道授业的同时，以自身的道德风范和人格力量，教育、感召着一代又一代的学生。

作为长期从事师范教学的历史学家，程应镠对历史教学和学生培养有自己的见解和特点。他曾经提出一个问题：为什么现在学生对历史课没有兴趣？他以为，学校对历史教学不重视，中学历史教科书编得不好，历史教师缺乏专业训练等等，都是导致学生不爱上历史课的原因。而高等学校历史系的课程设置、历史教学和研究又直接影响着中学历史教学。因此他特别反对把历史研究与教学简单化，“简单化的结果，就使极其丰富的历史内容，剩下几条筋，无血无肉，干瘪得像瘪三，青少年是不会有兴趣的”。他还反对以一成不变的理论在历史研究和历史教学中贴标签，在他看来，贴标签“是不会有说服力的，就会使得学生以为历史味同嚼蜡”。他主张历史课可以通过讲人物，使学生了解过去。比如讲秦汉，就要讲秦皇汉武、项羽刘邦、陈胜吴广；讲均田制，就要讲文明太后、魏孝文帝；讲改革，就要讲王安石、司马光；讲淝水之战，不能只讲战争性质、双方力量对比，要讲苻坚、苻融、谢安、谢石……通过人物的讲授，使历史课变得津津有味，才能使学生从中获得教益，否则，“要激动青少年的心大概是不可能的”。

程应镠在大学先后讲授过世界史、中国通史、魏晋南北朝史、宋史、国学概论、中国历史文献学、史学方法论等课程。很多学生说，听他讲课如同一种艺术享受。他的历史课既有理论上的开掘拓展，又常常在关键处旁征博引，中西比较，信手拈来，适时点化，使学生在豁然会悟、欣然有得中感受其中的深度和广度。他讲课时，感情十分投入，有时激越雄辩，使人奋立；有时深沉低徊，令人感慨；或描摹人物，或引据诗词，高屋建瓴又挥洒自如，把学生带入应接不暇的不同境界。20 世纪 70 年代末，他曾为中文、历史两系讲授中国通史，大阶梯教室为之爆满，以致走廊、门厅处都临时加座。他对自己的历史教学的最高要求是：“每上完一节课，就像是写了一首诗，完成了一篇创作。”为了达到这种深度和魅力浑然一体的教学境界，数十年中，他始终要求自己把每堂课要讲的每句话写成讲稿，及至走上讲台却又不带讲稿，其中，需要付出多少创造性的艰苦劳动！他曾深有感触地说：“要上好历史课，最主要的还是学习，比在大学读书时还要学习得认真，为培养人而学，为未来的建设者而学，为那些将来要超过我们的人而学。”这种高度的责任感和不懈的追求，正是他几十年历史教学常讲常新的源泉所在。

2. 筚路蓝缕创建历史系

程应镠是上海师范大学历史系的创立者。1954 年 7 月，他从高桥中学调至正在筹建中的上海师范专科学校，出任历史科主任，负责创建工作。1956 年，上海师范专科学校分为上海第一师范学院与上海第二师范学院，程应镠担任第一师院的历史系主任。直到“反右运动”以前的短短三年间，他筚路蓝缕，不辞艰难，把全部精力都放到历史学科的创建上。在此期间，程应镠主要做了三方面的工作。

首先，组建精干出色的师资队伍。到任以后，程应镠一方面凭借自己广泛的学术关系，引进了不少骨干力量，包括著名的宋史专家张家驹，出身清华大学历史系的季平子、朱延辉，还有李旭等教师；另一方面，他倚重比他略早到来的魏建猷，并把师从贺麟与金岳霖的徐孝通从中文系调入历史系，让他们发挥更大的作用。这些人才大都出身于清华、北大、联大或燕京大学，当时颇有议论说程应镠用人只重学识，不重政治。但后来的事实证明，正是这些教师，构成以后上海师院历史教学与科研的领军队伍。

其次，创建服务教学的图书资料室。当时，诸事草创，资料室缺少基本图书，程应镠通过关系，购买了诸如《明实录》《册府元龟》等基本史籍。为了加强图书、资料、教具的建设，他一方面从当时的地图出版社聘请专职的历史地图绘制员，为历史教学绘制挂图，一方面物色了徐先麟、吴秉文等专业翻译人员，从事外文史料的翻译工作，为世界史教学与科研服务。这在当时，是相当有远见与魄力的举措。即便在被迫等待所谓“反右”结论时，程应镠为了资料室的建设，仍不计一己之荣辱，主动提议整理先前购入而未及整理的碑帖。他在“交代检讨”间隙，白天赴上海图书馆查核资料，入夜则伏案运思，挥毫作跋，终于一帖一跋，悉数完稿，交系资料室存用。

最后，筹备藏品丰富的文物陈列室。他认为历史教学必须充分利用实物，于是开始筹建历史文物陈列室。程应镠首先向学校领导力陈文物在历史教学中不可替代的作用，争取到一万元作为文物收购经费。然后，他通过已转入故宫博物院工作的自己的老师沈从文，托他在北京收购博物院不拟收购的文物。当时文物收购价格低廉，再加上沈从文的关系，许多有价值的教学文物陆续从北京运来，入藏我校的文物陈列室。他还邀请沈从文来校，对文物陈列室与文物管理员做了具体的指导。沈从文也因程应镠的关系，把他自己珍藏的乾隆宫纸与数种丝织物赠给了我校陈列室。1957 年，文物陈列室正式建成，其藏品至今为止仍是上海高校中最多最好的（现已改建为上海师范大学博物馆）。

“反右运动”以后，程应镠被迫离开系主任的位置，这时候，历史系的建设已奠定了基础，初具了规模，走上了轨道。他对接任系主任的魏建猷说：“我们关于历史系教学工作的想法是一致的。由你来接手，我就放心了。”即使在遭到不公正对待时，他首先想到的还是历史系的建设。

可以毫不夸张地说，上海师范大学历史系与历史学科，程应镠是当之无愧的开创者与奠基人。

3. 为振兴历史系而殚精竭虑

1957 年“反右”以后，直到 1978 年复校以前，程应镠被剥夺了教学与科研的权利，当然更谈不上对历史系建设的发言权。1978 年，高考恢复以后，随着首届历史专业本科生的入学，程应镠也复出工作。这年岁末，他被改正所谓“右派”错划，出任上海师范学院历史系第一副主任（主任为魏建猷），并主持日常工作。他十分珍惜自己“忧患余生”的晚年，但仍把这最宝贵的生命余晖奉献给了上海师范大学，为振兴历史系与创建古籍研究所而鞠躬尽瘁，死而后已。

程应镠主持历史系工作以后，由于“文化大革命”的严重破坏，历史系百废待兴。他主要抓了三方面的工作。

第一，健全教学秩序，推进教学改革。程应镠首先为恢复高考后首届入学的新生制定了教学计划。为了培养出更多基础知识扎实、创造思维活跃的优秀学生，他在历史教学上推行了许多有力措施。他依旧主张：必须让最有经验的老师上基础课，让学生接受最好的基础教学，他为此亲自担任了历史本科专业中国历史文选课程的教学；他认为，不仅历史系，中文系的学生也应该学中国通史，于是亲自为78届历史系与中文系的本科专业上中国通史的基础课。他强调改革基础课，在削减基础课课时的同时增加选修课，以扩大学生的知识面；他把走出校门考察历史文化古迹，列入了教学计划；他主张实行真正的学分制，让学有余力的学生多学早学；他多次主持学生的学术讨论会，引导学生积极思考，早出成果；他的课外答疑，使学生受益匪浅，启发他们走上研究之路。总之，他的办学主张与他的教育思想是一脉相承的，为的是培养有思想、有能力的人才，在提倡素质教育、开拓精神和创造能力的今天，他的历史教育的思想和实践，也依然是行之有效、值得借鉴的。

第二，重建师资队伍，加强专业培训。程应镠主持工作后，十分重视历史系师资队伍的建设。一方面，他采用或引进，或召回的方法，聚集起了一批骨干教师，其中包括江辛眉、李伯勉、王育民、李培栋等。江辛眉出身无锡国专，文史兼通，尤精古典诗学，因划为“右派”而未展其学。李伯勉是邓广铭推荐的宋史学者，长期困顿市井。王育民长于历史地理学，也因“右派”问题而沉滞在中学。李培栋原是程应镠欣赏的学生，留校作为助教，终因程应镠划为“右派”，而被逐出了大学。他们很快成为复校以后历史系的主要师资力量。此外，还聘请了徐兴业、李家骥等为兼职教师。另一方面，程应镠采取送出去培养与老教师辅导的两手办法，加强对原有师资队伍的培训。他借助自己的学术人脉，让从事清史教学的老师北上中央民族学院，跟随王钟翰学清史；把从事考古文物教学的青年教师送到四川大学去进修。在系里，他先后请江辛眉、沈熙乾等老教师为中青年教师开《左传》《说文》等研读班，提高他们的业务水平。他坚决主张通史课应该由一位教师主讲到底，这对提高主讲教师的业务能力大有好处。他还多次听中青年教师讲课，对于不能胜任大学教学的，坚决将他们从教学岗位上撤下来。总之，经过程应镠大刀阔斧的整顿与卓有成效的措施，短短几年，历史系的教学就回归了正轨，出现了令人瞩目的崭新气象。

第三，培养优秀学生，发现学术尖子。程应镠知道，恢复高考以后入学的77届与78届本科生与其后不久入学的第一二届硕士研究生，是“文化大革命”中积存的优秀人才。在他看来，上海师范大学历史系与历史学科的将来，应该在这些学生里面去发现人才，构筑梯队。对本科生，他鼓励他们养成独立思考、独立研究的学风，常常在自己的客厅里与来访的本科生或研究生平等地展开讨论。在研究生培养中，为了开拓他们的学术视野，他广请全国著名学者如邓广铭、王永兴、胡道静、苏渊雷等前来举行专题讲座，并聘请王永兴、胡道静等作为兼职导师。他善于发现好苗子，甘为人梯，及时扶植，严格要求，多方保护。经他推荐，本科生在学期间发表有质量的学术论文有刘昶、虞云国等人；研究生则更多，有严耀中、吕友仁、张荣明等人。他们后来大都成为本校或外校相关学术领域里的知名学者。对留校拟任助教的几个77届毕业生，程应镠不仅逐篇调阅了他们已发表的论文或毕业论文，还都一一招来面谈，了解各人的业务与为人，最后才与系主任魏建猷决定去留。由他发现与培养的这些学术尖子，后来成为历史系承先启后的骨干力量。

4. 为创建古籍研究所而鞠躬尽瘁

程应镠复出以后，原设在上海师范学院的二十四史标点组改为古籍整理研究室，由程应镠主持工作。当时，《宋史》已点校结束，正与华东师范大学合作点校宋代要籍《续资治通鉴长编》。程应镠认为，新时期的文化建设需要一支古籍整理与研究的力量，而通过对《宋史》的标点整理，上海师院已经形成了这样一支研究队伍。于是，他就开始了创建古籍研究所的规划工作。经过几年艰苦的努力，1983年，上海师范学院古籍研究所成立，程应镠出任第一任所长。在这一方面，他主要做了四方面的工作。

第一，奠定了基本建制与研究力量。程应镠以原有的研究队伍为基础，结合成员的研究专长与当时的研究需要组建了史学、文学、辞书三个研究室。史学研究室以点校整理宋代要籍与笔记为重点；文学研究室则以楚辞、唐诗以及宋代文学研究为主要方向；辞书研究室当时以配合《汉语大词典》的编纂为主要任务。同时，为了加强研究队伍，他还聘请我校中文系的马茂元，上海社科院文学研究所的陈伯海，上海古籍出版社的钱伯城、魏同贤以及中国科技史与文献学家胡道静等知名学者担任古籍研究所的兼职研究员，一方面大大推动了古籍所的研究工作，另一方面也提高了古籍所的知名度。

第二，开创了古典文献学的本科专业。程应镠始终把培养专业接班人放到战略高度去规划与运筹。在创建古籍研究所的过程中，他得知全国高校古籍整理研究委员会有意在全国高校中设立四个古典文献本科专业，便主动请缨，要求将其中一个设在上海师范学院古籍研究所。获得批准以后，他就在我校历史、中文两系低年纪本科生中亲自遴选优秀学生转入古典文献专业学习。同时，他一面抓古典文献专业的课程设计，除了古委会规定的主干课程，他强调要多开设古籍原典选读课；一面延揽合适的教师来为新生上冷僻的专业课，例如音韵学，就请中文系许威汉来上。他还亲自讲授了国学概论，讲稿后收入《流金集》（学术编）。古典文献本科专业的设立，不仅对我校文科的学科建设赢得了声誉，也大大提升了我校古籍研究所在全国同专业中的地位。

第三，抓好图书资料的基本建设。古籍整理与研究，在图书资料上有不同于一般古代史研究的特点，而图书资料是古籍所赖以运转与发展的首要条件。程应镠一方面通过校图书馆，调拨了古籍整理亟需的图书资料，一方面派人从古籍书店或相关单位采购了《四部丛刊初编缩印本》与《四部丛刊续编》《三编》影印本等珍本丛书。其后，他又通过关系，辗转从台湾购入影印《文渊阁四库全书》与《笔记小说大观》（全四十五编450册）等大型图书。同时，他还让在日本留学的学生代为古籍所选购日本汉学著作，以供进一步研究之用。经过短短几年努力，古籍研究整理所需的典籍图书基本齐备，这些凝聚着程应镠心血聚集起来的图书，为古籍研究所资料室建设奠定了坚实的基础。

第四，成功申报上海市重点学科。古籍研究所成立的次年，程应镠再接再厉，将我校的古籍整理专业成功申报为上海市首批重点学科。这也是我校文科第一个市级重点学科，极大提高了我校文科在上海高校中的地位。1986年，《续资治通鉴长编》由程应镠定稿的那些分册获得了上海市哲学社会科学成果著作一等奖，由他与邓广铭主编的《中国历史大辞典·宋史卷》获得了著作类二等奖，这些成果也成为市重点学科建设的坚实内涵，使其后重点学科建设以优异的评价通过了验收。

从 1986 年起，程应镠担任古籍研究所的名誉所长，但他仍关心着亲自创建的研究所的发展。他先后创立了历史系与古籍研究所，这两个系所不仅构成了我校历史学科的全部基础，而且也成为我校文科的重要品牌之一。程应镠不仅是上海师范大学历史学科的开创者，而且对我校整个人文学科的发展做出了不可磨灭的贡献。

三、历史学家的丰硕成果

1. 史学思想方法

在史学思想上，程应镠既受传统史学的濡染，又汲取了新史学的理论方法，两者交融结合，形成自己的治史特色。他充分肯定由刘知幾首倡、章学诚补充的“史学四长”之说，认为“现代能写出一本可称为史学的著作的，也必须具备这四长”。在史学的功能与作用上，他主张以史为鉴，古为今用，故而对司马迁的“究天人之际，通古今之变，成一家之言”，对司马光的“鉴前世之兴衰，考古今之得失”，都极为推崇，以为他们“以古为鉴的作史目的，实际上也是在史学的领域对古今关系的一种解决”。他所主张的以史为鉴、古为今用有两层含义：一是指历史研究应该找出规律性的动向，以帮助当代人认识历史发展的方向与大势；二是指总结历史上某一方面的具体的经验教训，作为当代相关问题的借鉴。

程应镠强调“学问之道，在于求真”，因而十分重视史料功夫。他自述大学时代所受的史学方面的训练，“考证、校勘占的分量颇重”。这种传统史学的早期训练，以及后来长期从事中国古代史的教学、研究的经历，使他在治学方法上尤其重视史料的作用。他认为“考证的目的在于求真”，赞誉司马光的《通鉴考异》“在某种意义来说，开创了我国求实的学风”，肯定清代朴学中有“一种科学的精神”。他主张，“学历史是要有点‘考据癖’的”，任何史料史实上的疏忽偷懒，都是他绝对不能容忍的。他一再告诫学生要抵御名利思想的侵袭，以“板凳要坐十年冷，文章不写一句空”为座右铭，静心坐下来认认真真多读几部中国古代基本史籍。他让研究生第一年以逐字逐句研读《资治通鉴》为日课，就是要求他们打下研治中国古代史的深广扎实的基础；通过查找《通鉴》的史源，初通目录版本之学；在比勘相关史料时，校雠之法也得以略涉门径；在史料比较和溯源的同时，既可观摩司马光和胡三省在史料运用与考辨上的精当，若偶有讹误发现，又可粗知考证的门道；而《通鉴》正文和胡注涉及的典章制度、史事人物更是研治中国历史必不可少的基础知识。

然而，程应镠治学并不局限于史料考据促迫烦琐的天地中。“五四”以来的新思潮促成了他治史方法的另一侧面，即重视理论，推崇会通。他认为：“史料不等于史学，不论他掌握了多少史料，都不能说他是史学家。”“霸业千秋余古迹，议论终须大手笔”，说出了他对史学研究中理论的高度重视。他所强调的史学理论修养，有特定的内涵。首先，要有理论追求的勇气。他曾指出：“迷信神，迷信鬼，迷信领袖，绝不是科学的态度”，还经常引用张载“剖破藩篱是大家”的诗句，来提倡好学深思，不为前人与他人所囿，也不为自己所囿。在他看来，剖破藩篱，解放思想，是提高史学理论修养的前提。其次，对理论的追求是不应该有止境的。他认为：理论是随着事物的变化发展而逐渐完善的，事物的发展变化永无止境，理论的完善也没有尽期。因此，“认为有一种一成不变的理论，是直接违背马克思主义的”。其三，他所说的史学理论并不仅仅狭隘地局限于历史唯物主义。“传经我爱他山石”，这史学理论的他山之石，包括了人类思想宝库中一切对历史研究有参考价值的理论遗产。他曾向学生推荐过汤因比的《历史研究》、丹纳的《艺术哲学》等名著。“议论终须不傍人”，他在史学研究上是这样要求自己的，也总是以有无新见解来评价当代学人与自己学生的史学成果的。

程应镠自幼养成的对中国古典文学的浓厚兴趣至老不衰，青年时代又从事过文学创作。这种爱好、修养与经历，使他在治学方法上特别讲究文字的表达。他相当钦佩和推崇史学名家张荫麟那些“不用引文使人读起来十分有味的历史名篇”。他的史学论著《南北朝史话》《范仲淹新传》和《司马光新传》等，无不形象生动鲜明，文字清峻雅洁，绝无斧凿的痕迹，却有一种文情并茂、摄人魂魄的魅力，堪称史学和文学相当完美的结合。但鲜为人知的是，为了追求史学著作在表述上的信达雅，他让当时还是初中生的女儿读他《南北朝史话》的稿子，以推敲行文是否通俗生动，而其中《崔浩之死》一节竟先后改稿达 11 次之多。他招研究生，都必须经过作文考试方得入其门下，文章优劣是录取与否的重要参数。这种做法在历史专业研究生招生中是别具一格的，其理由正如他说的那样：“不能设想一个文理紊乱的人将来能进行思路清晰、识见敏锐的科学研究。”

总之，程应镠强调扎实的史料功夫，却不主张仅以罗列史料为能事；推重理论，但也反对游谈无根的空疏之论。他认为：历史研究，无论宏观微观，都应当是具体的。他不止一次指出：研究历史应该从微观搞起，只有把微观搞清楚了，才能准确把握与清晰鸟瞰整个宏观的历史。他认为：宏观理论与微观研究的结合，独断之学与考索之功的结合，卓越的史学成果与生动的文字表达的结合，是可以也应该在一个优秀史家身上完成的。他所推许的剖破藩篱的史学大家，应该在史实史料方面具有广博精深的素养，并能把握历史发展中带有普遍性或关键性的课题，以新的理论和方法，通过精炼优美的文字表述，做出新的概括和总结，从而取得超越前人的卓越成果。

2. 魏晋南北朝史研究

经过近二十年的学术积累，从20世纪70年代末叶起，程应镠才有机会将自己关于魏晋南北朝史的研究成果陆续刊布。他的魏晋南北朝史研究，在思维方向、学术观点、研究结论上，在当时都有独到领先之处。

其一，论述魏晋南北朝坞壁的性质、特点和作用，为深入了解当时人民的生存状况提供了真实的历史场景。对坞壁现象，陈寅恪、范文澜、唐长孺等学者虽各有涉及，但进行全面深入论述的，则首推程应镠的《四世纪初至五世纪末中国北方坞壁略论》。他克服了史料分散的困难，几乎把当时所能找到的相关记载都钩辑齐备，然后完整地勾勒其来龙去脉，称得上是一部坞壁简史。文章实证了坞壁在相当时期内是北方大多数人民的生存处所，对坞壁的各个方面，包括居民的构成及其相互关系，坞壁的军事属性和生产劳动情况等，进行全方位的考察。他认为："坞壁对胡族统治者的斗争，客观上促使了胡族的汉化"，"永嘉乱后，汉族先进的生产事业被坞壁保存下来了"，"《齐民要术》所总结的生产经验，实标志着坞壁生产的水平，而不是均田制制度下生产的水平"，都是精彩而独到的见解。他在《论北魏实行均田制的对象和地区》中指出："永嘉乱后，我国北方最重要的一个力量，是以坞壁为主的地方势力。"而他在《农业劳动力与三国两晋南北朝田制的变化关系》中强调："五胡十六国真正统治地方的是坞壁主。"这些论点也都发前人所未发，开辟了一条以前人生存环境来揭示社会结构的研究路径。

其二，以考实均田制在北魏实施的具体情况，来把握少数民族统治下的胡汉关系。北魏均田制历来众说纷纭，但注意力多放在制度本身的研究上。程应镠在《论北魏实行均田令的对象与地区》里独辟蹊径，把研究方向着重放在与其关联的胡汉关系上，表现出对包括土地制度在内的经济体制与民族关系之间的独到洞察力，为理解与阐释当时土地制度提供了新视角。他的结论是：均田制是民族矛盾发展的结果，适应北魏鲜卑政权统治中原汉族人民的需要，在一定程度上缓解了他们和坞壁主所代表的汉族地主阶级的矛盾，展现了当时胡汉关系的多重形式。从现存史料来看，尽管不能断言北魏均田制的其他说法难以成立，但并不见得比程应镠自成一家之说的论证更有道理。

其三，通过对劳动者名实关系的探索，对魏晋南北朝社会结构进行全面的剖析和全新的阐述。魏晋南北朝社会矛盾交错复杂，人们的社会地位升降不定，绝不可以将社会构成简单归结成诸如统治与被统治、地主与农民之间的所谓两大阶级的矛盾。程应镠认为，魏晋南北朝时期劳动者的名实关系是了解当时社会结构真相的绝佳途径，便发表了一组系列文章，作为个案研究的切入点。其中《释幹》是对幹的身份最早进行系统研究的文章，对北齐的幹与食幹制的论述，至今为止，不仅独树一帜，而且最近历史真相。《释吏》一文则认为“佃客和部曲，兵和吏，在这个历史时期内，是主要的劳动阶层；他们的身份、地位和欧洲中世纪的农奴相似”。与泛泛而论农民阶级是主要生产者的说法相比，这一结论无疑要深刻得多。他在《释新民》里指出，“新民”是北魏统治者将各地被征服者迁徙到平城来进行农业生产的定居者，实质上是一种特殊的农奴，这一观点也是卓尔不群的。

其四，撰写《南北朝史话》，为史学通俗读物树立一个成功的样板。程应镠的《南北朝史话》完成于1964年，直到1979年才得以出版。但15年的延滞，却未丧失其学科的前沿性。该书一经问世，即誉满京华，周一良推许其每一句话都是言之有据的。该书先后荣获全国爱国主义通俗历史读物优秀奖和全国优秀青年读物奖，成为当时历史通俗读物的一个范本。这本书的特点，一是涵盖了南北朝时期政治、经济、军事、文化诸方面的大事要点，是一部较全面的通俗简史；二是文笔简练明快，生动流畅，整部书仅 12 万字，一气呵成，引人入胜；三是字里行间充满着历史的智慧和强烈的爱憎，充分发挥了史学著作的社会教育功能。

3. 宋史研究

上海师范学院的宋史研究，是由张家驹奠定基础的，他是中国宋史研究开创期的重要学者之一。1973 年，张家驹去世以后，上海师院的宋史研究顿时少了一位带头人。为了使上海师院的宋史研究能够继往开来，更上层楼，程应镠毅然放下了对自己来说轻车熟路的魏晋南北朝史研究，转向了宋史。在不到十年的时间里，他不仅把上海师院的宋史研究推进到一个新高度，而且使其成为全国宋史研究的重要基地之一。

宋代史籍整理是程应镠对宋史研究的主要贡献之一。1971 年，他结束了在大丰干校的劳动，参加了上海师院承担的《宋史》点校工作。《宋史》在二十四史中向以卷帙浩繁芜杂而著称，陈寅恪为邓广铭的《宋史职官志考证》作序时就说过："《宋史》一书，于诸正史中，卷帙最为繁多，数百年来，真能熟读之者，实无几人。"点校整理这样一部史书的难度是不言而喻的。当时，上海师院集中了中文、历史两系几乎所有可用的人力，还从上海历史研究所和复旦大学借调了研究人员，而程应镠自始至终参与主持了这一艰巨的工作。他常常为了确定一个顿号或专名号，废寝忘食，遍阅群书，反复多次才能肯定下来。尽管如此，程应镠对整理本《宋史》仍留有一份遗憾，认为还存在问题，"标点、校勘、分段都有问题，更不必说此书原来已经存在的自相矛盾的那些问题了”。通过整理《宋史》，他进一步认识到：“宋代史料整理的工作，是大量的，没有一个相当长的时间，不认真组织人力，是整理不完的。整理是为了研究。整理研究的目的，那就是弃糟粕而取精华，继承宋代优秀的文化遗产。”（《杂谈宋史研究》）于是，在他的组织协调下，上海师院和华东师大两校学者开始点校宋史研究的另一要籍《续资治通鉴长编》，他还亲自为前189卷定稿。该书后获1984年上海市高校哲学社会科学优秀成果一等奖。稍后，两校又共同承担了《文献通考》的整理。《宋史》《续资治通鉴长编》和《文献通考》三大书的整理出版，是宋史研究中功被后世的盛事，程应镠在其中起了不容低估的重要作用。

编纂宋史辞典是程应镠对宋史研究的另一贡献。在整理《宋史》和《长编》的过程中，许多词语和典制令人不甚了了，他痛感编纂宋史辞典的必要性和迫切性。1979年3月，在成都召开的全国史学规划会议上决定编纂《中国历史大辞典》，编委会约请邓广铭和程应镠出任《宋史卷》主编，由程应镠负责组稿，希望《宋史卷》能在1983年成书，成为断代史辞典的第一部。于是，他又以极大的热情投入到这项工作中去。从设计词目、邀请作者到审读定稿，他都每事躬亲。考虑到宋代的名物制度最难索解，他决定对食货、职官、选举、兵刑等词目尽量兼收并蓄，一些官职的简称、别称也加以收录。有关人物的词目也考虑得较周全，文官中参知政事以上的都收录，有著作流传至今的人基本上也都有一席之地。仅仅词目的收录工作就进行了一年有余，在他看来，“要使一部辞典适合于读者的需要，首先就必须在收录词目上下功夫”。初稿写就后，审稿、定稿是更艰巨的任务。他集中邀请了近二十位专治宋史的学者来进行这一工作，要求“一切据《宋史》所写的名物制度，除查对原书，还要核以《宋会要辑稿》和《文献通考》，其据宋人笔记以成文的，也必须参校他书。宋史人物，据《宋史》者必核以《东都事略》及有关行状、墓志”（《编辑〈中国历史大辞典·宋史〉卮言》）。这样就使许多《宋史》成书以来包括人物生卒、籍贯、俗语解释等错误得以大量改正。在这一阶段，他集中全部时间审稿。有的稿子要重写，有的稿子要补充，还必须根据需要增补词目、编写释文，工作之繁重，以“宵起旰食，殚精竭虑”来形容当不为过。在稿件三审时，他被查出患上了鼻咽癌，住院治疗期间，依然关心并指导着审稿工作的继续进行。治疗刚告段落，他就迫不及待地开始审读样稿。1982 年秋天，《中国历史大辞典》决定停止若干专史分册的编撰，《宋史卷》须酌量增加有关方面的内容。他一边断断续续地看稿子，一边约人编写新增词目的释文，1983 年暑假送出全部稿件。1984 年岁末，《中国历史大辞典·宋史卷》终于出版，成为我国第一部断代史专业辞典，也是第一部宋史研究工具书。他的兴奋之情溢于言表：“我似乎又经历了一次青年时代完成一篇创作时的那种喜悦心情。”《中国历史大辞典·宋史卷》后来荣获 1986 年上海市哲学社会科学优秀著作奖。程应镠不止一次地说过：编写年表、索引、辞典，包括整理典籍，如同前人栽树，能为学术研究起“开路搭桥的作用”，是功德无量的事情。为此，他甘愿为后学作人梯，置自己大量亟待整理的旧稿于不顾，投身于宋代典籍整理与宋史工具书编纂。

4. 历史人物研究

在程应镠的学术研究中，历史人物研究占有相当的比重。早在 1957 年，他就萌生了为范仲淹写传记的强烈冲动，但命运阴差阳错，直到 1980 年才有机会实现夙愿。1984 年，他撰写了《谈历史人物的研究》，发表在《历史研究》上。这篇论文因对当时历史人物研究中的拨乱反正和理论探讨有推动的作用，而被《新华文摘》全文转载。他在 1986 年和 1991 年出版的专著《范仲淹新传》和《司马光新传》，则是对文章中所论述思想的成功实践。

其一，关于历史人物研究的重要性和必要性。首先，他从“研究历史和研究历史人物是分不开的”的角度，强调“历史人物的研究，是应当重视的”。在他看来，每个杰出的历史人物，都是他那个时代的缩影与时代精神的代表，人物研究完全可以通过一个人物反映一个时代，例如吴晗的《朱元璋传》，邓广铭的《王安石》。其次，他从史学的社会功能充分肯定历史人物研究的价值和作用。较之于某些较专门的史学课题（例如制度史、经济史等等），历史人物传记无疑具有最广泛的读者覆盖面，社会上一般男女老少了解历史最简捷的途径就是历史人物。最后，他从历史人物的教育作用出发，强调“选取历史人物中的精华，作为教育青少年一代的教材，是我国教育史中的一个优良传统”；“培养人才，是当前建设的大需要。研究历史人物，有助于我们培养人才的借鉴”。

其二，强调历史人物的研究必须全面。所谓全面研究，在程应镠看来，至少有四个层面。第一，研究历史人物，必须深入全面地研究他所处的时代、所活动的地域。不了解他们所处的时代，对历史人物的业绩、行事和思想，就会解释得不合理。但同一时代，因地域不同，其人物亦不同，对此“不能仅从自然地理方面去说明，更重要的还须从这些地方的经济、交通、教育或者别的什么方面去究其原委”。第二，应当深刻把握历史人物的局限性。他说：“任何一个人，都有时代的局限，阶级的局限。”“除了这种局限之外，还有生理的、心理的、教育的局限。”研究历史人物，应全面研究他的行事，人是复杂的，而不能只注意那些大事、好事。第三，历史人物留下的著作是进行研究的第一手资料，而研究一个人的作品则要求全，否则对人物的了解就不全面。在两部新传的写作中，他努力实践了自己的学术主张。尽管稔熟宋代史料，他仍重新研读了《范文正公集》和《司马温国文正公集》，遍阅相关的宋人笔记与文集，充分全面地占有传主资料，写出传记长编后，这才正式动笔。第四，有了对历史人物的全面了解，写起来才会有血有肉。他还认为，对经历曲折复杂，行事丰富多彩的历史人物，在着力表现传主思想、事业最本质、最主流的那部分的同时，对其性格、情绪等其他侧面也应努力发掘，以凸显一个完整无缺、有血有肉的传主形象。例如，他在《司马光新传》中甚至并不讳言司马光在元祐更化废役法时的固执，体现了对历史人物必须全面研究的一贯主张。总之，他认为，只有对历史人物的全面研究，才能使传主达到黑格尔在《美学》中所推崇的“这一个”的最高境界。

其三，关于研究方法与表现手段的探索创新。他尤其着力于历史人物个体与群体关系的发掘，即不仅仅关心于研究个体本身，而且更专注于开掘研究个体的各种各样人际关系所特有的具体性。他认为，像范仲淹、司马光这样的时代巨人，前者倘若离开了庆历新政中的人际关系，后者倘若离开了熙宁新政与元祐更化中的人际关系，是既反映不了时代，也烘托不出传主的。在历史人物传记的叙事方法上，他往往不是对传主进行浓墨重彩的正面描写，而是在传主与同时代人的关系网络中展现所研究的个体。他认为，借助个体与群体的关系来研究和刻画传主，是对历史传记旧模式的突破，完全符合“人的本质是各种社会关系的总和”这一社会学著名原理的。这种研究方法和叙述风格，更能使传主形象克服扁平性，增强立体感。

其四，关于历史人物传记的叙事风格。有关历史人物的研究成果，其表现形式一是论文，一是传记。对历史人物传记的写作，程应镠也是富有个性的。他自幼养成的对中国古典文学的浓厚兴趣至老不衰，青年时代又追随沈从文先生从事过文学创作，因而尤其讲究文字的表达。他主张历史人物传记应该既有历史学家的严谨和深刻，又有文学家的激情和技巧。《范仲淹新传》和《司马光新传》，熔史学论著的严谨与传记文学的优美于一炉，堪称史学和文学相当完美的结合，正是他追求这一境界的具体实践，故该书一经问世，即被宋史学界推为人物研究的佳构。关于历史人物传记的写作，他推崇《史记》的风格，"着力于叙事，以及与事相关的人"，不主张多发议论，甚至连夹叙夹议也尽量避免。他坚信论从史出，认为只要叙事做好了，其论自见。

总之，对于历史人物研究，程应镠是既有理论又有实践的史学家，给后人留下了富有启示性的史学遗产。

程应镠的史学著作主要有《南北朝史话》（北京出版社，1979年）、《范仲淹新传》（上海人民出版社，1986年）和《司马光新传》（上海人民出版社，1991年），学术论文结集为《流金集·学术编》（上海古籍出版社，1995年），文学作品有《一年集》（收入《烽火文丛》，烽火社，1942年；《文季丛书》，文化生活出版社，1949年），其他散文、杂感、政论与旧体诗词结集为《流金集·诗文编》（私家版，2001年）。另有《严谴日记》等未刊稿。

附记：严耀中教授与范荧教授分别提供了"魏晋南北朝史研究"与"历史人物研究"两节的初稿。

（原载《程应镠史学文存》，上海人民出版社，2010年）

评 论

《一年集》序

流　金

二十八年秋暮，从文先生说香港有一家书店打算印一套文艺丛书，有他和萧乾兄、朱光潜先生等的作品，叫我把写过的文章集一集，也出版去。本来自己对自己的文章，总比对别人的爱惜，能印成一本书，自是好事，但当时我身边根本没有一篇存稿，发表过的从未收集，没发表的更是没有，所以很踌躇了一些时候，对沈先生说："看看能不能找得出底子，够不够得上四万字，再给你一个答复。"当时在昆明有许多老友，说出了集子可以送他们一人一本，底子要找也不难，劝我开始收集，出了它。自己想想出了也好，省得一点心血，就这么散失了；不集成一本书，将来或者连自己都记不起曾经写过什么来。郁廉对我文章觉得有点可爱，曾经陆续替我在报上剪下了些，为我保存着。一想到要我自己文章，便想着她，写了一封航快去要，不多几天，寄来了。于是现在这集子里收的有了一部。我向来发表文章的地方不多，所认识的文艺界的朋友很少，而且自己不愿随便把文章寄出去，所以只有《大公报》的"文艺"和"战线"，《中央日报》的"平明"，发表过我的文字，此外，就是一个在昆明发行的《今日评论》。这些地方能登我的文章，就完全因为是一种朋友的关系；他们觉得我的文章虽然不好，但说的都是真事、真话，有一种真情流露在纸上，觉得还有一点"人"气。发表我的文章的地方既如此的少，所以要搜集起来，就不难；而且我又只就从二十七年九月到二十八年九月这一年内的选出若干，凑着四万字上下的数目。这样，不到一个月，这集子里所有便搜集了起来，题了个“一年集”的名字，交给沈先生了。当时重读一遍自己的文章，觉得没有什么话可讲，所以一个字也没有写下。

二十九年秋天，我到北方来，有若干时候，想起我这本书来。但一直没有关于它的信息。有一回一个朋友写信来问，我答复他时，很有一点感慨；我说：“关于这本书的事，我一直没问过。反正不是一本好书，虽然不会比人家的坏，但也好不了多少，就让它随便怎么了罢，谢谢你对它的关切。”真的，两年来，除另外一次一个朋友说，他听到沈先生说，早出版了，知道它已经出版了以外，就没有更多的知道它一些什么。

去年避地南去，居大江边山中半年，四个月在途上。秋尽又到洛阳来，才得到一点关于它比较详细的消息。几年来个人境遇的变迁，于人于事，似乎有另一种看法。只见到这书的时候又不禁动了怀人之情，老友消息多断，亲故音问也是寂然。别母情怀和一种无禁的想思，使我流下晶莹的泪珠，假如这书有重版的时候，这书将写上：

“献给——母亲和郁廉”。

一九四三年一月七日

（原载《华北导报月刊》1943 年第 3 卷第 1 期）

程应镠的散文集

倪墨炎

程应镠是著名的历史学家。他先后出版了《南北朝史话》《范仲淹新传》《司马光新传》等专著，发表了《谈历史人物的研究》等颇有分量的论文，主编了《历史大辞典》的《宋史卷》。要不是1957年的那场“错划”，他是真可以“著作等身”的。鲜为人知的是，他的文字生涯却是从文学领域起步的。他的第一部著作是散文《一年集》。

他于1916年出生在江西新建县大塘乡。在家乡读完中学后，到北平就读于燕京大学。“七七事变”后，北平沦陷，他跋涉天津，由秦皇岛乘海轮到上海，转而回到故乡。1937年10月，他离开故乡，借读于武汉大学。热气腾腾的救亡运动，使他不能安坐在课堂里。他北上，出潼关，过黄河，到吕梁，进入共产党领导的抗日队伍。1938年春末夏初，他从晋西到延安，从延安回到武汉，再到江西。在家乡住了一个多月，1938年7月，他到了昆明，进了“西南联大”。这一年多走南闯北的所见所闻，他陆续写成散文，在《大公报》的《文艺》副刊等处发表，后从中选出13篇，编集为《一年集》。

《一年集》（署笔名流金）于1942年5月由重庆烽火出版社出版，编入靳以主编的《烽火丛书》。1949年2月，文化生活出版社在上海重版，编入《文季丛书》。

本集写的是抗战第一年的生活。我们曾读过火药味很浓的来自战争第一线的报告文学，也曾读过场面热烈的来自救亡运动的各种散记，本集却是着重写战争给人们带来悲欢离合的感情波澜。作者的文字优美而不艳丽，清秀而不平淡；不论写景还是叙事，都富于抒情色彩。13 篇散文中，前 6 篇是写家乡的。作者敞怀抒述了战争前后对家乡的热爱、眷恋和怀念。这里有山有水，物产丰富，生活安逸，民情淳厚。作者这样写道："山里出茶出笋，水里出鱼出虾。女人采茶攀笋，身体好，声音好；上山如猿，唱歌如鸟。男人种田，做完田里事，便捕鱼砍柴，柴不论钱，鱼也不论钱。吃鱼吃虾，都有一定季节，春鲶夏鲤，秋鳊冬鳜，不到该吃日子，鱼虾跳到岸上，亦必被人放回水里。"这或许有点夸张，但那里农村自然经济生活平静，当是事实。不但物产丰富，那里风景也十分优美，作者写他家乡的某一处简直是一幅水彩画：

> 星罗棋布的农庄，隐在密密的树林里；清晨或向晚，炊烟飘散在林梢，写出农家静静的光景；暮春初秋时候，农夫在田里劳作，林里鹧鸪无休止地歌唱，抑或蝉声悠然如梦，给与行人一种幻想。但最好的时候，还是在春天。春雨初过，平原上草色碧沉沉地如晚夏明湖的波动；一点点夕阳滞留在林子上面，颜色新鲜可爱；沿着近水的堤岸，牧童悠然地跨着牛背，看那笨重的动物缓缓而行，人会陷入一种平静深思的境界。……

这段文字很美，从中很可见作者的富于个性的文采。在战火弥漫的岁月，写这样的"农家乐"，当然不是去写什么"与抗战无关"的内容，而是为了反衬战争给人们带来的灾难。战火还远在北京、南京、上海，但几乎是卢沟桥的第一声炮响，就震动了这里平静的生活。一个孩子正在北平念书，北平突然陷落了。家里的人，周围的人，村上的人，全都缩紧了心，关切着北平的消息。后来总算有了电报，人们又牵肠挂肚地扳着指头算，该哪天出发，哪天该在南京了，可南京正在天天挨炸，后来到了上海了，可上海也并不太平，直到孩子到了家，人们悬着的心才算落了地。这里有着祖母的写不完的慈爱，“故乡只有祖母在那儿看人民的颠沛，在老屋中为儿孙织黄金的绮梦”，作者写下了《寸草春晖》。这里有着母亲的拳拳爱怜，作者特地写了篇《母亲》。眼看着风尘仆仆的儿子回到了她的怀里，她却是一连串的责备：怎不给家里打个电报？怎不早一点回家？母亲是爱在心里，痛在心里，到了口边却成了责备的话语。“会爱人，会责备人，这大概是母亲引起我深深的敬重与无比的爱恋的地方。”在1938年秋作者再度回到家乡时，这里的变化更大了。他接连写下三篇《故乡小景》（之一、之二、之三）。田园生活早已不平静了。就是孩子们唱的歌，已不是山歌小调，而是“打倒日本打倒汉奸”的抗日歌曲。有的家长不准孩子唱，说是“日本人来了，专杀会唱歌的孩子”，但孩子们仍然唱。农民割稻打谷，也议论战争的事：“妈的□，谷子割好了，等日本人来吃可不成！”“不会来的，你问问看，日本人在山西怎么样？”久居省城的老太也避居到家乡来了：“日本人真恶，省里给他鬼机炸得一塌糊涂。”作者到了南昌，到了那风景如水彩画的地方，迎接他的是不断的爆炸声，人已大批迁徙：“战争使一切变了样，亲戚朋友在故乡很难找得着了。”

作者到过晋西前线，在共产党领导的军队里生活了几个月。有两篇散文是写部队生活的。《第一个春天》写他在军营里，结识了杨。杨常和他谈春天的故事，江西某地的春笋，鲤鱼，山茶；春天里活跃的某地的人民，美得像春一般的农妇，恬静的春晨和柔和的春夜里的战争，以及西安事变后的春天。杨的经历赢得了他的钦佩。

他是第一次在战壕中迎来春天的，他认为这才是他生命中的第一个春天。他写道：

> 繁密的枪声松懈下来了，我隐蔽在一个山沟里，紧张的心情，也随疲乏的枪声平静了；从山上吹过来一阵风，敏锐的我嗅到草原上温馨的香味了，我解开棉衣，清爽的风，轻轻地舐着我的胸膛，我忘记自己是在战场上了；抬头望着辽长的汾河东岸的高峰，天上的云，又是那样轻捷的流驶着。
>
> "春来了！"我低吟自语。
>
> 然而这是一个不同的春天，这是我生命中第一个春天！
>
> 枪声又起来了。
>
> 在山地中蠕动着的行列，使我感着快乐。
>
> 我将要在战斗的春天里成长，像杨那样。

在当年的文学作品中，这样写战火交加的前线恐怕是不多的。但它确以优美的恰如其分的语言，道出了一个青年学生在战火中受到锻炼而自豪的心情。它是诗，是一首散文诗，谱写了年轻人的心灵美。另一篇散文《还乡》，写一位年轻的指导员，三年前当他还在中学里读书的时候，他跟着一大批人参了军。有个姑娘爱着他。"她答应过了那一年，偷偷离开家，过河找他去"。可是战争使他们三年不能相见。正好部队调动，运载他们的火车要经过他的故乡。好不容易他和她相见了。可是政委宣布："因为前方紧急，我们立刻要开到忻县去。下午一点钟出发。"他们只相见了很短暂的一刻。"一刹那间幸福的愉快过去了，像电一样；也许只有这种幸福，才可以使人感到幸福的永存吧。"这样的故事，好像在别的作品中也曾读到过，但整篇散文写得十分抒情却是不多的，仍使人感到新鲜。

集中还有一些散文是写逃难的。作者从北平逃出来，到天津，到秦皇岛，乘上了轮船，如释重负地驶向南方，这就是《秦皇岛上》。还有几篇散文是写大后方昆明的。这里离前线虽远，生活相对平静，但毕竟有战争才有后方，许多人是流亡到这里的。他们乡梦迢远，连江声也带着呜咽，所谓“江声不尽英雄泪”呵！……

作者的散文并不只是这本集子中的13篇。早在燕京大学求学时，他就开始在《大公报》的文艺副刊上发表小说、散文，并认识了沈从文，最早的一些作品就是经过沈从文的修改而面世的。就是在抗战的第一年，他写的散文也远不止这13篇，如《中国新文学大系》(1937—1949)的《散文卷》所收的《乡思》，也是发表在《大公报》副刊上的。沈从文始终是他敬重和追慕的老师，几十年间一直保持着密切的联系。他的散文，总觉得和《湘行散记》《湘西》在血脉上有相通之处。要说他的散文的个性，恐怕也要从这里说起。

在西南联大，他学的是历史。吴晗那时是助教，从此他们成了亲密的师友。《南北朝史话》就是吴晗出题目要他写的。他进入了史学王国，疏远了文坛。在文坛来说，这是令人惋惜的事。

1991年10月11日

(原载倪墨炎著《现代文坛短笺》，学林出版社，1994年)

《南北朝史话》读后的零碎意见

周一良

应锣同志：

前承枉驾，适值外出，失迎至歉！钟翰兄送来大著，至深感谢。拜读之后，感到此书深入浅出，准确鲜明生动兼而有之，确实不可多得。说明您多年钻研，积累富厚，脱稿十五年才得出版，亦足以告慰吴晗同志于地下！

读后有点零碎意见，不知当否，录供参考。

P11，“地方武力打败中央武力，这在南朝还是第一次”。南朝篡夺政权者，大都先经营其根据地，如刘裕之京口，肖（萧）道成之淮阴，肖（萧）衍之襄阳。迫近篡位之前，又往往先入建康，控制扬州，刘裕、肖（萧）道成皆如此。“第一次”的提法似欠周密。

P21，“象蝇拂”，麈尾不是象蝇拂（或云帚），而是类似羽扇，日本正仓院尚存实物，敦煌壁画中维摩诘手中所执亦是扇状。

P55，“北魏称赫连氏为屈丐”，当应称赫连勃勃为屈丐，而不是整个赫连氏。

P85，陶俑图中“鲜卑服”，似是当时之“袴褶”，而汉服佣高髻，恐是妇女，如此对照恐不尽恰当。

P96，“当时不是鲜卑人不能当镇将”，司马楚之、金龙、王慧龙等都曾任镇将。

P104，五五七年当作五七七年。

书中对北魏统治者如道武、孝文帝等皆有肯定地方，于南朝皇帝则一律否定，似可考虑。如刘裕，尤其肖（萧）衍，是否也应该说一两句好话？这些意见仅供参考！

我近两三年来重理旧业，再读魏晋南北朝史书，偶有笔记，积累成书后，当寄请教正。

你系张家驹同志是我老同学，他的夫人听说还在上海，不知有时晤面否？晤时乞代致意，并转告近况为盼！即致

敬礼！

周一良

七九，十二，十九

（标题系编者代拟；录自虞云国编著《程应镠先生编年事辑》，上海人民出版社，2016年）

读《南北朝史话》

李培栋

几年前，从作者程应镠同志处借读本书1964年校样时，很慨叹这样一本好书竟不能依吴晗同志计划出版；同时，又庆幸此书原稿虽已荡然，毕竟校样犹存。现在，经作者修改，正式由北京出版社出版，距定稿已经十五年了！这本书的曲折命运也从一个侧面反映我们国家所经历过的动荡。正因为如此，更感到兴奋。

这本《南北朝史话》是很有特色的。首先是真实而具体。和那些空泛的概念化的历史读物相比，读了此书，会感到耳目一新。作者对魏晋南北朝历史作过多年研究，根据大量资料对当时社会作了认真地解剖。他力求对这一段历史从现象到本质作一个如实的描绘和论述。在写南朝时，作者由王朝递嬗开始，首先拉开宫廷斗争的帷幕，撕开那些帝王伪善的面纱，暴露出他们或贪婪残忍、或狡诈圆滑、或怯懦猜忌的个性，接着具体分析了最高统治集团中皇帝、士族和寒族之间错综复杂的利害关系，叙述了这种利害关系的历史基础和现实变化，以及那有代表性而又生动有趣的人和事；然后，把视线转向社会的下层，由奴婢而佃客、部曲、兵、吏，而自耕农，作了细致的阶级分析。这一切使读者能获得对一千五百年前南部中国社会结构的一个整体认识。在写北朝时，作者以鲜卑拓跋部的建国和封建化这一历史主流为中心，展开了鲜卑族与各族人民以及和汉族大地主的矛盾关系，展开了鲜卑贵族内部改革派和守旧派的矛盾关系，具体地描述了北部中国怎样在各族混居、坞壁割据的情况下，经过拓跋魏的征服和统治，经过各族人民的劳动和斗争，由分而合的曲折前进的历史进程。作者写出了北魏几代君主在这一历史进程中的作为和贡献；又具体地考察了北方坞壁，并论述了这种坞壁在北方经济、政治和军事上的重要影响与作用。尤其可贵的是作者在写六镇起义、河北起义和关陇起义三部曲时，逐个剖析了几个主要领袖的阶级地位、社会关系、心理状态和功过得失，这些都使读者能够对历史的发展有一个丰满的、如实的认识。一百七十年的南北朝史确是头绪纷繁，一向为初学者头痛畏难的，然而由于作者抓住历史推移转变的主流，真实而具体地把社会前进运动的情况展现在我们面前了。但是，这种真实和具体并不是对文献记载的简单复述，而是作者坚持历史唯物主义，对庞杂的历史资料，对已有的研究成果长期刻苦钻研，进行辨析综合、去粗存精，从而熔为一炉，并融汇了个人的心得见解才得以达到的。

本书另一个显著的特点是写作方法上的生动灵活。从全书来看是叙述、描述、论述相结合，从剪裁安排来看，作者灵活多变地使用了顺叙、倒叙、插叙和错出、互见、呼应等方法。再如一般与个别相结合的论述方法，作者使用尤为经常，或先写某些具体生动的感性材料，而后加以综合论断，而后举出典型事例。这些写作方法都是很巧妙的，能收到深入浅出的效果，在史话写作上是成功的经验。

作为史话来说，这本书在文化部分似嫌不足，例如佛道虽是重点，而于经学不置一辞；诗歌部分则是吟味南方山水诗而无及于南方民歌，似乎终是缺陷。

（原载李培栋《魏晋南北朝史缘》，学林出版社，1996年）

“千里江陵一日还”
——读《南北朝史话》

严耀中

北京出版社1979年出版的《南北朝史话》作者程应镠先生曾在燕京大学和西南联大求学期间为陈寅恪先生的学生，此后即以研究魏晋南北朝史为其学术主业。该书在著名史家吴晗先生的鼓励下，于1964年完稿，由于众所周知的原因，在时隔15年之后的1979年才得以付印。为什么要写这样一本书？作者对这段历史时期的认知有什么创意？笔者有幸作为程先生在“文化大革命”后所收的第一个研究生，学习时得到不少指点，并有所领悟。值此先生大作再版之时，把相关的体会写出来，希望能与读者诸君共勉。

如果说中国古代的历史犹如一条长河，魏晋南北朝这一段就好比长江之三峡、黄河之壶口，奔腾激荡而曲折多变，充塞着极其丰富的历史现象。也可能因为如此，直至二十世纪六十年代《南北朝史话》撰写及完稿之前，相关的断代史只有吕思勉先生的《两晋南北朝史》一部。不过吕先生的著作虽然内容全面、引证充分、论述精彩，但说老实话，这本篇幅不下百万言的巨著是写给专业人士看的，一般读者往往望而却步。因此如何使包括大、中学生在内的普通读者也对这段历史有基本的知晓，不至于在对整个中国历史的认识中产生一段空白，就需要有一些史学作品来做这方面的普及工作。但是要写出达到如此要求的历史著作，需要克服两项困难。其一，要将复杂的历史现象化繁为简，抓住要点并顾及全局，没有足够的史学功底，没有对这段历史有着深刻的了解，是难以胜任的；其二，既然作品是要面向社会大众，至少是要吸引对历史有兴趣的读者，在语言上要明畅易懂，又要具体生动，也就是要有一定的文字驾驭能力。可见这类虽被称为“史话”的书其实要求很高，并非是所有学者都具备上述两个条件来进行写作的，即使写了也不见得能写好。当时吴晗先生及出版家周游先生极力说服程先生写作这本书，一来是由于他出自史学名门，根底深厚；二来也因为他平素喜好写作散文和小说，以文笔流畅见诸当时报刊，曾有《一年集》等问世，并在二十世纪三十年代后期参加过北方左翼作家联盟。

《南北朝史话》内容包含各成篇章的四十二个要点，分成四大部分：一，南朝的政治和经济；二，北朝的政治和经济；三，南朝和北朝的关系；四，南北朝的文化。此外，还列有南朝与北朝的帝系表作为时间进程上的对照。这些主要内容虽分类列举，里面也既有轻重主次之分，又体现出相互关联。只要先读了该书的《开场白》，就可以一览无余地知道南北朝历史的全貌，此后所叙说的各项，都是影响这段历史的重大关节，起到以点带面的效果。如从东晋到南朝之时局，是高门世族从操弄政权到影响政治的一个转变过程，本书就通过“寒人做皇帝”“从里司到皇帝”“风流宰相”“寒人掌机要”等几个具体事件的叙说，并以“过午的阳光，逐渐西斜”来比喻日益衰退之士族势力，把皇权与门阀之间彼此势力消长之线条，清楚而形象地勾描了出来。

在中国的史学传统中，主要着重的是政治史以及为行政体系运行服务的经济，故尔对于后者一般注意的是经济政策与税赋制度等。至于构成社会生产力的主要因素劳动者，或是仅仅把他们看作服役缴租的对象，或是简单地将他们合成一个与统治者对立斗争的整体，并把这两者之间的你死我活当作历史的全部。但是在以家族为本发展出来的中国社会里，人与人及群体与群体之间的等级上下关系错综复杂，社会身份既有因袭也有变化。尤其在魏晋南北朝这样大动荡、大分化的时代里，如果于此不进行仔细地观察和区分，就谈不上对这段历史有正确的认识。在这本篇幅并不很大的《南北朝史话》里，作者所列举的当时劳动者有奴婢、屯田兵和屯田民、雇客、部曲、手工业者、牧民等，以及“类似农奴的‘僧衹户’，相当于奴隶的‘佛图户’”及“沙弥”等低级僧人，甚至还有下层的官吏，当然还有众多的自耕农。这些人在不同的时间和政权之下，还有种种不同的名目，如士家、新民、牧奴、幹、府户等等，他们之间的身份有差别也有变化，不可一体视之。其中，在有关南北朝史料里奴婢被当作生产劳动者记载之多超过历史上任何时期，于此作者特别为“耕当问奴，织当访婢”设立专题，以提请读者留意历史不应该太概念化。所以如果大家读了这本《南北朝史话》，大概能够知道真实的历史现象既是变化多端，亦可清楚交代，并由此明白笼统地归诸为一个不断进行谁消灭谁的过程，绝非是真正的历史唯物主义者的立场。

除了西晋时期约莫二十多年的短暂统一，整个魏晋南北朝在政治上处于分裂的状态，不过如此表面上很纷乱的局面，细看起来却是表现出黄河流域与长江流域之对抗。汉末形成的三国鼎立，基本上是地处长江头尾的益州、荆州、扬州的蜀国与吴国联合起来和占据黄河流域的曹魏政权之斗争史。西晋崩溃后，北边是碎片化的十六国之兴亡，南边则是统一的东晋维持了一个多世纪的稳定，也成了两个流域之间的鲜明对照。所谓南北朝，就是这种情况的延续，“从公元四二〇年起，到五八九年止，共一百七十年”。毫无疑问，作者是希望向读者揭示历史发展中的如此格局，所以在《史话》中以较多的笔墨分别叙述南北两边政治与经济之要事，使读者在认清了彼此的各种差异之后，可以接着思考：一旦中国重新得到统一，由长江、黄河一起入海的水里会夹杂着多少你你我我！

至少从西晋开始，在约三个世纪的动乱与分裂的经历中，所谓民族问题始终是一个搅动局势的重要因素。不过“民族”这个概念是近代从西方死搬硬套译过来用的一个词，在包括本时段在内的中国古代普遍使用的概念是“族”。这个名词最早是和血缘关系相连，但随着商周时期已臻于“天下一统”，并衍生出“天生烝民”的共祖观念。先民们当然也认识到天下之大，民众风俗各异的客观事实，所以根据文化差异的大处创造出夏、夷等区分。这种群体区分包含着几层意思：第一，夷与夏犹如绳之两端，中间是有相连过渡的，若两周时视秦、楚、吴、越等地的居民为“半夷半夏”，作为夷夏之间的桥梁。第二，这种区分是以接受礼乐文化程度为依据的，所以彼此通过交流是能够弥合或转化的，于是就有以夏变夷或以夷变夏等说法的出现。这样子一来，“族”就成了包含着对立统一的概念，一方面是天下一家，另一方面有差异就有矛盾与斗争。其实这也没有什么稀罕，同一父母所生的亲兄弟相互打得头破血流，甚至拼个你死我活的场景也并非少见，所以当时出现的“非我族类，其心必异”之类也应该从这个角度去理解。陈寅恪先生早就指出“汉人与胡人之分别在文化，而不在种族”。于此本书作者在听陈先生的课中当然心领神会，烂熟于心，所以在“开场白”里就直截了当说：“围绕着汉化，实质上即封建化问题”，与人种血缘之类无关。本着如此观念来看待北朝政治的历史进程，也自然会得出“‘文治’构成了汉化的核心”之结论，说明了政治体制和礼乐文化的一体性，以及所谓民族融合主要就是道德文化之同一，由此亦可以在“族”的概念中，潜移默化地进行着由小族到大族、家族到乡族、异族到同族之自然过程。故而作者敏锐地在“‘交聘’和‘互市’”里显示了其中一条途径："在和平的日子里，南北'交聘'，彼此夸耀政治的清明、文化的昌盛，进行着另一种形式的斗争。"如此的南北竞争，正是古代"族"的含义下对立与归一所表现出来的最好形式，也是中国终究要走向统一之预示。即如作者所言，北方少数族"在经济生活方面，已经和汉族差不多，语言、风俗、习惯的差异也越来越小。……这样，就为隋文帝的统一事业，准备了自西晋末年以来所未有的条件"。

经过长时期的动乱与分裂，到了公元五世纪初南北对峙的局面已经趋向稳定，一来是政治与经济文化之分合有着对应的关系，政治上的多中心之时局必然致使思想文化方面控制的松懈。二来，黄河与长江、游牧与农耕等地域文化差异也乘着南北的割据之势从深层强劲地向当时社会扩散。二者结合起来，可谓血沃华土既肥了劲草也催发了百花。魏晋南北朝是中国自秦始皇之后思想文化最辉煌的时代，其累累果实在南北朝时得到了充分的体现。或许是鉴于上述原因，《史话》专设一章叙述之。由于篇幅所限，不能详细叙说当时文化的种种亮点，只好列举最有代表性的成就，如造型艺术之云冈和龙门；现存最古、最完整的农书之《齐民要术》；杰出的科学家祖冲之；诗歌一项里则包含着谢灵运、谢朓的山水诗及以《敕勒歌》《木兰辞》为典型的民歌；而对《世说新语》《文选》《文心雕龙》《诗品》《水经注》《洛阳伽蓝记》《颜氏家训》等精品之简要介绍，足以使读者对南北朝文学中的各个方面产生"会当凌绝顶，一览众山小"之感。不过让作者花上更多笔墨的是宗教，因为中国的主流宗教道教与佛教虽然在东汉时已成形或传入，但它们作为完整的系统化意识形态及真正确立了社会地位，并对当时及后世发挥巨大影响力的却是在南北朝。当然这也有个跌宕起伏，甚至惊心动魄的过程，鉴于宗教在社会精神生活中之不可或缺，以当时规范的话语用三个专篇来概述。此外，作者在其他地方也屡屡提及文化之关联，如由经济发展为文化之丰富提供了条件，如南北朝时造纸的发达致使藤纸、麻纸、黄纸、土纸、银光纸等各种纸类层出不穷，显示出了当时绘画及书法艺术之繁荣的背景因素。

写了以上这些文字，也可以说是我读《南北朝史话》的一些心得。忆及我刚入学，应镠师布置给我的学习内容为通读《资治通鉴》及从《三国志》到《南史》《北史》等十一史。这个将近两年的读书过程犹如天天在负重爬山，连大年三十也要看个一两卷，自觉辛苦至极。待将近毕业，读了这本《南北朝史话》，犹如对这段历史快速回看，则不禁有“轻舟已过万重山”的感觉。所以我后来对一些学习魏晋南北朝史的同学建议：当你们看了几部正史之后不妨读一下程应镠先生的《南北朝史话》，这好比登泰山途中走一段“快活三里”，不仅能够觉得上山不累，还同时能够学得如何从矿石里提炼金子。

2020 年 9 月 26 日

（原载《南北朝史话》，北京出版社，2022 年）

程应镠的文笔

董寅生

古人以为，所谓史家当具三长——史才、史学、史识，这其中的史才，主要是指史家对历史事件的叙述能力及对史料的组织功夫，《史记》《汉书》《后汉书》《三国志》所以被后人称道，很大程度上即由于作者出神入化的文字功夫。假使让今天的史家，用今天的学术语言来写项羽、李广、李固、范滂等人的纪传，恐怕很难达到类似的效果。

孔子说“言之无文，行而不远”，好的史才，其文字能令人常读常新、百读不厌。比如民国时期成长起来的那一代史家，也许在学术规范上不及今天的博导们严整，但纯就文字功夫而言，每每让后人有望尘莫及之恨。大体而言，他们的文字，往往既信、亦达，既美、亦雅，读者看后，不仅能够明了其中的大意，还颇有一种阅读的快感。相比而言，我们今天博士买驴式的学术文章，就很少再能给读者这样的享受。

久闻程应镠《南北朝史话》（北京出版社，1979年第1版）的大名，据说程先生1963年送部分稿子给吴晗审查，吴晗回信说：“就按这个样子写下去，我们打算把它印出来，作为担任其他各朝史话作者的参考。”

吴晗之所以如此赞许，恐怕主要是由于程先生的稿子深入浅出，富于文采。我近日重读此书，也深为程先生的文字打动，其中一些简洁明快的佳句，今天的文史学者似已很难写出来了。

程先生讲刘宋时期，“士族的势力，日渐衰落，像过午的阳光，逐渐西斜”；他写刘家子孙骨肉相残，“宫廷里密布着疑云暗箭，公开叛乱和平叛的战争几乎没有间歇地进行着”；他讲齐明帝做贼心虚，“在他看来，人世间无处不是陷阱，无地不是网罗，因为他自己便是个惯于设陷阱张网罗的人”；他讲南朝人民垦荒播种，使“绿油油的田畴，代替了过去的丛林茅草……山坡上也出现了一片一片在微风中皱起的青葱”；他写南北开战，“土地被践踏，生命被残害，房屋被焚烧。春天来了，呢喃的燕子找不到旧窠，只好在树上做巢”等等，都几乎令读者如闻其声如见其人、有亲身穿越回那个时代的现场感。

我们不少人感叹史景迁的文笔活灵活现，其实，程先生与其相比，何尝逊色？只是有时，有人不免数典忘祖，一味沉醉于对西式学术语言的效颦，甘心去当邯郸学步的寿陵余子罢了。

好的史笔，往往简明扼要又耐人回味。程先生的史话里，这样的例句比比皆是，比如他说北魏初期，“战时的掳掠，遭到了各族人民的反抗；平时的贪污，加深了统治者和人民之间的矛盾”，短短几十字，即概括出北魏当时的情势；他讲宇文泰建立府兵制度，“从此，分散的乡兵逐步纳入了朝廷的军事系统……地方豪强武装力量的首领，成了朝廷的军官”，不过几十字就点明了府兵的由来。这样高屋建瓴、正中肯綮的总结，今天又有几人能够做到？

如何将古代史料翻成白话又不失原有的风味，历来是一大难事。程先生在这方面的努力令人敬佩，比如他翻《神灭论》，将“良由厚我之情深，济物之意浅”，译成“自私的打算过多，救人的意思太少”；将“惑以茫昧之言，惧以阿鼻之苦，诱以虚诞之辞，欣以兜率之乐”，译成“用渺茫的谎言迷惑人，用地狱的痛苦吓唬人，用夸大的言辞引诱人，用天堂的快乐招引人”，不仅准确生动，而且能将范缜原文那势不可当的气势一并传递出来，这样的功夫，今天的学者大概不易达到。

程应镠先生是1916年生人，那一代人，对古籍不仅通晓，自己也多能写一手合乎规矩准绳的旧诗、古文，所以他们阐释古代典籍时总是能做到“不隔”。比如他解读谢朓的“余霞散成绮，澄江静如练”，说这两句诗，分别“用彩色的绮来比喻落日余晖渲染着的缤纷云影；用洁白的练来形容江水的平静无波，把人们带入一幅春江日暮的美妙图画中去，心情和景物好像融成了一体”，如此充满诗意的解读，真令读者有如临其境、美不胜收之感。今日有的文史研究者，往往缺乏这样的基础，能写一手合乎规矩的古诗词者更是凤毛麟角，所以在运用或阐释古代材料时，极不易达到融通、浑成之境，无论怎样修饰，总不免给人以“古今两张皮”的感觉。

严耕望先生在《治史经验谈·论文体式》中以为：“论文写作，不仅为作者表达意见，尤当考虑读者领受之便利。”今天的一些学者，自己之外，至多再考虑一下编者，至于普通读者能否读明白他们的论文，似乎不在考虑之列。放眼望去，不少著述都实在过分佶屈聱牙，艰深晦涩了。对于这样的文章，一般读者大多是“敬鬼神而远之”，偶或有几个不信邪的，肯硬着头皮看完，但也往往一头雾水，不能得其要领。如此拿腔作调的文风，实在已经是人文学科的一大公害了。

《南北朝史话》，论性质不过一本普及性质的读物，但这样力求浅显的普及读物，并不易写。窃以为，今天的史学工作者们往往无暇做这样的工作，即使肯做，文字上的功夫也未必就能应付裕如。社会上一些粗通史书的作者，倒是凭一知半解就敢下笔，因为无拘无束，故而很能吸引历史爱好者们追捧，但他们对史料的把握每有粗疏之处，有时候不免错解了历史，误导了读者。比较而言，像《南北朝史话》这样既深入、又浅出，既亲切、又准确的普及读物，今天实在是太少太少了。

（原载《文史春秋》，2014年第8期）

编辑《中国历史大辞典·宋史》卮言

程应镠

幼年就学私塾，每见先生书案上那部六册线装的《康熙字典》，总是十分动心。后来在家里的书架上也发现了同样的这一部书，便要求祖母取出来看看，祖母笑着说："你还看不懂，过几年给你拿下来。"《左传》读完了，改读《东莱博议》，家里的《康熙字典》也就由我任意翻阅了。一进中学，就经常用《英汉模范字典》，六年当中，几乎把它翻烂了。中文的工具书，经常用的是《辞源》，用过好几种不同的本子；后来自己教书，还买过一本正续编合订本，定价最贱，纸张最恶，现在已经一片一片地脱落了。

读大学的时候，用过很多工具书，中文的却很少，《中国古今地名大辞典》和《中国人名大辞典》是时常翻阅的两部。在"史学方法"一课上，第一学期要求把一篇中文——古色古香的骈体文译成英语，使我第一次和类书接触，《初学记》《太平御览》诸书，就是这样才有了初步的认识。这时候，我对文学的兴趣远远超过史学，许多工具书都被迫去使用，可以不用的时候，我总是以"心知其意"而自解。

渐近中年了，颇以读三国两晋南北朝诸史以自溺。诸史中词语，初见时，有的还可以"心知其意"，有的则懵然不知所谓，当时就很希望有一部可以解惑的书，自己也就把有关的材料记录下来，作为短文，如《释斡》《释吏》就是从存稿中加以整理而成的[①]。1971年，从大丰干校回来，参加《宋史》的点校，许多词语，初读时均不甚了了，什么叫“指使”，什么叫“防托”，“龙赐”“踏白”是什么，都要查很多书，才弄得清楚。在标点中，我深深感到，用顿号、专名号最难，许多少数民族人名，经过几个反复才得肯定下来，也有至今不知道是一人还是两人的，如《神宗本纪》三“洛施军笃乔阿公”便是。《宋史》点校完成了，我负责的部分，也还有两处不敢加顿的。当时，我曾经想，有一部宋史辞典多好！我这个愿望，十年之后实现了。

1979年3月，在成都召开的史学规划会议，决定编纂一部《中国历史大辞典》。这年的12月，在天津召开编辑会议，讨论编写体例和一些样稿。1980年夏天，太原会议中，决定分卷出版，希望宋史卷能在1983年出书，为断代史的第一部，由我负责组稿，编辑成书。天津会议时，总纂处已经油印了全书拟收的词目。宋史部分，我以为太简略。我主张词目要多，释文要简。天津会议后，上海分纂处开会，我提出旧史所包：天文、地理、河渠、五行、律历、艺文、仪卫、舆服、职官、选举、食货、礼、乐、兵、刑，都要一无遗漏，加以收录。我以为读旧史最难的是志，其中礼、乐，更是处处陷阱，《宋史》礼志二十八卷，有许多地方，我不能句读，仔细阅读了《宋会要》《太常因革礼》《五礼新仪》等书，才弄清楚其中一些词。会议中，大家认为这样收词，工程太大，难以成功。宋史卷的收词，就只得以朝代年号、历史人物、历史事件以及旧史所称的食货、职官、选举、兵、刑、艺文诸志的一些内容为限了。有关食货、职官的词目，宋史卷收得较多，这是因为我们在整理《宋史》时，感到这两个方

① 见《中华文史论丛》1979年第2辑、1985年第4辑。

面的知识很不够。《宋史》卷四七四《韩侂胄传》说，侂胄谋用林行可为谏议大夫，来打击反对他的人，谓林行可为“大成”。当时，我们校以《两朝纲目》和《庆元党禁》，“大成”作“大坡”，不知孰是。后来查了《石林燕语》和《容斋随笔》，知道“大坡”是谏议大夫的异称，才把“大成”改为“大坡”。宋史卷在收录职官的词目时，就把当时我们所知道的一些官职的简称、别称也加以收录了。

宋史卷所收人物也是较多的，当时也定了一个标准，文官中参知政事以上的都收，有著作流传至今的基本上也收了。收录时，以《宋史》为主，参以《宋史翼》《宋人轶事汇编》《宋诗纪事》。《宋史》用的是中华标点本，其卷二百六十九《王祐传》误据《太宗实录》《东都事略》及王珪《华阳集》改百衲本之“王祜”为“王祐”。王祜是北宋名相王旦的父亲，其传说他“字景叔”。《晋书》三十四《羊祜传》说祜“字叔子”；羊祜是西晋开国功臣，镇襄阳“甚得江汉之心”，死后襄阳百姓于岘山为他建庙立碑，岁时祭祀，“望其碑者莫不流涕”。王祜之字，当因此而取，循字核名，为“祜”是无疑的。宋人所著书，今日流传的，亦“祜”“祐”并见，这也和吴廷祚、张昪刻本之误“廷”为“延”、误“昪”为“昇”一样，在宋史卷释王旦时，遂以其父为王祜，不以标点本为据了。

从 1980 年秋开始，编写词目，完全定稿则直延至 1981 年末。宋史卷出版之后，有人问我在编纂工作中有什么经验，我以为确定词目是最重要的。要使一部辞典适合于读者的需要，首先就必须在收录词目上下功夫。读宋代史籍，往往遇到一些不易索解的词儿。朱瑞熙同志在《宋代选举制度中的“削”》一文中所举的“奏削”“举削”“荐削”“京削”，[1]就是这样的。宋史卷中选举和学校的词目，就是由瑞熙同志编写的。兵和食货的词目由王曾瑜同志编写。职官的词目最早由徐光烈同志起草，1981年年尽，又由光烈、曾瑜和俞宗宪重加修订。参加编写词目的同志不多，但工作都极认真。“削”之一词，收入宋史卷，考虑得就十分认真。

1981年初夏，有些词目已经确定了，就开始编写释文。这一年12月，初稿大约全了，就集中近二十名专门研究宋史的同志做审稿、定稿工作。稿子是审得十分仔细的，一切据《宋史》所写的名物制度，除查对原书，还要核以《宋会要辑稿》和《文献通考》，其据宋人笔记以成文的，也必须参校他书。宋史人物，据《宋史》者必核以《东都事略》及有关行状、墓志。孔文仲条，原据《宋史》说他是新喻人，《辞海》《历代人物年里碑传综表》《宋诗选》均同，但《东都事略》孔文仲传却不作“新喻”，苏颂在《中书舍人孔公墓志铭》中说文仲的父亲为新淦人（见《苏魏公集》）。宋江南西路临江军，属县有三，清江、新淦、新喻。明隆庆《临江府志》卷一〇《选举》、卷一二《人物》都说孔文仲是峡江人，《明史》四三《地理志》临江府条，说峡江为新淦县之峡江巡检司，至嘉靖五年四月始改为县，益之以新淦六乡之地。审稿人就把新喻改为新淦，遂正《宋史》以来之失。宋代人物，据《宋史》收张问条，这个人是参加文彦博、富弼、司马光等人在洛阳所谓耆英会的。《历代人物年里碑传综表》误以此人为范仲淹为之作墓志的张问，记其生于至道元年（995），卒于庆历四年（1046）。此条作者据《宋会要辑稿》职官五四之八定其死于元祐二年（1087），据传所云卒年七十五，推知其生当为大中祥符六年（1013）。

① 见《中国历史大辞典通讯》1982年第2期。

台湾《中文大辞典》三十二册二四四页有“踏逐”一词，据《武林旧事》卷八《宫中诞育仪例略》所云“令本位踏逐老娘、伴人、乳妇、抱女、洗泽人等”，释为“助产”。《中华文史论丛》1979年第4期载《宋代俗语“踏逐”》，引《宋史·选举志》《梦粱录》《武林旧事》诸书，以为意即“推荐、介绍”。宋史卷也收了“踏逐”一词，作者引用《宋会要辑稿》《宋文鉴》《宋史》《永乐大典》以及《梁溪全集》《黄氏日抄》等书，详征细析，近三千言，以为“踏逐”为“宋俗语，即物色、挑选、寻找之意”，并予“踏逐申差”以确解。[①]

1981年，我完全摆脱学校里的工作，集中全部时间看稿子，先寄到的先看。集中审稿、定稿之后，有的稿子要重写，有的要补充；词目亦时有增补，增补的也还要写。因此，集中起来的人中，有三分之一以上继续编写释文，直到1982年3月中旬才结束。初审二审过的稿子，我在审读的时候，还做过一些补充。南宋初，有一些人本传不载生卒年月，而《建炎以来系年要录》有之，作者不知道，审者也没有注意，我便据《要录》予以增补。帮助我审稿的同志也据台湾出版的《宋人传记资料索引》有所增补。宋史卷中的张根条，定张根生于嘉祐六年（1061），卒于宣和二年（1120），那就不完全相信《索引》，而是经过细考其致仕之年为建中靖国元年（1101），时年四十一，从而纠正了《索引》说他卒于宣和三年之失误。我审稿的助手，都是1981年毕业的硕士研究生，工作认真，治学谨严，在保证《中国历史大辞典·宋史卷》的质量中，是起了作用的。

1982年4月，我因鼻咽癌住院。宋史卷稿件三审工作，还需要两个月才能结束。原来打算1982年暑假交稿、1983年出版的计划

① 详见《中国历史大辞典通讯》1982年第4期，《中国历史大辞典·宋史卷》507页。

当然也就要改变。但审稿工作照旧进行，增加了一位历史系 77 级专攻宋史的毕业生，复检释文中的有关材料。这一年秋后，我出院三个多月了。《中国历史大辞典》决定停止几个专史分册的编撰，宋史卷须酌量增加几个方面的内容，包括若干历史地理的词目。断断续续地看稿子，约人编写新增词目的释文，到 1983 年夏天，才送出全部稿件。1984 年 4 月，又集中了当时担任主要编审工作的专家，校阅清样，大约忙了一个月。这一年年尽，样书送到了我的手中，我似乎又经历了一次青年时代完成一篇创作时的那种喜悦心情。

解放以前，我的老师郑天挺先生就想编一部中国历史词典。1958 年，他在南开大学，又提出编纂历史辞典的建议，虽然得到史学界的热烈响应，但这个建议未能付诸实施。《中国历史大辞典》草创之始，他欣然担任了总编辑，组织史学界的同仁，分任各卷的主编工作。四十多年前，毛泽东同志就提出了研究历史的任务。中国共产党第十二次全国代表大会，胡耀邦同志也提到要学习历史，进行历史教育的重要性。《中国历史大辞典》的编纂，就为同志们学习和研究我国历史扫除障碍，起着开路搭桥的功用。

宋史卷的编纂，如前所述，最大的缺点，还是所收词目远远不能符合读旧史时的需要。造成这个缺点的另一原因，是这部大辞典既以断代分卷，又以专史分卷。因为有思想史卷，有关思想史的词目概不收录；有民族史卷、史学史卷，这两个方面的词目，也只是取其所绝不可缺者。考古、中外关系因 1982 年秋决定撤销，我们也只是择要收了一些，仅仅是个点缀。1985 年秋，我们决定编一部《宋史大辞典》，收词工作已经进行快一年了，以《宋史》为主，本纪、诸志、列传，靡不收录。《宋史》之外，将参以《宋会要辑稿》和《文献通考》，凡于读宋代史籍有用的词，期尽无遗漏。今年 9 月，所收词目草稿即将付印，征求宋史研究者的意见后，为斟酌损益以为定稿。打算以两年时间，边写边审，希望1990年之前，能出版发行，补宋史卷之失，给学习、研究宋史的同志更多助益。

1986年6月15日

（原载《辞书研究》1986年5期）

《范仲淹新传》自序

程应镠

一九三七年十月，借读武汉大学，没有心思读书，便泛览名人传记，时忆幼年读《史记》的快乐。二十多年后，被迫弃离学问，也没有钱买书，偶然得读陆游传，产生了为范仲淹写一本传记的念头。陆游是我极为佩服的一位爱国诗人，僵卧孤村，还有着为国远戍的梦想。那一位以天下为己任，忠于谋国、明于知人的人的名言——先天下之忧而忧，后天下之乐而乐——也是常常使我为国忘身。一个偶然的机会，我接触了大量的宋史资料；又过了二十年，我又可以自由地做学问了，于是，便决定为范仲淹写一本传记。一九八〇年开始，断断续续读《范文正公集》，随手做一些摘要，抄一些警语。读完了，便忙于定《中国历史大辞典·宋史》的稿子，然后便是生病，住医院。这是八二年的春尽。出院时，已是盛夏，什么事也不能做，休息在家。旧藏宋人笔记多种，用以遣日，浏览所及，有关范仲淹的则漫录之。大约从十月开始，便在楼钥所作年谱的基础上，作传记长编，断断续续，花了一年的时间。八三年秋天，开始写第一章少年时代；寒假多暇，上午没有人来，往往能成二三千字。八四年一个夏天，又断断续续地写，直到今年七月二十日，才全部写完。又花了十天时间，作事迹著作编年，这只是利用传记长编所搜集的资料和随事而作的考证加以简化，有些则是在传记中所没有提到的。做完了这一切，七月也就完了。这一天，正是四十七年前我从南昌动身去昆明的日子。

我早就有一种为这部传记写一篇序言的冲动。抗日战争的烽火，使我从北平至天津，转由秦皇岛直航上海，回到了故乡。然后又由武汉至潼关，渡过黄河，转战晋西吕梁、姑射山中。三八年春尽，又渡过黄河至延安，自延安南行，六月至武汉，在故乡又留了一个月。我曾把这一年所写的文章集编为《一年集》，列入《烽火丛书》出版。这个集子是四〇年夏初编成的，我知道它出版，已是两年之后。在洛阳作了一篇序，送给一个刊物发表；这个集子四八年在上海重印，我事先一点不知道，这篇序也就为读者所不知，我自己不久也淡忘了。但我一想到这件事，总觉得有些遗憾。

我第二本书是在极为困苦的条件下写成的。当时，谁都不会发表我的文章，更不会出我的书。由于老友的见怜，要我在一套《中国历代史话》中选作《南北朝史话》。书写完了，很想写一篇序。六一年和六二年，对于历史问题，不同的意见已见于报端；六四年的初夏，又在酝酿一场批判。我对当时讨论的历史问题和批判，是有自己的想法的，虽然我并不相信自己这些想法一定正确。经过史话的写作，这些想法更明确了，很想写一篇序，但这个念头，只在脑子里转了一下，便放弃了。书稿是六四年春天交出的，这年初冬，出版社正式通知不能出版了。直到一九七八年，我校完了七七年在北京修改后的稿子，才写了一个后记，但所说的已经不完全是六四年我所想说的了。

任何一位作者，在他完成一部著作，或编成一个集子的时候，都是想说一点什么的。我过去却没有这样说话的条件，都只是在书出版之后，或将要出版之前，说一点可以说的话。

《范仲淹新传》写作之前，我考虑了很久怎样研究历史人物的问题。研究历史人物和研究历史一样，三十年来，都受到左的干扰，没有上正路；特别是代表封建地主阶级的历史人物，即帝王将相，是完全被否定了。要为这些人“树碑立传”，不仅要受到谴责，还被认为是犯罪的行为。八三年上海师院校庆，我在古籍整理研究所就这个问题作了一次学术报告。十月去贵阳，在贵州大学又讲了一次。十一月去南昌，又在江西师范大学讲了一次。江西是我的故乡，我情不自禁地讲到了文天祥和方志敏，欧阳修和陈寅恪。回到上海，因《历史研究》创刊三十周年征文，我便写成了《谈谈历史人物的研究》那篇文章。《范仲淹新传》的写作，当然就成为我在那篇文章中所论述的思想的实践。

为范仲淹作传，我着重研究了他和他同时代的人的关系。对待宋仁宗，对待刘太后，对待晏殊，对待吕夷简，根据可信的材料，都做了叙述。对西夏用兵，韩琦、尹洙主张进攻，仲淹却以为只能防御，朝廷接受了韩琦的意见，但他和韩琦、尹洙毫无芥蒂，其后不仅交厚，而且言深。为了处理晁仲约对待“劫盗”的事，他和富弼争得面红耳赤，富弼始终不赞成他的意见，他对富弼却没有任何疙瘩。契丹发兵进攻呆儿族，仲淹去河东之前，分析了这一情况，以为契丹将要撕毁和约，请发兵河东，豫为之计，否则他不能去。杜衍、韩琦不赞成他的分析，也不同意他的请求，在仁宗面前和他争论。韩琦甚至说：“仲淹不去，我去，不要朝廷发一骑一兵。”事过之后，仲淹去了河东，朝廷没有发一兵一卒，他也不把这件事放在心上。他的好友滕宗谅，有才能，有胆识，在庆州的时候，郑戬告他滥用公用钱，范仲淹极力为他辩护。仲淹和郑戬是连襟，对他很敬重。当月谏官欧阳修，也为滕宗谅辩护。仲淹也没有因为这样与郑戬失和。庆历新政失败，对于比他年轻的韩琦，殷勤期待的是“早归柄任”。这一切事实，完全说明了一位胸怀天下，以仁义为心，时时以为有仁义可行的人的志向。我在写《范仲淹新传》的时候，就努力把这样的事实叙述清楚，不作渲染也不发议论。

封建社会中，非常重视一个人的德，而所谓“德”就是事君事父，也就是所说的仁义礼乐孝弟忠信。南宋朱熹，编了一部《五朝名臣言行录》，又编了一部《三朝名臣言行录》，他所持的标准，就是这个德。范仲淹是一位“少有大志”的人，欧阳修说他：“事上遇人，一以自信，不择利害为趋舍。”他自己说：“不以物喜，不以己悲。居庙堂之高，则忧其民；处江湖之远，则忧其君。”他一生当中，做了一些事，但成功的不多。我常常想，为什么这样一个人，能得到当时以及后世的称赞。南渡偏安，刘宰以他为北宋第一人。金元遗山说他：“在布衣为名士，在州县为能吏，在边境为名将，在朝廷则又孔子所谓大臣者，求之千百年间，盖不一二见。”（《遗山先生文集》卷三八）是不是这就是人们之所以称赞他的原因呢？我以为这是值得研究的。可以肯定的是他以天下为己任的思想，是封建士大夫思想的精华。五十年代，关于道德继承的问题，曾经展开过讨论。封建地主阶级的道德，是不是可以继承呢？从冯友兰先生、吴晗先生的议论中，可以看出，实际上他们都认为是可以继承的。但地主阶级的道德可以继承，不能为当时的理论界所许可，冯先生便创为抽象继承说，但继承却永远是具体的。列宁说：“马克思的学说是人类在十九世纪所创造的优秀成果——德国的哲学、英国的政治经济学和法国的社会主义的当然继承者。”（《列宁选集》第二卷，四四一页）马克思主义三个组成部分所继承的，不都是那样具体么？

我在写这本传记的时候，对于这样一些问题，想得很多。有一些，像上面所说的，是想清楚了。但我不在这本书里发议论，夹叙夹议也尽量避免。我着力于叙事，以及与事相关联的人。我以为这样做好了，其论自见。论从史出，我是坚信不移的。

《范仲淹新传》自序

历史和历史人物是必须认真研究的。继往才可以开来。教育我们的青少年，叫他们有理想、有道德、有文化、有纪律，我以为必须十分重视历史和历史人物的教育作用。从孔夫子到孙中山，我国历史上有过无数的英雄人物，他们没有一个不是少有大志，或如山之高，或如海之深。他们对祖国，对人民，作出过各种不同的贡献。写这一本书，要说有什么目的，其目的也就是如此。

一九八五年八月二日

（原载《范仲淹新传》，上海人民出版社，1986 年）

“芳草无情，更在斜阳外”
——《范仲淹新传》读后

沈自敏

“云山苍苍，江水泱泱；先生之风，山高水长。”这是范仲淹在景祐元年（1034）所写《严先生祠堂记》里的名句：流荡着一种永恒的道德规范。

“先天下之忧而忧，后天下之乐而乐。”这是范仲淹庆历四年（1044）所写《岳阳楼记》里的箴言：标志着古仁人的一颗崇高的丹心。

“人不寐，将军白发征夫泪。”这是范仲淹在康定元年（1040）写的《渔家傲》歌词。那时他已经五十二岁，知延州，驻守边关。“秋霖弗止，禾穗未收，斯民之心，在忧如割。”他在重重困境中写下了这阙千古绝唱。不寐的长夜，严峻的战警，鬓发已霜的一位老将：何等肃穆，何等怆凉，何等的令人起敬。这绝美的画图，这极美的人生。

北宋一代，有一大批仁人志士，他们的理想，他们的事业，虽未能竣功，但是他们的做人为学，为后世师法。正如范仲淹在《苏幕遮》词句里所倾诉的那样：“芳草无情、更在斜阳外”，流光匆匆，柔情脉脉。诚然，理想的追求，理想的实现，历来都是件极其艰难的事，但人世间总得存在着这样的意愿。这词句饱含着人生常有的永恨，却又充满着无止的虔心，希望永远存在着，希望可总又在遥遥的远方。

上引的四段文句和词语，像我这样六七十岁的老人，都是在幼年时就已经习读铭记了的，因为它常见于《古文观止》和蒙学的课业《星录小楷》的习字本中，得来极为方便。想不到迈进老年时期，读来又另有一番风味。

历史上有许许多多可歌可泣的英雄人物、壮士业绩，他们拥有至高至深的精神世界，至真至诚的道德品质。范仲淹的一生，是具体完整充分明白的说明。

老友程应镠兄，写了一本范仲淹的传，最近在上海人民出版社出版，书名叫《范仲淹新传》。细读此书，略解其所求之“新”者，意在把个人的传记，置于他所处的历史时代之中，与当时常相往还的众多人物之间。这样，把历史的纵向（paradigmatic）和历史的横向（syntegmatic）联系起来，给读者以历史的立体感和人物的比例感。说穿了这原也是老生常谈，但身体力行时，又常常被疏忽。

这本《新传》是一本有功力，写得很用心的传记。但是问题也出在这里，既如此，这本《新传》就颇近于是一册“宋史”了（其中的一阶段）：政局变化，边关战事，民生疾苦，宦海浮沉，人事往还，亲朋迎送，都有比较细致的叙述。这原是论人论事所必备，但是作为一本个人的传记就不免感到把中心人物没入纷纭之中，缺乏其个人的声色，并且颇有琐屑之感。虽然如此，细读详审，范仲淹的道德学问、功名业绩，依然历历可数。这样，《新传》已完成它的首功了。

《新传》中引用了范仲淹很多激动人心的名言；名言之所以成为名言，并非因为出于“名人”之“口”，而是附之于名人之行，所谓嘉言懿行，这是古仁人万古流芳的根本原因所在。范仲淹的嘉言懿行，史家之所以不厌其烦地加以重述，无非是用一个形象生动的历史人物，告诉人们处世为人的标志：良相良臣（页 4）的理想，其根本意义在把个人贡献给社会；他对蔡齐“以进贤为乐，以天下为忧”（页 10）的赞扬，是对自己的勉励；他家书中所说“忍穷免祸”（页 12）的因果相应，是很深刻的为人之道；他批评当时“因人之尚，忘己之实”（页 17）的文风，实际上是痛斥当时的世风；他要求自己“宁鸣而死，不默而生”（页 54）的无畏气概，保持了作为“人”的崇高本质。《新传》66 页，记载了范仲淹助孙居中运灵柩的诗句：“关津若要知姓名，此是孤儿寡妇船”，读起来令人心酸：对人应该关怀备至啊！这是常理，又是至情；说来容易，做到极难。不能任听人间缺少这一点点最起码的感情。不然，怎么能说“人是万物的精华”呢！

范仲淹也非完人，《新传》63 页记载他与王曾的对答，既说明王曾这样一位心地宽广的良善长者，也说明范仲淹深知内情后的衷心折服，这是很纯洁的情操：北宋的先后两位“文正”公。

范仲淹既是名相，又是名儒。为政办学荐举了不少名臣贤良，培养了不少英俊后进；他还是一位感情十分丰富深厚的诗人。程应镠兄本人善于吟咏，写过不少好诗，因此，可能出于一己爱恋仰慕，《新传》中引用了不少范仲淹的好诗。这对于虽不懂诗，可又喜爱诗的读者如我者，倒是一种极好的介绍方法了。这也是《新传》的一种显著特色，其实也标出了范仲淹的特色，甚至可以说是宋代名将名相的一种十分可贵可爱的特色，非止范仲淹一人而已：政治家的卓识，诗人的气质。我看不妨对此加以颂扬，推而广之，近代一些历史英雄人物，颇多此类型。信笔至此，已越题过远，赶快收住。

程应镠兄得有这样的成果，极非易事。天下的千事万务，要想草率成章，随风使舵，恐怕其结果总难以妥善。“文章千古事，得失寸心知。”我看撰文著书（包括译书），首先得要有诚意，《新传》

的写作，具有这种精神准备：

第一，程应镠兄胸有深情，写这样一本书，动笔之日，可以实查，但酝酿成章，绝非几年的事，而是经时历久，甚至可以推回到幼年时读《史记》之乐。近来我有一种模模糊糊的感觉，目前人们对历史的兴趣似乎愈来愈淡薄。这种现象，有良好的一面，那可以说是在逐渐解脱历史的负担或“包袱”；可也有不足的一面，那可能把优秀的传统一并遗弃。这就未免可惜了：“忘却过去等于背叛”，列宁的名言分量极重，我们即使退一步说，敝帚尚且自珍，又何况家有珠玑哩！可是这仿佛是一种国际动向，英国哲人罗素（Bertrand Russell）对此也有些议论，他归之于：一、近代的声光教材，代替了书面读物；二、近代缺乏历史巨著，如吉朋的《罗马史》之类，而这又是缺乏名著如牛顿的《数学原理》、达尔文的《物种原理》一并发生的共同现象。写文至此，顺便提及，以作参考，因为这的确是一个问题。

第二，历史论述，本来不是一件容易的事。宋史的评述，似乎更难得公平：因为这是一个与前朝后世颇不相同，而且相当不同的时代。良相名将、高官学士、诗人隐者、博学大儒，灿灿烂烂，数如繁星；可是另一方向则是冗官冗兵、财政空虚、边关战警、国无宁日，靖康之变，偏安江左。北宋王朝，渴望一个文治势力来助成统治，而且也确实出现了一大批以天下为己任的秀才，对现实世界要求大展抱负，最重要的有如庆历变政、熙宁新法，治人治学，开源节流，这一批秀才披肝沥胆，起了很大作用。这一段历史，用现在的话来说：是“知识分子”最被重视的时代。他们虽然终于失败，但他们的气节操守，永为后世颂扬师法，这就具有了历史性的意义。《新传》对此意欲探索而未深究，其实这确是一个内容很丰富的课题，而且从方法论上来说，这将是很有见地的选题。因为，历史是一个完整的结构，从纵向的组合追索，它具有历时性，从横向的组合考察，它有共时性。研究历史，可以从一切结合点来发掘，时代特征，是最明显的这两种组合和两种性质的交叉点、结合点，具有复合义。倘若以北宋历史而论，似乎可以以此为突出点：知识分子在历史上的地位和作用，这也许会使宋史研究具有特殊光彩，正仿佛陈寅恪师研究唐代历史那样深邃独特的凡例。当然这不是一个轻而易举的课题。

第三，相当长的时间以来，对人物的评价，殊欠公允，爱之者则欲其生，恨之者则欲其死。因此，把人物传记，写成了颇有点像悼词或是檄文，妄论功过，任意褒贬，不仅使读者如堕五里雾中，作者本人也陷入进退两难的尴尬局面，冷静回顾，不禁寒战。这几年，出版的人物传记，数量相当多，研究者、撰稿人似乎悟到过去的不足之处，思有所改进，常见的是一些“回忆录”性质的传记。“家传”貌态的行状，其不足之处，是缺乏历史的时代感和人世相互间的社会感，当然比之妄论功过、任意褒贬过去的那些传记要高明得多。最近流行的“传记文学”“报告文学”大都具有撰写“回忆录”性质的传记，其不同之处，乃在于出于他人之手。其实，人物传记的撰写，在我国的历史著作中，在我国的文学著作中，都有深厚的优良传统；人们都承认而且认识这一点，但是具体的吸收并发挥它的长处，似乎论者不多，身体力行者更少。

历史是一份至贵的文化珍品，人物的是非得失，功过成败，是最具体的借鉴，最富有社会道德价值。古人的嘉言懿行，尽管高不可攀，但人生总得悬置一个崇高的目标；尽管人世间失望往往多于希望，但人生总得有所景仰。范仲淹《苏幕遮》里的词句：

芳草无情，更在斜阳外。

有点怆凉，可是极其美丽，又充满着希望，使人们不断追求，至死不悔：那斜阳外的芳草，虽然遥在远方。

历史，是提高人们文化素质的最好教材，应该使它起应起的作用，程应镠兄是有所思考的。他在《新传》的“自序”里已经概而言之，亦属慨而言之，论及“夹叙夹议”，论及“道德继承”，当然也论及“人物研究”。以上所及，都是这几年来历史研究工作中常常遇到的具体问题。程应镠兄是一位有心人，一位苦心人；不幸的是他是一位学者，又不幸的还是一位历史学者。文人议事，史家论政，似乎是一种职业病，可怕的是，这常常又是一种险症，有的甚至是一种“绝症”，古往今来的经历，颇有可征的显例。但也有不少可敬佩的人，“虽九死而不悔”，盖历史有它不可言说的魅力，它使逝去的，死寂的一切，又重新演出，生机活泼。索书至此，不禁想起英国哲人罗素《论历史》中的一些话，一舟低吟，爱不释手，不觉技痒，摘译几节，以飨同好。他说：

> 在时光的长河里，人类冷落的行列，一代一代慢慢地向坟墓迈进；在消逝了的宁静疆域里，前进的步伐停止了，倦游的过客憩息了，他们的一切啜泣都悄然无声了。
>
> ……
>
> 沉思默念那些逝去的巨人吧，你会渐渐地感觉到一种神奇的往还，好像在冥冥中让心灵充满着赞颂的圣乐。从庄严的天涯海角，古老寺院的钟声越过江水，穿过时光的海洋，是英雄们向我们呼唤，传来他们的箴言。……他们那宁静深沉的音调，诉说出幽密情愫的孤寂和纯净，用他永恒的圣洁代替平凡的欢乐和短暂的欣慰。……
>
> 一切巨人，都不会是孤寂的。在悄悄的静夜里，逝

> 去的声音又浮现，它是如此清晰，如此有力；在时光的永流里，这自豪的、无畏的、不可战胜的威武队伍在行进着。置身于这样的一个光辉的群体里，潜身于这永不屈服的命运，这并不是一件容易的事，而最大的幸福是在：理解这些伟大的人物，用他们崇高的理想来滋润我们，用他们真挚的圣火来照耀我们，免得我们走入迷途。
>
> 当然，历史不仅仅是个人的传记，而是“人”的传记。……历史学家的功绩是把这些扑朔迷离、变化万端的细节、缤纷斑斓的流苏去粗存精，编缀成章。逝去的恩爱、希望、信仰都已经熏香殓葬了，历史学家是要从古老的典籍中在我们心灵里构筑起一幅画图，让那崇高的事业、壮丽的希望重新活现出来；从那尘封的已被遗忘的世界里一代又一代地来重新篆刻“人”的丰碑。

我零敲碎打，摘译了罗素这篇《论历史》的断句片语。当然罗素是一名资产阶级学者，历史又并非他的事业，但是从他的许多论著中可以发现，历史的知识，增添了他的智慧，扩大了他的视野，而且他的文词又是那末美丽。要论述罗素的历史观点，不是本文的旨趣，也非精力学力所能及，以上所述，不过表白自己的私爱景慕而已。

就实而论，我不懂“宋史”，没有资格来议论《新传》，但我对历史一往情深，至少有一种职业的癖好。杂乱写出，求正于方家。

一九八七・五（中国）社会科学院

（原载《宋史研究通讯》1987 年第 3 期，署名“林宁”）

《范仲淹新传》：历史人物研究的佳作

虞云国

因为《岳阳楼记》篇末的名句，范仲淹的名字是颇为世人所知的。但对这样一位著名的历史人物，据《八十年来史学书目》，却仅有一部传记，这未免是史学界的缺憾。我校程应镠教授所著的《范仲淹新传》（上海人民出版社，1986 年）问世，多少弥补了这一不足。

对研究历史人物的意义与方法，《新传》的作者发表过《谈历史人物的研究》的论文（《历史研究》1984 年第 2 期），而《新传》依据论文阐述的思想方法，对历史人物的研究，人物传记的撰著，进行了颇有特色的探索和创新。

《新传》的特色之一，是把历史人物放到他所处的那个特定时代去研究、去描写时，主要不是袭用正面大段地论述时代背景的老套做法，而是通过着力研究和勾勒传主与他同时代人的关系来加以展示的。作者对传主与宋仁宗、刘太后、吕夷简、韩琦、富弼、尹洙、滕宗谅等人的关系，着墨最多，用力尤深；对当时历史舞台上一大批风云人物，例如晏殊、孙复、胡瑗、林逋、梅尧臣、欧阳修、李觏、石介、张载、王曾、杜衍、庞籍、范雍、蔡襄、种世衡、狄青……也以健笔一一写出范仲淹与他们的公谊或私交。即使是那些正史无传的小人物，在勾稽传主与他们关系时，作者也力图小中见大，既烘托出范仲淹所处的时代，又映照出范仲淹人格中闪光的金子般的东西。传主与姚嗣宗关系的刻画是这样的例证（94—95 页）。

粗略估计一下，《新传》涉及与范仲淹有各种各样社会关系的人物不下百余人。正是由于这种另辟蹊径的历史人物个体和群体关系的研究，使得对传主的个体研究获得了更为广阔真实的社会背景和时代氛围，向读者展现了11世纪前半叶北宋历史的长卷。乍一看，似乎正面渲染、论述传主的篇幅被压缩了，但范仲淹的高风亮节因有他与同时代人关系的浮雕作为背景衬托，反而更显得主体凸现，光彩照人。

《新传》的特色之二，是把历史人物放到文化传统的更长的发展过程中去考察，去勾画，从而使这部传记具有相当的广度和深度。以天下为己任，是范仲淹思想行事中的精华；他当然还有其他的行为准则和道德风范。在这些方面，范仲淹是有所继承，也有所创新的，既有时代惠赐的与自己建树的东西，也有传统积淀、历史赋予的成分。文化学研究中把具有不可选择性的文化传统称为文化的前结构，历史人物（尤其是文化史人物）的研究也必然要在这个问题上进行探索。作者以其对中国文化传统的深刻把握，从更广的视野上剖析了这一问题，指出“阅古儆今，在仲淹思想中是很突出的”（184页）。作者主张道德、文化的继承是具体的，《新传》作为个案研究表明了这点。孟子以为“乐民之乐者，民亦乐其乐；忧民之忧者，民亦忧其忧。乐以天下，忧以天下”，这种思想对范仲淹的直接影响，是不言而喻的（56页）。“穷则变，变则通，通则久”，作为庆历新政的改革思想，也与六经之首的《易》有关，但北宋人对《易》的理解要深刻得多（125页）。此外，羊祜的遗爱在民（160页），狄仁杰的忠孝刚正（60页），八司马的勇于改革（61页），寇准的忠于谋国（14页），乃至伯夷的独立特行（189页），范蠡的功成身退（65页），都对范仲淹的思想行为起着或多或少，或积极或消极的作用。甚至范仲淹三年苦读长白山，唐代王薄在这里揭竿而起的故事，或许也减少了他对农民起义的成见（3、118—119页）。对范仲淹究竟在哪些方面继承或推进了传统道德，自可以智仁互见，但《新传》所注重的研究角度与方法，对历史人物，尤其文化史上人物的研究应该说是富有启迪的。

《新传》的特色之三，是对历史人物全面的研究与刻画。作者认为："人是复杂的，对一个人的了解，要全面。有了全面的了解，写起来就有血有肉。"（《谈历史人物的研究》）像范仲淹这样的历史人物，既是政治改革家，又是边防名帅；既是后人推崇的道德典范，又是为时称颂的诗文名家；既曾贵为执政大臣，位尊权重，也曾黜为州郡牧守，政闲权微，更具有复杂性。《新传》在着重写出传主思想、事业最本质最主要的那些部分的同时，对其性格、情绪、爱好、行事的其他侧面也钩隐索微，做了全面研究和描写。范仲淹兴学主张与办学事迹（20、129—130页），论文见解（17、170页）与诗词风格（63、79、174页），喜爱音乐与雅好书法（7、189页），谪守饶州时与僧道的往还（55—56页），安抚河东时对江南的思慕（148页），都一一书入《新传》。像许多封建士大夫一样，范仲淹思想中也兼有道家消极思想的成分，起过"不问通塞""退者道止"的念头（56、61、152页）。作者对此也并不隐讳否认，但认为只不过是"一时兴来的梦想"（61页），不是其思想的主流，而"先天下之忧而忧，后天下之乐而乐"才是其思想中本质的东西。由于这样的评价是产生在对传主的全面研究之后，就更有说服力。

《新传》的特色之四，是炉火纯青地将史学论著的严谨与文学传记的优美融为一体。作者是宋史专家，在网罗史料考订辨证的基础上，先做成详尽的传记长编，然后提炼出十余万字的正文。这种采用司马光著《通鉴》的方法，使《新传》具有史学著作的科学性。有些行文，看似寥寥数行，却蕴含着作者多年来研究宋史的独到见解。例如，对宋真宗“神道设教”的评论（8页），对范仲淹新政思想的探源（21—22页），对作为庆历新政核心的整顿吏治之所以首择官长的论述（121页），对林逋这位遗落世事的隐士之所以备受执着用世的北宋仕宦倾慕的分析（16页），对梅尧臣与范仲淹关系的探讨（54—55、192页），对范雍的评价（71、75、166页），都有新见。而对范仲淹仅在少年时代到过一次洞庭湖和岳阳楼的考证，也可使文史学界省去那些无谓的争论。至于对宋夏战事与庆历新政的论述，其分量与见地犹如两篇研究有得的专题论文。传记文学的写作，任何作者都不可能绝对地超然物外，而《新传》作者更是笔端时带感情，加之他早年曾从事文学创作，文字隽丽凝炼，因此文情并茂的段落随处可见。范仲淹谪守睦州凝睇富春江（38—39页）和幼过洞庭、老撰名篇（2、167—168页）等章节，都是写得情深韵长的。作者对古典诗文有着精湛的素养，不时恰到好处地征引范仲淹的诗文，既作为形象、可靠的史料，又大大增加了作品的文学愫味。在具体写法上，作者继承了自司马迁以来我国传记文学的优秀传统，遵信“论从史出”的原则，行文“不作渲染也不发议论”，“夹叙夹议也尽量避免”，而是“着力于叙事”（《自序》），取得了作者所预期的“其论自见”的效果，达到了史学与文学的完美结合。

总之，《新传》是一部学术价值颇高的传记著作，代表了学术界对范仲淹研究的新水平，也是近年来宋史学界的一项新成果，对整个历史人物的研究也启示良多。据悉作者近来正在研究又一宋史人物——司马光，我们期待他又一部传记新作的问世。

（原载《上海师范大学学报（哲学社会科学版）》1987年第4期，署名“朱圃”）

让逝去的巨人重新活现

——就《司马光新传》答客问

程应镠　虞云国

客：人物研究从来就是整个史学研究的有机构成部分。您继《范仲淹新传》后又推出了《司马光新传》（上海人民出版社，1991 年版），您如此致力于历史人物传记的研究，对其社会作用一定思考得很多。

主：在《历史研究》创刊三十周年征文时，我写的《谈历史人物的研究》谈过这个问题。每个杰出的历史人物，都是他那个时代的缩影与时代精神的代表，优秀的传记作品确可通过一个人物反映一个时代，例如吴晗先生的《朱元璋传》，邓广铭先生的《岳飞传》，无不如此。历史人物研究的意义还在于它社会效应的广度，是其他较专门课题（例如制度史、经济史等）所无法比拟的，历史传记在史学成果中无疑具有最广的读者覆盖面，显而易见，邓先生的《岳飞传》远比他的《宋史职官志考证》拥有更多的读者。社会上一般的男女老少了解历史最简捷的途径是通过对历史人物的了解，史学工作者应该充分重视这一点。

我国古代史学早就有与教育携手发挥历史传记的社会教育功能的优良传统。从二十四史的忠义传、列女传，到选取历史人物嘉言懿行编成的《蒙求》《三字经》等等，无不强烈表现出这一传统。要教育我们的人民和后代有理想、有道德，这一传统应该发扬，并拿出比《高士传》《三字经》更高明的东西来，这才有助于中华民族优秀道德的继承与光大。道德继承永远是具体的，这一方面是指地主、资产阶级某些具体的道德准则仍可为今人所认同；另一方面是指每个杰出的历史人物的道德规范总是具体地、侧重不同地为后人所继承，例如范仲淹的“以天下为己任”，司马光的“专利国家，不为身谋”（69 页）。

客：这才是一种最深沉的民族文化的积淀，也许正是在这个意义上，罗素才呼吁：“沉思默念那些逝去的巨人吧！”您先后选取两位宋代人物作为传主，除了宋史专家的擅长外是否别有原因呢？

主：我对魏晋南北朝史也下过功夫，写过一些论著。不过，既然是为现世人们提供最具体的道德楷模的历史传记，对传主选择自宜有严格标准。与其他朝代相比，宋代是士大夫最受重视的朝代，他们的自觉意识空前崛起，理想人格基本铸成。纵观中华民族那些逝去的巨人行列，宋代人物中以功业彪炳史册的并不多见，相反以人格的力量、道德的光彩令后人仰止的，却远较其他朝代为多，例如范仲淹、司马光、包拯、文天祥……即使王安石这样有争议的人物，作为政敌的司马光仍称他“节义过人处很多”（203 页）。这是值得注意的现象，难怪严复曾说：“若研究人心政俗之变，则赵宋一代历史，最宜究心。”除去理学影响外，还有从更广阔的视野上去研究的必要。我之所以选两位宋人为传主，除其自身人格的光辉外，也有这层用意在，至于效果如何，尚不敢自信，更寄期望于来者。

客：西方有位哲人说过：“理解这些伟大的人物，用他们崇高的理想来滋润我们，用他们真挚的圣火来照耀我们，免得我们走入迷途。”但这只有真实才能感染读者。历史真实，一是指表象真实，诸如传主的生卒年月、体貌行实、社会关系、生活环境等，这些并不难做到；一是指真切准确地传达传主的精神，这点很难把握，有时仅凭文献是无法复原传主神韵的。读完《司马光新传》最后一句话，“元祐诸臣，在哀思之中，对未来充满了忧疑”，感到您不仅对传主，甚至对传主周围人的表现都达到了神韵的境界，不知您是怎样把握这点的?

主：对司马光，我以为可从三个不同视角去理解与把握他。一是思想、人格的层面，二是政治层面，三是史学层面。后两个层面较受学术界重视，而前者却注意不够。实际上，司马光在思想史上也不容忽视，尽管他的思想还没有濂洛关闽诸家系统博大，却自有特色。我采用了与传记体裁相宜的方式，写到了他的《葬论》（51、147 页）、《疑孟》（149 页）、《迂书》（148 页），论述了他性混善恶的主张与集注扬雄著作的用意（148—149 页）。对司马光人格的光彩，例如他强调做人最要紧的是“诚”（2 页）、入仕当“以天下安危为心”（9 页），做谏官应“专利国家、不为身谋”（69 页）等等，我不但通过司马光经历的从熙宁到元祐间的宦海风涛去刻画，更着力通过他日常的行事言谈予以烘托。

至于从政治层面把握司马光，学术界是仁智互见的。正如王安石变法最难取得共识一样，对司马光在政治上是非功过也最难平章。《司马光新传》对此是无法回避的，我也自有见解的。司马光并不一概反对变革，他也“以为应当变，但要变之以渐”；在变的方式上他主张“要急于得人，缓于立法”（90 页）。然而，人物传记不是学术论文，怎样才能准确传神地把握传达出司马光来呢?《管锥编》曾说“史家追叙真人真事，每须遥体人情，悬想事势，设身局中，潜心腔内，忖之度之，以揣以摩，庶几入情合理”，是深得史家三昧的。我不取正面议论、表达观点写法，而是循着司马光对新法的认识思路，“设身局中”，“遥体人情”，叙述他“以救天下之民”为初衷（103 页），在熙宁时与王安石力辩新法利弊的言论，在元祐初匡正王安石新法诸弊端的决策。这样写来，尽管不作正面评价，但倾向是明确的，而且与传记形式是融为一体的。

客：对传主的史学成就，学界异议较少，但在传记中表现仍有一定难度。倘失于剪裁，就会写成一篇论述司马光史学的板滞的论文，即使一般读者不堪卒读，又与传记形式扞格不合。您在《司马光新传》中浓墨重彩地用了三节篇幅，写其《史学的顶峰》，其中对宋代史学“既远逾汉、唐，也不是明、清所比”的评价（151 页），以及对包括《通鉴》在内的中国古代史学的“长于治人”的评价（153 页），都是真知灼见。您从《通鉴》主编与助手的关系娓娓道来，而后叙及《通鉴》作法、凡例、取材及《稽古录》《涑水纪闻》等其他史学成果，读来毫不枯燥。在以《通鉴》“臣光曰”为基干论述评点司马光思想的那一节，凭借着深厚精湛的史学素养，更是写得挥洒自如。

传记作者为使那些逝去的巨人活现起来，研究方法与表现手段都必须讲究。我注意到《司马光新传》与《范仲淹新传》在表现手法有一个明显的共同处，那就是力图在历史人物与群体关系的发掘中，使传主的个体研究获得更为广阔真实的社会背景和时代氛围。这种另辟蹊径的尝试，因有传主与其同时代人关系的浮雕作为背景衬托，也许更使传主具有一种立体感。

主：不过，也有论者褒贬兼有地认为：《范传》与《光传》颇近于一册宋史了——当然是宋史的一段。实际上，我也不主张历史传记背上过于沉重的负荷，把传主所处时代的所有政治历史都囊括其中，而传主本人反而深深沉埋在纷纭的人、事关系之中。但是，像范仲淹、司马光这样的时代巨人，前者倘若离开了庆历新政的人、事关系，后者倘若离开了熙宁新政与元祐更化的人、事关系，是既反映不了时代，也勾勒不出传主的。“人的本质是各种社会关系的总和”，我以为，借助个体与群体的关系的研究来描写传主，可对传记著作的旧模式来点突破，也符合上述社会学的著名原理。当然，在处理个体与群体的关系上有个调适度的问题。怎样把握这种适度，每个作者乃至每个读者显然不会只有一种标准。哪种标准最合宜，是可以进一步探讨的。

客：我还注意到您在《光传》中引述了司马光调子低沉的诗篇（115、127 页），也勾画了他在洛阳咏啸园林的风貌（128—131 页），甚至并不讳言他在元祐更化时拒绝范纯仁、范百禄谏废役法的固执（199 页），这些都增强了传记的可信度，也体现了您对传主必须全面研究与刻画的一贯主张。

主：历史上没有完人。对传记作者来说，不能容许的是因研究的偏颇而造成传主形象的不完整。那种评功摆好的悼词式的传记与深恶痛绝的檄文式的传记，多是研究的不全面造成的。研究一个人，力求全面，因为人是复杂的，只有全面的了解，写起来才会有血有肉。像司马光这样经历曲折复杂、行事丰富多彩的人物，在着力表现其思想、事业最本质、最主流的那部分同时，对其性格、情绪等其他侧面，我也努力作了发挥，从而凸现出一个完整无缺的司马光。传记作家也要以传主达到黑格尔所说的“这一个”作为自己追求的最高境界。你提到的那些细节，虽不是传主本质的、主流的部分，却使本质与主流更可信而不失真。

客：历史学家的严谨深刻，文学家的激情技巧，是传记作者的理想化的标准。您的《光传》与《范传》一样，写得形象生动，文情并茂，笔端蕴含感情，文字清丽洗练，熔史学论著的谨严与文学传记的优美于一炉，堪称史学与文学相当完美的结合。

主：为司马光作传，我并不是第一个，也不会是最后一个。对每一个逝去的巨人，应该有关于他的特色各具、理解各异的传记行世。不同的时代，不同的作者，对逝去的巨人的道德行事的“释读”必然会因时而异，因人而异，我的《司马光新传》只是我对司马光的“释读”而已。

（本文由虞云国拟稿，原载《宋史研究通讯》1991 年第 1 期）

程应镠先生与他的《国学讲演录》

虞云国

程应镠（笔名流金）先生的《国学讲演录》曾编入《流金集》（上海古籍出版社，1995 年），这是程门弟子为他从教五十周年编的论文集，但出版已在他去世次年。其后又辑入《程应镠史学文存》（上海人民出版社，2010 年）。这次，承蒙北京出版社列入《大家小书》系列，以便面向更多的读者。借此机会，对该书相关问题略作评介。

一

1983 年 9 月，上海师范大学古籍研究所成立，流金师出任所长；古籍研究所成立之日，也是其下属古典文献专业首届开学典礼之时。那年年初，为推进新时期古籍整理人材的培养，全国高校古籍整理委员会决定，除北京大学中文系原设的古典文献专业外，在三所高校增设同一本科专业。经流金师多方努力与再三争取，上海师大与原杭州大学、南京师范学院同时获准。他对文献专业建设极为重视，不但亲自遴选在读的历史、中文两系优秀学生转为文献专业首届本科生，而且亲力亲为地确定了课程设计与师资配备。

1985 年，文献专业通过高考直招新生，与此前从文史两系转入的在读生有所不同，入学之初，他们对中国传统文化即便不是略无所知，也是知之不多的。针对这一现状，在文献专业迎新会上，流金师语重心长地告诫他们：

> 为了国家的需要，建设社会主义精神文明的需要，我们要整理古籍，要建立这样的一个专业。你们将要学习中国古代的文学、艺术、思想、历史、科学。要学好这个专业是不容易的。“先难而后获”，要经历一些崎岖、艰难，才能有所收获。要立志，要下决心为建设我们的新文化作出贡献。要在这方面成为专家，大学四年，只不过打基础。（《程应镠先生编年事辑》508 页）

为了尽快让这批新生进入角色，学好专业，流金师以古稀之年亲上讲台讲授“国学概论”基础课。《国学讲演录》便是当年他为本科生上课的讲义。

此前，他曾讲过经学与史学，但讲“国学概论”中《经学举例》与《史学通说》时仍颇有增删调整，加入了新内容；而《诸子概论》与《文学略说》则完全是新写的。据其《复出日记》，1985 年 9 月 22 日，“写《国学概论》绪言，得三千五百字”。这是他开笔写讲义之日，其后这类日记颇多：10 月 13 日，他为备课，“重读《先秦名学史》”；12 月 1 日，“写讲稿，写毕韩非子”；12 月 22 日，“写《国学概论》讲稿，完成子学最后一章”。1986 年 4 月 4 日，“写中国文学略论二千余字”；当月，他数次记及“续写文学讲稿”，最后一条为 25 日。故可推断，他写《国学概论》讲义终于此日。

这门课程讲授始于 1985 年新生入学不久，与讲义起稿几乎同步。《复出日记》也有记载：这年 10 月 7 日，“上课，孔子还未讲完”；10 月 14 日，“讲孔子毕，开始讲孟荀”；10 月 21 日，“上课，仅讲毕孟子，荀子开了个头”。当年，流金师学术活动频繁，但即便外地赴会，必定及时补上，1986 年 4 月 25 日记有“晚为学生补上两小时课”。同月，他决定辞任所长，在辞职报告里特别声明“本学期所授国学概论一课，当继续讲毕”，足见他对这门课程有多重视。这年9月，在改任名誉所长前，他与文献专业学生再次座谈学习及课程设计，在交接讲话时强调：“古文献专业，我们已办过一届，事实证明，他们毕业后是有工作能力的，这同我们的课程设置有关。”不言而喻，流金师说的课程设置，当然包括他亲自设席的“国学概论”。遗憾的是，由他精心设计的这门课程，仅上过一轮；但所幸的是，他为这门课留下了相对完整的授课讲义。

二

这册《国学讲演录》的特色略有如下方面。

其一，初级入门的针对性。由于当年听课对象都是未窥文献学之门的大学生，课时也有限制，而国学知识的涵盖面却不容有大缺漏。讲稿必须拿捏得当，体现出独有的针对性。例如，他在《史学通说》里先概述了史籍分类与史书体例，其后仅着重评述了纪传体与编年体，而不再介绍其他类别与体裁。之所以如此酌定，显然考虑到，这两类史书构成了中国古代史的基础史料，是文献专业本科生必须掌握的，其他内容随着他们学习的循序渐进，不难自学解决。而“史与论”一节则较充分地论列了史与论的关系，史料的收集与整理，史论、史识与史德等，也无非认为这些史学理论与方法对学生是必不可少的。再如，《文学略说》开头交代，这部分“小说、戏曲就不讲了”，但随即点明“王国维、鲁迅在这方面的研究工作，都超越前人”，既表明并非把小说戏曲划出国学，也意在开示学生自行参看《宋元戏曲史》与《中国小说史略》，补上这一环节。

其二，教学互动的现场感。流金师对讲课有其境界追求：“每上完一节课，就像是写了一首诗，完成了一篇创作。”为了达到这种境界，他习惯将每堂课要讲的每句话写成讲稿，及至开讲却并不完全受讲义拘束。他在《国学讲演录》中，往往将自己的经历、体悟与感情倾注其中，讲稿背后有其人在。例如，讲《离骚》时自述曾集《离骚》句为挽联凭吊闻一多，讲词的平仄与押韵时，引自己“历尽风霜”重到杭州作《临江仙》以寄感慨，都令读者能想见其为人。国学内容尽管专深，但从讲义仍能一窥他授课时语言的生动性与叙述的细节化。例如，他讲汉高祖“不好儒”，却召儒士叔孙通定朝仪，牵绾《史记·郦生陆贾传》所载说“刘邦不欢喜他，至于他是否也被刘邦脱掉帽子，在里边撒过尿，就不知道了”；“叔孙通大概也是很识相的，弟子有一百多，他一个也不向刘邦推荐，推荐的尽是‘群盗壮士’”，形象生动地凸显了汉初儒学的落寞命运。

其三，一家之言的启悟性。同样讲“国学概论”，每个名家取舍未必尽同，评骘也有出入。这册讲义也是流金师的一家言，其中不乏独到之见。例如，他评黄庭坚诗“落木千山天远大，澄江一道月分明”时，引杜甫“无边落木萧萧下，不尽长江滚滚来”作为对照，提出唐诗是音乐、宋诗是图画的审美观。再如，在论及私撰正史时，他直言道：“《新五代史》实为最无价值的一种。从史料学言，是如此；从史学言，也是如此。”作为宋史专家，他当然明白欧阳修“义例史学”在宋学形成中的地位，但彼是思想史上的价值，此是史学史上的评判，两者不容混淆。对这些一家之言，读者尽可以赞同或商榷，论其初衷也旨在给人启发与令人思索。

三

作为学术文化概念的“国学”出现在清季民初，其大背景是西方列强以坚船利炮轰开中国大门之后，整个国家民族面临三千年未有之变局，西学也挟西潮澎湃之势沛然而至。而“国学”的提出，毋宁说是学术界为固守中国本位文化，对西学刺激的应激反应，毋庸讳言，其中也掺杂着民族主义的偏颇。“国学”概念从最初提出到广为接受，尽管与当时中国政治现状息息相关，却是学界与学人自觉自发的学术行为，未见有国家权力刻意运作其间。自20世纪初叶“国学”一词流行以来，正如有学者所说：什么是国学、国学是否妨碍中国“走向世界”以及国学（或其后来的变体“中国文化史”）自身怎样走向世界，都是当年学人与学术社会非常关注并一直在思考和争辩的大问题（参见罗志田《国家与学术：清季民初关于“国学”的思想论争·自序》）。实际上，从1919年到1949年间，学界与学人已大致认同将“国学”趋同于中国传统文化，章太炎、吕思勉与钱穆等大师那些以“国学”命名的名著都传达出这一旨趣。

但细加推究，各家指涉的范围却颇有异同。1922年，章太炎演讲“国学概论”（由曹聚仁记录），除概论与结论外，仅包括经学、哲学（也即子学）、文学三部分。1935年至1936年，他在章氏国学讲演会的《国学讲演录》新增了小学与史学，或应视为他对国学范畴的晚年定论。据此，章氏的国学内涵大体对应中国传统的四部之学，从现代学科分类来说，国学即指研究中国古代经学（包括小学，即语言文字学）、哲学、史学、文学的专门之学。1942年，吕思勉为高中生讲“国学概论”（有黄永年记录稿），内容仅限中国学术思想史；据黄永年说，其师当时为学生同时开设“中国文化史”，并不认同“国学”变体为“中国文化史”的取向，在吕思勉看来，“中国文化史”还包括社会等级、经济情况、生活习惯、政治制度，以至学术宗教等各个方面，应作综合的历史的讲述。1928年，钱穆完成其《国学概论》的全部讲稿，如其《弁言》所说，范围限于“二千年来本国学术思想界流转变迁之大势”，“时贤或主以经、史、子、集编论国学，如章氏《国学概论》讲演之例，亦难赅备，并与本书旨趣不合，窃所不取”，与章氏明确立异。约略言之，20

世纪上半叶，在“什么是国学”上，大体就是章太炎式的四部之学、吕思勉—钱穆式的学术思想史、变体的中国文化史这三种路向。尽管取径各有异同，却都是在学术共同体内自然而然地形成的。

进入20世纪下半叶，中国人文传统出现了严重断裂，“国学”之说自然不可能出现。直到改革开放后，国人反思曾经的文化破坏与价值失范，这才认识到，蔑弃中华传统文化中那些精华的东西，是要遭报复的；深感有必要重拾那些曾被“革命”摧毁的东西，找回中国人之为中国人的价值支柱。于是，在20世纪末至21世纪初，出现了新一波“国学热”，大背景尽管仍与当时社会呼吸相关，却依然是学界与民间自发自觉的推动，但民族主义的偏见已颇有消退。不过，随着建制性的介入，这波“国学热”开始走音跑调，随之引发了诘疑、责难乃至抨击的声音，近年甚至有直斥国学为“国渣”者。这些现象的出现，剔除其中的情绪化因素，归根结蒂，还是在究诘20世纪上半叶就在思考与激辩的老问题：什么是国学？国学是否妨碍中国“走向世界”？这一困惑，应该说当下依然存在。实际上，只要有理性的思考，这一困惑是不难破解的。诚如1931年钱穆在《国学概论》“弁言”里指出：“学术本无国界。‘国学’一词，前既无承，将来亦恐不立。特为一时代的名词。”既然作为学术概念的“国学”，其成立、存在与延续，仅仅只是对西学东来的一种应激性反应，那么，当中国人对中国文化具有真正的自信，对外来优秀文化秉持真正的包容，这种应激性归于平复之时，“国学”作为一时代的名词也将自然而然地退出学术舞台。

流金师为大学生讲国学，尚在20世纪末那波“国学热”兴起之前。论其用意，一方面固然出于文献专业的教学之需，一方面何尝不是在对老问题给出自己的回应。他为学生开讲之初便说：“国学就是中国之学。中国古代文化典籍是非常丰富的，至隋始以经、史、子、集为四部，至清不改。国学也就是四部之学。”与此同时，他也指出，“四部之学，包括的范围极广”，也涵盖了中国古代医学、农学与军事学等等，但“我们要讲的，只能限于哲学、史学与文学”，足见他认同章太炎设定的国学边界。

至于国学是否会妨碍中国转型成功，真正走向世界，关键不在于国学自身，而是取决于我们如何正确对待国学及其与西学的关系。在《国学讲演录·引言》里，流金师就明确指出，“西方哲学，认识论求真，美学求美，道德学或伦理学求善。要建立社会主义的道德，也要有所继承”。他同时指出，在国学里，“当然，精华是与糟粕并存的”，但“肯定是有一些好东西，我们是要拿过来的，是要继承的”。也就是说，在中国的转型中，就文化而言，既不能拒绝西学为人类文明贡献的共同遗产，也不应遗弃中国文化的优良传统。这些理性包容的持论正是这册讲义的根本立场。

面对当下有明星将儒学元典熬制成一锅浅薄自慰的心灵鸡汤，更有一种将国学与制度化儒学曲意钩连与有意接榫的异常倾向，读书界却未见有一册合适时代的国学读物，有助于初入其门者全面、完整、准确地了解国学与传统文化的精髓。有鉴于20世纪上半叶那些以国学命名的大师名著，对当下初学者来说，或是内容略显艰深，或是范围略欠周备；而20世纪下半叶几乎没有老一辈学者的国学新著面世，相形之下，流金师的《国学讲演录》“讲的都是国学中的精华”，又具有前述三大特色，不失为一册精义赅备的入门书。

四

这册收入《大家小书》的《国学讲演录》，分正文与附录两部分。

这次付印仅改正了前两版的手民之误，讲演正文一仍原貌。例如，《文学略说》开头说，“这一部分打算讲诗、散文与文艺理论，小说、戏曲就不讲了”；但现存讲稿仅有诗歌部分，未涉及散文与文艺理论，究竟是写过而佚失，还是课时来不及讲而未能成稿，已难确知。再如，讲稿行文往往节引典籍，颇有删略，我校读时发现，有的删节纯属与论题关系不大，有的删节则因为他能背诵全文而有意省略的（例如评康有为《大同书》时引《礼运篇》论大同那一大段文字，仅引首末两句，中标省略号，即属这种情况），即便后一情况，这次也仍其旧。至于讲义称典籍或用略名（例如以《汉志》指《汉书·艺文志》），称人名兼用字号里贯（例如以“丹棱”称南宋史家李焘），这些原就是中国文化史知识，在阅读中也是不难掌握的。毋庸赘言，《国学讲演录》评介国学经典的研究成果与参考书目，进而言之，包括讲义的若干用语与提法，都定格在成稿当年的节点上，读者对此想必是能理解的。

流金师指出，“对中国古代文化的评价，并不等于对我国四部书的评价”（《引言》），也就是说，国学并不完全等同于中国文化史；但谈及为什么要讲国学时，他又认为，“主要是想让大家了解一点我国古代的文化”，这是基于国学构成了传统文化的主干与核心。为了全面呈现流金师对国学与中国文化的立场与观点，本书选了他相关六篇文章作为附录，有几篇在不同场合也作过讲演稿。

《中国文化三题》与《论新中国文化的创造》，可视为流金师对中国文化的总体观。前文作于1987年，即讲“国学概论”课同时，论述了中国历史与中国文化的关系，勾勒了中国文化的形成概况，探讨了向西方学习和全盘西化的问题。他的结论是：中国“在一个很长时期，以优秀的、先进的文化，熔铸各族于一炉，同时也吸取了各族优秀的东西”；“以迄近代的接受西方文明，莫不是在学习先进，取其有用之物，来提高自己，丰富自己”；而“这种学习，也就是取人所长，去己所短，一方面吸收输入外来之学说，一方面不忘本来民族之地位”。与此同时，他也强调：“我们文化中也有许多坏东西”，诸如“血统论”“朕即国家”；而“迷信神、迷信鬼、迷信领袖（天王圣明，臣罪当诛）绝对不是科学的态度”。《论新中国文化的创造》作于鼎革前夜的1949年3月，文章以历史的观点讨论整个中国文化衍变与社会经济基础的互动关系，再将中西文化作宏观的比较，而后认为，“近代以前的西洋文化和我们的文化，是大同而小异的”，及至资本主义生产方式兴起，“我们的文化和近代的西洋文化才大不相同”。他的结论是：“新中国文化的创造需要一个根本的技术的革命和社会政治的革命”；而“在某一阶段，不适合的文化，就必须加以人为的力量，使之迅速告退”。这一结论迄今读来仍具穿透力。

《历史的真实与通变》与《谈历史人物的研究》是对讲稿中《史学通说》的提升与推进。前文结合自身的读史体悟、治史经验与人生阅历，在历史观、史料学与史学方法论诸层面都有独到的阐发，内容涉及理论的学习与运用，史料的辨证与阐释，史事的认识与把握，史感的全局性与史识的通贯性，历史学的尊严，治史者的良心，说者胜义纷披，读者启迪良多。在后文中，他结合自己的研究，对历史人物研究的重要性与全局观，人物个体与时代、地域及群体的关系，历史传记的表现手段与叙事风格，娓娓道来，示人门径，予人金针。

《国学讲演录》论经学之在魏晋另一种表现时，特别注明参见他的《玄学略论》，故将其与《玄学与诗》都收为附录。两文所论都属于流金师治史专长所在，分别讨论了玄学与经学的关系，玄学对社会政治、人际关系、学风文风与诗歌创作的影响，自应视为对讲义相关论述的补充与发挥。他在《玄学略论》里引阮籍《咏怀》论魏晋玄学与政治的关系，读来令人动容：阮籍“既不能死去，又不能变节以求荣，在那种残酷的政治斗争中，优劣之势已经判然，绝望是必然的”；还说，有些好诗，“年轻时所不懂的，年纪大了，就懂了”。

最后，寄语试图一窥中国传统文化的入门者，原先不懂的，读了这册小书，你们也一定会懂的。

（原载《国学讲演录》，北京出版社，2020年）

《流金碑刻题跋钞存》小引

虞云国

一

流金为先生笔名，先生学术文编《流金集》未能将碑刻题跋收入，故此篇亦可视为补遗之文。须说明者二：一为撰述背景，一为学术价值。

20世纪50年代中，先生长上海师院历史系，因故宫博物院沈从文先生介绍，购得一批教学用文物，内有善本碑拓几二百部。未几，1957年夏政治风暴骤起，先生被迫等待所谓结论。即便如此，为历史系建设，先生仍不计一已之荣辱，主动提议整理所购碑帖。遂于“交代检讨”间隙，昼赴上海图书馆查核资料，入夜则伏案运思，挥毫作跋。是年仲夏，一帖一跋，悉数完稿，遂交系存用，先生亦旋即去农村“劳动学习”。经“文化大革命”，碑帖与题跋皆有散失。先生逝世后，搜访所得题跋仅九十余篇。

赵宋以降，叙录碑刻者代有其人，然多持书家识见或骨董家旨趣。此诚有必要，但文化载体之碑刻，亦自宜有其史料文献之内涵。先生以现代史家，一方面承继钱大昕等乾嘉学者拓展的以金石文字为校勘考据之助的路数，同时更以现代史学方法将碑刻文字自觉作为史学研究的采山之铜。关于前者，以金石文字纠史之误、补史之阙、与史相证、与史互补等乾嘉方法，先生在题跋中均有运用，自不须发凡举例。至于后者，如以为《北海相景君碑》乃“研究汉代社会史之第一手资料”，由《郎中郑固碑》可见“汉时官吏与其下属之关系宛若君臣”，《始兴忠武王碑》反映“东汉以降中央权力已渐移于私家”，《白石神君碑》证明 “汉末巫风之盛”，此种以现代史学眼光审定古代碑刻文字之处，亦所在多有。先生研治魏晋南北朝史有年，其现存题跋亦以汉魏六朝为多，故自能见地独到而非泛泛缀语，如考论《北海相景君碑》“故午小吏”，“午”即“干”字，“干”即“幹”字，倘与先生《释幹》一文对读，益信为不刊之论。故题跋虽寥寥数语且所存无多，犹能予读碑者以启发，示治史者以门径，遂略事选钞，按碑刻文字之年代为序次予以刊布，并附志数语如上。

二

1996 年正逢先生诞辰八十周年，《上海师范大学学报》第 1 期刊出《流金碑刻题跋钞存》，上段小引即为此而作。当时所刊系据文物陈列室发现的先生手制卡片选录，故谓“所得题跋仅九十余篇”，估计这些题跋卡片乃先生誊正后交系备用而幸存于世的。原以为先生当年题跋已难再得，孰料上海师大六十周年校庆时，原在上海师院文物资料室任职、后调上海大学执教的蔡继福先生面谒师母，璧还先生题跋全部底稿。这些题跋分别写在七册练习簿上，笔迹颇有勾乙更正处，足证确为当年初稿，数量为文物陈列室所出者数倍。1959 年初，先生赴社会主义学院“学习”前，特赠予继福先生以为留念。这次收入纪念集的《流金碑刻题跋钞存》，即据先生底稿略加删芟而作校订。

先生属草之际，笔底自有义例，但毕竟初稿，未尽完备，故对整理工作说明如下。其一，将全部题跋分为“碑拓丛帖”与“造像画像”两部；“碑拓丛帖之部”先叙碑拓类，末列丛帖类；“造像画像之部”依次为造像类、画像类、图刻类，每一类别不难区别，故不再标目；所有部类悉据年代先后统一排序。其二，先生题跋底稿，依遵通行体例，先列碑刻之名，次标纪年，再录正文，但于纪年或有所阙。这次整理凡正文直接叙及纪年者径予补足，间接涉及时段者或加考补，而出以约年。其三，凡底稿文字有讹脱阙漏者，径以方括弧内字补正。其四，底稿题跋条目凡与当年《学报》刊文相同者则取以对校，择善而从。

当此珠还重光之际，程门子弟尤其感佩钦敬蔡继福先生什袭珍藏先生底稿逾半世纪的深情高谊；上海中医药研究院裘陈江博士在录文初校上出力良多，谨致谢忱。1996年，《流金碑刻题跋钞存》刊出不久，师母李宗蕖先生曾撰有《写在心头的“跋”》，后收入她的自传文集《留夷集》，写出了先生当年作题跋时的特殊背景与孤立心境，特载文末代跋，永志时代之殇！

（原载《程应镠先生百年诞辰纪念文集》，上海古籍出版社，2016年）

《流金集·诗文编》后记

程念祺

父亲的诗文集终于编定。

此诗文集中所收文字，大都发表于1949年以前。其中有小说、散文、杂文和政论文；而未发表过的文字，是他十九岁至去世前的旧体诗。

父亲的小说，其实也可以说是散文，没有情节，也很少对话。然而，合理的叙述，总是使他的文字变得简洁而富有表现力，充满了故事的气氛。但是，父亲很快就放弃了从事文学创作的努力。

抗日战争中，父亲曾两度从军。在八路军中，给他感受最深的，就是“一切还得依人的本性做去”。而在国民党军队中，他真正变得阅历丰富。离开军队后，他回到内地教书。那些年中，他的精神状态往往处于激愤与看破红尘之间：

> 一个人与人离得更远，对人似懂得更多，一切世俗恩怨，都淡然了。
>
> 夜里卧听风声。独与自然对语……
>
> 英雄无一人有世俗的幸福，他所有的只一苦字。看历史上的英雄，莫不如此。今日阳光暖丽，眺望西山滇海，忽有此感。夜里，复念此话，转觉凄然。
>
> 黄昏时，独立河边，看河岸远处迤逦的山色由紫转黑，

隐没在一霎眼之间，遗下惆怅，抹在心上直至入梦不去。圣人不碍滞于物，而我确无物不动于心，感于心，看万物变忽，体人生百味。

我似乎又想起了“人”，我觉得寂寞；梦似的，我又惘然地望着那过往的人，蓦然想起，我不是和人相去太远了么？

这样的精神状态，于他生命中所隐蔽着的某种原始的力量，是具有深刻的意义的。自幼入塾，然后是新式的中学、大学，却始终不能使他身上的野性屈服。他小时候，听祖母讲外祖父在广西守一个县城被苗人杀死的事，就立下志愿，要替外祖父报仇，“渴念自己能如《封神榜》中人物的神勇，好了此一桩心愿”。他从乡下跑到城里上中学，书读得好，却“不服管教”，而转到另一所比较开明的私立中学，好让人家处分不到他。读大学，他选择了燕京，是因为燕京最开明。抗战爆发后，他曾想在家乡组织抗日游击队。在八路军中，他结识过一个曾为绿林好汉的参谋长，觉得那人竟“是最可爱的了”。他这样记述这位参谋长少年时的经历：

十四岁那年，人长得快，已是个小小男人了。担挑一百斤，来回距他乡下四五十里的地方，轻松不吃力。一天夜里，从一镇上赶了一群牛，乘月色回家。人小胆大，且走且唱，过山过岭，毫不畏怯。但那夜连人带牛，都被另一种强悍的人，赶去山寨中。

山中大王，见他力大胆大，十分喜欢，对他说：“留在山里，有吃有用，日子过得快活无忧。”

他见他们个个孔武有力，持刀持枪，很中人意，便连连点头，表示愿和他们一起生活，一起奋斗。

这字里行间隐约透着的对野性的向往，其实正是他内心深处的野性的表露。曾经，正是这种野性使他深信，人按照自己的本性去生活是天经地义的，而人也只能在这样的生活中认识生活的意义。唯此，父亲并不曾陷溺于“自我”而孤芳自赏，而是着眼于国家、人民和历史文化。正因为如此，他对当时的知识分子的一般状况，是非常失望的：“今日，士气是消沉到了极点。我曾多少次向往于一种浪漫的杀身，以图警醒久睡的人心！”抗战的亲身经历使他认识到：

> 我们这回抗战，农民所表现的便是效死而勿去的精神。三十年初冬，我随军到郑州，那时郑州刚刚收复，中牟前线，我们和敌人只隔一条贾鲁河。我在西岸。堤岸的隐蔽之下，可以望见敌人的巡逻。堤下一片新绿。敌人刚刚退出，老百姓就赶了回来，种下了麦子。河西岸大小村庄虽已残破不堪，但农民回来后，却安之若素。我便时常太息：“我们这个仗，真是农民打下去的！”
>
> 我们知识分子，对我们的历史与文化，却无农民对土地那般爱情了。今日论者，于吾民族之历史文化，上焉者持一种冷酷的批评的态度，下焉者则为一种无知的漠视与鄙视。其高自位置的另一些民族自大狂者，乃是别有用心，亦无半点真实的感情。一二于吾民族文化真有所知的人，以强作解事，斤斤于优劣之论。这亦足以表现他们对民族文化的爱情，不如农民对土地的爱那样强烈。

基于这样的认识，他痛感必须进行政治的改革和知识分子的改造：“要有了不起的人，必须要先有一个能允许人敢做敢说的社会。在现在这个社会里，人的力量大概都消耗到作伪那方面去了。”在反对作伪的问题上，他的言辞尤为激烈：“我将歌颂那些为恶而敢于承担的人。”“真正男盗女娼，而敢说的，我也佩服！”

> 我们大概还是在旧传统下面喘息。旧日的标准太高了，我们今日都不可企及。一部分的知识分子，又太向往于西洋的文化，而好又不是自己所能达得到的。因此，我们眼前的人，都成了奴隶。一个个装腔作势，以至于连求达到人的最低的欲望的企图都不敢告人。来往人间，如鼠之躲闪，实在也是值得悲悯的事！谁有勇气，把这一切压在我们背上的都毁灭，重新凭着人性开辟一条新的人生道路！

正是在这样的意义上，父亲对个人主义倾注了自己的全部情感，而崇仰纪德所说：“个人主义的胜利须抛弃个人才能做到。”“抛弃个人”，他的理解就是“独立不惧”和“朴质自然”，凭着人的天真本性去“行动”，而不是高谈什么心性。在他看来，“真知实在只能从行动中求得到”。

中学时代，父亲是流着眼泪，听他的老师讲中国近代史的，并从此弃理从文；到北平求学，一二·九运动中，他终于喊出了过去想喊而不敢喊的“打倒日本帝国主义”的口号，为此激动得流泪；而当北平沦陷于日寇的铁蹄之下，那种奇耻大辱，使他的心都在流血。在血与泪的交融中，中国的历史与文化，于他而言，是具有生命的意义的。但是，他强烈地感到，不能因一种文化的精神，而爱惜它那已死去的形式。同时，他也决不相信，这世上会有任何可以用来顶礼膜拜的东西：

二千年来的孔孟，七百年来的程朱，五十年来的英美，二十年来的苏联，重重叠叠，压在我们身上。五四运动，虽然喊出了打倒旧的呼唤，却来了新的引诱。我们在这新旧的交迫之中，迷了道路，失了魂魄。多少年来，中西优劣，喧论不休。其实，中亦优，西亦优，中西之于我们，不是优劣不优劣，而是适用不适用。我们今日，既不能归依孔孟，也不能膜拜苏联。我们自己，自有路在！

我们这四万万五千万的大人群，凭着人类求生的本能，不能找出一条路么？

抗战以来，父亲的思想变得越来越左倾。他批评英美民主为“仆卧的僵尸”，而只有以“民有”“民治”“民享”为鹄的的民主，才具有“真意义与真力量”。他说：

或有人要说：我们所歌颂的民主，指的是政治上的自由与经济上的平等，是英美与苏联的混合。这一说是很有意义的。但我们却有我们的看法：其一，政治上的自由，置于经济上的平等之先，其义是自由重于平等。我曾涉猎过十八世纪和十九世纪中产阶级革命的历史，原来“不自由，毋宁死”这句话，是出自中产阶级之口！当然，肚子饱了的人是要自由的，但你不知道在饿汉心中，面包就是生命。其二，政治上的自由若没有经济上的平等，则如水中的月，镜中的花，可望而不可即。……人民在经济上不平等，在政治上就永远没有自由的希望。

这样来论述经济平等与政治自由的关系，他最终要表明的道理是：“要达到经济平等，民族主义是一种武器，民主主义也是一种武器，社会主义是它的道路。真正的民主主义是包括社会主义的。”

父亲出生于一个官宦大族，有优越的家庭条件和社会关系，但他似乎从来都没有稀罕过这些东西。他信奉马克思所启示的。这一点，尽管后来的生活道路非常坎坷，他都没有改变过。然而，无论他当初是多么左倾，他都没有放弃他所坚持的个人主义立场。

大约十多年前，父亲卧病在床。时有他教过的上海师大历史系学生倡议，为他出纪念文集。于是，不断有学生捐资。盛情之下，母亲收下了当时留学海外的学生的捐款，对国内学生的捐款则无论如何都辞谢了。此后，收集、整理父亲遗稿的工作，主要由父亲的学生完成。

此纪念文集分“学术编”和“诗文编”，均以《流金集》名。流金是父亲年轻时用得最多的一个笔名。《流金集》“学术编”已于1995年由上海古籍出版社出版。此诗文编，之所以不采取公开出版的形式，我们更多考虑的是它的纪念意义。大多是六十年前的东西，在今天，也许只有他的学生和亲友，因一种情谊而会真正喜欢。

此纪念文集中所收父亲的旧体诗，可见他一生的心事。1957年，父亲被打成“右派”。按照他的性格，如果他是右派，他不会感到冤屈。而要他最终努力认识到自己竟是一个右派，这对他来说，是终生的痛苦。1982年父亲于病中赋诗，有“荣枯每惧损天真”之句。今日读来，如雷轰顶，不觉泪已纵横。

2001年11月28日

（原载《流金集·诗文编》，上海师范大学历史系印行，2001年）

《严谴日记》读后

程念祺

父亲程应镠留存的日记，只有1956年3月至1958年3月，以及1959年7月至1960年2月这两段。日记本为毛边纸线装；字直写；用钢笔，或毛笔；所记极简。

从1957年9月起，父亲的日记称《严谴日记》。其时，父亲已改变态度，承认自己是右派，日记中时时严厉地自谴自责。此即"严谴"二字的由来。我小学二年级时，全家搬到上海师院。之后不久，就听班上的同学议论，说我父亲反右派时在楼上办公室拍桌子，甚至把楼下办公室的日光灯都震落了。我当时听了这样的议论，幼小的心里，对父亲甚至很佩服。几十年后，看父亲的《严谴日记》，一边看一边心里在流血流泪，知道他那时实在是很可怜。

从父亲1956年3月到1957年6月的日记来看，父亲曾经是很受重用的。那时，他正在争取入党。1956年3月7日的日记中，他写道："晚听党课，感想甚多。应顽强地自我改造。"同月，父亲去北京开会。24日这天，他去看自己最尊敬并崇拜的沈从文先生。父亲在日记中写道："夜访从文先生，劝他下乡，恢复文学事业。"他当时真的非常天真，觉得像沈先生这样的文学家，如果深入社会主义新农村，就可以写出伟大的作品。某日，父亲跟当年一起投身于"一二·九"运动的几位朋友，去十三陵游玩、野餐。兴奋之余，他写道："陵殿建筑之壮丽，世罕其匹。我先民之劳动与智慧，实令人感奋。今日生产关系改变，不久剥削完全废除，我国人民之创造精神，其远越前代，岂可以道里计哉！”

虽然满怀着美好的憧憬，却在许多具体问题上，父亲总显得与时代不能合拍。比如，在北京的会议上，讨论个人备课和集体备课问题，他就觉得“不宜强调集体备课”。“集体”是当时一个很重要的革命概念。与之对立的，就是个人。所以，父亲所谓的“应顽强地自我改造”，碰到具体问题，就被束之高阁了。

更严重的是对待领导的态度。学校的某领导，对一些在父亲看来是“恶俗虚妄殊不可忍”的言谈，屡表欣赏。父亲心里就极为不平，而谓：“领导者缺乏实事求是之精神，虚妄乃作矣。”有时，父亲似乎也懂得许多事不便多言。但他却忍不住，直等到话说出了口，才提醒自己：“仍有情绪也，以后决不复言矣。”但他还是忍不住！如学院领导对某民盟盟员评衔评级时的言论表示不满，批评民盟应该成为党的助手，而不应妨碍党的方针政策贯彻时，父亲就当面顶撞说，在贯彻党对知识分子的统战政策方面，她的水平不高，“婉劝她多接触接触群众，更好的贯彻党对知识分子的政策”。话说出了口，才知道又得罪了人，不能自安。隔了几日与该领导偶遇，即感到人家“颇有不豫之色”。

也正因为经常批评领导而心有不安，父亲变得很敏感。那时，组织上正准备发展他入党，一再审查他抗战时期曾在国民党军队中任职的历史，就使他心里很不快。民盟支部开会，有人给他提意见，他感到个人攻击的性质，一时竟“怒不可遏”。1957 年 5 月，院党委找父亲谈话，告诉他：“历史系已调查清楚，作风亦有改进，党委讨论数次已合入党条件，惟与中文系数人群众关系不好，尚须努力改进，以秋为期。”此时，离他被视为“右派”，戴上“右派”帽子，已经不远了，但他却没有警惕。

听我母亲说，父亲在1957年鸣放时或鸣放前，是没有什么“右派言论”的。从父亲这一段时间的日记上看，也确乎如此。比如，他与孙□□是很好的朋友。日记记录了1956年底父亲曾去看孙□□，大概一去就听孙□□骂人，也不听劝，父亲很不高兴：“他激动得很。一言不能入，可悲之极！”1957年6月某日，在民盟市委开会，父亲还“发言对整风中□□论调加以驳斥”。对一位已被整的好朋友，父亲在日记中向他指出“反右派斗争是一场严肃的政治斗争，劝他认真交代和罗隆基及其他一切关系。认真检查自己反社会主义的思想。相信党决不会冤枉人”。这是父亲当时的真实想法。

另一方面，在民盟的会议上，因为批判某人时涉及人家的私生活，父亲就“以为不必如此”，还认为“有些反批评言论，我颇觉得可以不必如此大喊大骂，应坚持说理，关于鸣放报道也应当多些。这样才能使反社会主义言论的批判和帮助党整风这两件于国家有益而必要的工作结合起来！”其时，因为一些在他看来是不实事求是地对他的老朋友们的批判，也使父亲反感而愤懑：“思想上颇苦闷。这样做，不还太早了些吗？”

1957年7月2日这一天，学院里终于贴出了父亲的大字报，使他一夜不寐。第二天，又有更多的贴他的大字报。他在日记中写道：“早晨来院，看到一些大字报。甚觉痛苦。找党委谈我的心境。□□颇多规劝，甚可感。”之后的短短二十天里，父亲一共做了八次检查与交代，写了与民盟内“右派”分子关系的交代材料。与某些重要人物，连六七年前曾一起吃过饭，领导上也要追究。这使他“内心痛苦，为一生所未有”，“真觉得不如死了拉倒”，“深悔交友不慎”。很多年以后，父亲在训斥我时曾对我说，当时要不是为了我们，他是绝不能活了！但是，据日记上所写，在生与死这个问题上，父亲也还有另外的想法：“我不愿背着这个恶名以死，我必须以过去的事实和今后的行为证明我不是社会主义的罪人！”从这样的话里面可以清楚地看到，这个国家似乎确实是他的信仰！

1949年后，一直到“反右”之前，父亲是不曾受过什么挫折的。上海一解放，他就去做中学校长了。那时，教育局很重视他，委以重任，别的地方要调他去，教育局也不让走。为了留住他，甚至我母亲调往中科院心理研究所的聘书都寄来了，教育局也不放行。上级部门的这种态度，使父亲感到自己是深受重视和信任的，正可以大干一番事业。那时，他哪里想得到，不过八年之后，为了妻子儿女，也为了自己的这个信仰，在强大的政治压力下，他不得不放下自尊，要努力从思想上去认识自己是个反党反社会主义的右派分子。

“负才使气与少有大志，是我一切病的根！有了这一根，便促令我与党若即若离。”这是父亲最初对自己的“错误”的认识。这样的分析，应该说还是比较实事求是的。特别是对党的关系“若即若离”，确实讲得很传神。而对于报纸上说他“到一师院工作之后，野心越来越大”，父亲就很不以为然，仍认为是不实事求是的。他还深深地抱怨：“对友人的温情，误了我一生。我何尝不知道□□□的错误，而偏偏为他在一些问题上辩解。此所谓‘自作孽，不可活’也。”没有朋友站出来为他证明，曾经他是怎么劝他们的，而不曾有过任何反对党的言论。而对于那些批判他的人，他更不能服气。只能在夜深人静之际，以吟咏屈原的“众女嫉余之蛾眉兮，谣诼谓余以善淫”，来浇自己心中之块垒。此时，他仍幻想着组织上能替他查明事实。在他看来，自己无论从哪方面来说，都不是右派。他发誓：“右派头衔，不能承认，否则违背我的良心。”而让他感到困惑且无可奈何的是：“我院这次对我的斗争为什么这样不尊重事实？诚百思不得其解。命也夫！”

然而，不承认自己是右派，本身就是在对抗运动、对抗群众、对抗党，是决不能被容忍的。父亲最终意识到："凡事搞到自己身上，就要求'实事求是'"；而"一个拥护共产主义的人，便应当放弃自己"。前一句的潜台词，显然是说，许多像他这样的人，不都已承认自己是右派分子了吗？而后一句，则是对承认自己是右派分子的自我安慰。从这两点出发，父亲开始了"严谴"自己的心路历程。所希望的实事求是既然无望了，那就给自己一个放弃的理由。

正是基于这两点，从决心"严谴"的那一刻开始，除非是太过荒唐的揭露与批判，父亲无不接受。即便是有人批判他做系主任时"个人专断"，父亲也都认为人家讲得很对，使他"从此懂得怎样对自己进行改造"，从此再也不会坚持己见。此时，他的内心显然极度消极，对自己走过的路一概改悔。他假设，当初如果不到中学去做校长，早就可以离开上海，也就不会受重用，不会去做那么多事。他甚至假设抗战胜利后不到上海来，也不会认识那么多人，以至于今天受他们的连累。他也开始后悔被人利用，后悔热衷于政治，甚至接受人家说他"企图利用盟内地位来达到提高政治地位的目的"。他曾经是被华东局授予了马列主义教授的，于是人家就批判他"披马列主义外衣以进行反党活动"。他为一师院采购了不少文物，如今也成为浪费公帑的罪名。这样的罪名，尽管毫无根据，他也都无所谓了。总而言之，"多一事不如少一事"。过去不接受的道理，现在他也接受了。

后悔与无奈，使父亲的"放弃"，变得越来越容易。这样的"放弃"，也使他检讨起自己来，不再有所保留。"深思思想上错误，一为自大至狂妄程度，二为中自由主义之毒颇深，三为封建社会的自鸣清高。"这是他在1957年9月12日日记中的自我否定。有了这样的自我否定，承认自己是右派分子，就变得十分容易了：思想上是右派分子，就不必再去争辩自己到底有没有右派的行为。但是，这些毕竟不仅仅是只与个人有关的事。在清醒时，父亲仍会想："本无其事而谓有，本有其事而谓无，实大不可。而此则我院在反右派斗争中之失也。个人荣辱不足论，能于社会主义建设有利，我虽粉身碎骨亦不辞。但在斗争中使那些'哗众取宠'的少数人得不到好的教育，反使其私谓唯如此才算得积极，岂有利之事耶？"可见，要让一个对国家对社会还有所关心的人，罔顾事实而承认错误，也是不容易做到的。

但是，并非只要承认了自己是右派，痛苦就会轻易减轻。最痛苦的事，当然还是要被迫一次次地做检查。因为写检查，必要触及灵魂。同月21日，父亲记道："写完检查，心已碎矣！"第二天又记："上午抄检讨，未毕。虽抄亦痛苦。"11月2日记："今日作第十一次检查，群众仍是极不满意，说没有新东西。我的天，若有新东西，早就出笼了。"怎么办呢？要活下去，唯一的办法，就是要确认自己有错，而把个人看得微不足道，并将诸如国家、社会主义、社会主义阵营等神圣事业作为否定个人的根据。

11月3日，父亲在日记中写道："四个月是痛苦的，早一时期的痛苦，主要为感到委屈，感到被人诬陷。以后渐渐明白痛苦还是由于我存在着与人民幸福、国家繁荣不相容的思想，倘非如此，是决反不到我头上来的。……夜里梦后醒来，真不知怎样才可消度以后的日子！……我仍然坚信党会弄清一切问题。即使我受到冤屈，我也应为人民的幸福而忍受一切。我绝不能做对运动不利的事。生命已经过了一半，对于妻子而外，实无可恋！忍受下去，就是希望能为这个可爱的国家、多年期望着的社会主义尽一点点力量。看到《人民日报》上毛主席到莫斯科的照片，顿忘了自己的痛苦。美丽的世界啊：以苏联为首的我们这个阵营的力量是强大得无比的。"11月4日："梦一手被截，但毫无痛苦。……苏联昨日又放射一人造卫星，重五百零八公斤，载狗高飞一千五百公里。一个新时代真开始了。兴奋得忘了目前所受的痛苦。这一年是伟大的一年，但我很不幸！”11月28日：“读报已下放干部达八十万，正动员军官家属还乡生产或就近参加生产劳动。此实为最伟大的革命运动，其于推进社会主义的建设与改造，真同万马千军，力量不可估计。个人得失苦乐，何足计乎？！何足计乎？！”12月31日：“近廿日来对自己错误有更进一步认识，忽然想起浪子回头的谚语，我决心要回头！迎接新的一年。”

正是在这样的自我贬抑过程中，父亲把“世无无痛苦之锻炼，能忍此痛苦，即成器矣。我要下决心不作社会主义的罪人，必须进一步加强这种锻炼”的认识，真正付诸了行动。在1958年1月1日，父亲写道：“我现在仿如海上孤舟，正临薄暮，党则如灯塔，全在我能否努力与风波搏斗，向它指引的方向走去。”4日，做完第十二次检查之后，群众仍嫌他交待不彻底，认为他与□□□还有阴谋未交待。但父亲对于这种“不实事求是的妄测”，并未愤愤不平。他写道：“今日心情，因认罪之情深，故痛苦大不如前。我应受到惩罚，惩罚越重，我则越心安。”在接下来的日记中，虽然还可以看到他不断在写检查，但那种极度痛苦心情的描述却不见了。

痛苦消失了，恐惧却紧随而来。5日，父亲日记：“听关于右派分子处理问题的报告，思想上没有什么波动，但觉得必须重新考虑孩子们的问题，原来只想到降级降薪，没有想到有立刻去农村劳动的可能。”这件事，对父亲的压力应该是很大的。隔了几日，父亲在路上遇见系里总支的领导。据父亲当日的日记，该领导对他“恶声相问”。估计是父亲新交上去的书面检查，不能令他满意。但父亲则心生疑窦：“颇怪半年来领导上无一人找我谈话者。”他的这一反应，显然是担心领导已放弃了对他的“挽救”。这种担心，显然与他害怕全家都被下放到农村去接受惩罚有关。于是，父亲在第二天的日记上就说："写材料。甚不快。在政治问题上，和任何人都无调和余地。"但据戊戌元旦这一天父亲所记："不意□□□等来贺年。怡儿学校老师亦来拜年。"院领导来贺年，女儿的小学老师也来贺年，父亲觉得不是偶然的，他还未被放弃"挽救"，因而打消了害怕全家被驱逐到农村的疑虑。第二天，他就去了在路上喝斥他的那位系领导家。在当天的日记中，父亲写道："晚走访□□□，颇多金玉良言。"命运被操纵于他人之手，人之若惊弓之鸟也。

母亲的态度缓和，也使父亲松了一口气。2月20日，父亲日记："宗蘽认识有进步，已着手写交代材料及检查。"几个月来，父亲一直担心母亲总是对运动采取抗拒的态度。父亲1957年8月的一则日记："宗蘽去学院，民盟整风小组要她交待反党言行。这真是太不实事求是。"那时，他对母亲的这种态度，多半是同情，认为"这难怪"，只是告诫母亲"怨人之心不可有，更不可意气用事"。但是决心"严谴"自己之后，父亲对母亲却很有些无可奈何："宗蘽屡发脾气，实大不好。'心胸要开朗些'，我屡为她如此说，但终无用。"在当年12月份的一则日记中，父亲写道："连日和宗蘽谈她的问题，在认识上颇有距离。"隔了不久，父亲的另一则日记："与宗蘽闲谈，她心有结，终不能解。"我母亲的倔强、刚烈，在日常生活中是看不出来的。这恐怕连我父亲自己也意想不到。父亲日记上，屡屡有"和宗蘽谈认识错误问题"，"宗蘽连日心情均恶甚"，"宗蘽心情至恶，说了一些激愤的话"。不断地谈，母亲都没有接受父亲的劝告。估计在与父亲的谈话的中，母亲会有很多难听的话，让父亲感到受不了。而父亲因为母亲完全是受自己的牵连，除了忍受，还要担心母亲这样下去会遭到更多的不幸。总算到了1958年的2、3月里，母亲开始接受了父亲的劝告。父亲在日记中写道：“宗蘽认识有进步，已着手写交代材料及检查”；“宗蘽近来心情转好，认识错误是重要的”。父亲当时的心情与思想，亦可想而知。在1958年2月23日的日记里，父亲写道：“炎儿终日帮助母亲做家务，这孩子颇知双亲痛苦，念之真愧恨此一生！”炎儿即我的大姐程炎，当时还不足11岁。父亲当时痛苦的心情，只在这种偶为表达的儿女情长之中才有流露。

1958年3月以后，父亲的“严谴”中断。为何中断，则不得而知。然而，至1959年7月，又恢复了。日记从1959年7月19日开始。这一天，父亲在“社会主义教育学院”学习结业。上午开过结业典礼之后，中午聚餐，下午打桥牌。反右派之前，父亲是经常打桥牌的。据母亲说，父亲喜欢打牌，年轻时还喜欢玩点赌博。曾经带朋友到家里来打牌，母亲是要当场阻止的。

社会主义教育学院设在上海郊区的龘桥。7月20日，从日记上看，父亲下午三时就乘车到上海了。而在姐姐的回忆中，父亲是在那天夜里回到家的。估计到上海后，父亲又去了哪个朋友家。日记反映了父亲这时已完全变成另外一个人。在1957年9月24日的日记中，父亲写道：“连月以来，与外隔绝。终日相对者惟妻与子女，虽强自宽，终非了计也。□□□同志曾嘱主动找人叙谈，但又恐人见疑，徒自取辱，故迄未与人交。”父亲这种怕见人的心情，一直持续到1959年年初。父亲7月22日日记：“五个月来，我的心情变化很大。年初去学院，怕见人，现在却希望碰见更多的熟人。”在那样一种环境中，一个人，被孤立于人群之外，迫切希望回到人群中去的心情是可以想见的。

最让父亲高兴的是，系里决定他下半年给学生上课。听到这个消息，他“第一个反应是‘怕’，然后是对党的感激”。他在23

日的日记中说："□□□同志接见了我，谈话约一小时。党肯定了我这一年来的进步，也指出了我在改造中的缺点。"27 日："下午去统战部看□□□同志，他问了我回上海以后的情况，再三叮嘱不要自满，并指出前天我在民盟座谈会上的发言已有自满情绪。最后，他要求我随时向统战部汇报思想情况，争取组织的帮助。……党对我的挽救、关怀，真是远胜父母对一个愿意回头的浪子。"但是，父亲与母亲这时分歧很大。在同一篇日记中父亲写道："夜里对宗蕖谈如何对待群众的问题，我和她之间的看法还不能接近。"直到 1960 年 1 月，父亲仍没能说服母亲："宗蕖今日去学校汇报，心情不很好。能去私，绝得失之念，则心情自可舒畅。但这得经过顽强的斗争才能做得到。"那些时候，父亲似乎真的成为一个"新人"，从前的孤傲在他身上一扫而光，见人都觉得亲切，按规定给统战部写思想汇报，亦无怨言，也没有感到浪费时间。

1959 年 9 月 11 日，父亲重上讲台，讲历代文选。他在日记中写道："今天早晨上了两节课，又感激，又惭愧，又害怕，又兴奋。走进教室的时候，心有点颤动。十分钟后，自然了。我似乎感觉到这对我的改造是更好的。上课，迫使我细致地考虑许多问题。上课，使我和群众的关系加强了，也具体了，我对群众，究竟采取什么态度呢？从自己对群众的态度，也可以检查对党的态度。两节课下来之后，我心里似乎充实了。'在任何情况下相信党，依靠她的领导和教诲，我总会得救的！'我又一次重复自己在这两年来痛苦的自我斗争中所得出来的结论。"

讲这样一番话时，父亲已 43 岁，却像一个 20 来岁犯了严重错误而得到宽恕的青年。父亲出身江西望族，祖上身世显赫，我的祖父在民国时做过许多任县长。父亲自七八岁时已能填词赋诗，在族人中被寄予厚望。后考入燕京大学，参加过学生"一二·九"学生运动，加入过民族解放先锋队，而且还是个小有名气的作家，参加过北方左联。抗战军兴，他先是在八路军685团当随军记者，经历过大小战斗，到过延安。之后，寄读西南联大，毕业后先后在国民党第一战区长官司令部、十三军任同上校秘书。后因“共嫌”逃离，回到内地教中学，并在云南大学任副教授。抗战胜利后，在民盟转入地下时，他毅然加入了民盟。后到上海，在光华大学、法政大学任职副教授和教授，参加大教联，继续从事民主活动。上海解放后，父亲被委任为高桥中学校长，后又在上海师专、第一师范学院任历史系主任，并且是上海民盟市委的临时召集人之一，后又任民盟市委的高教副主任委员。按说，像他这样经历的人，用今天的话来说，应该是颇有些“腔调”的。但是，在肃杀的政治运动冲击下，在自我的“严谴”之后，思想上已然将自己全盘否定，也就成为另外一个极度缺乏自信的人。教了那么多年的书，却像是第一次上讲台。甚至连阅卷评分这样的区区小事，都会让他觉得“有些惭愧”。那时，日子确实也实在是难过。比如按规定，他是要定期向民盟市委写思想汇报的。而学院民盟支部的领导人却当着他的面，阴阳怪气地说他怎么不向支部汇报思想，并在公开的会议上提出批评。父亲在民盟，也是老资格了，遇到这种事，心里未免不起波澜。那时，哪怕一点有风吹草动，他的内心便波涛不止。悲喜皆取决于他人好恶。他所拥有的，只是无助的自我克制。

9月16日日记：“报上发表毛主席邀请各民主党派负责人开了一个座谈会，对于确实改好了的右派分子将摘去右派的帽子。心里有一些动。自己问问：我可能摘掉帽子吗？假如没有摘怎么办呢？情绪是复杂的。二年来的事实证明：党对我的认识与估计，比我自己对自己的认识与估计正确得多。合乎摘的条件，就会摘去。不能存侥幸之心，非分之念。相信党到永远。下午刘书记找我去，要我写鉴定。彻夜未睡好。鉴定还是未写出。要写的过去都写了啊！”18日日记：“下课后，□□□告诉我晚上要检查。匆匆回家准备，觉得太匆促了一些。晚上我谈了一个多小时，充分谈下去，要超过两小时。许多意见都是对我有益的。今天的心情是不平静的，谈过了便觉得轻松了。”29日日记：“宣布摘掉了三个右派的帽子，内中并没有我，听的时候，脸有点发热。但随即平静下来。相信党这一思想，给了我和不正确的思想斗争的力量。右派是一个客观存在，党永远是实事求是的，我应当严格要求自己，在改造的路上走快一些。”30日日记：“由于反右斗争，我开始认识了自己，也已经在改造自己的路上开步走了。这些日子，又常常想：假如在更早一些时候，懂得对党千依百顺就能走向真理的道理多好！现在是不是晚了呢？我国先哲关于闻道的古训，又使我对于来日带着无限的激动之情。我相信总有那么一天，我会肯定地对自己说：我对于人民还不是无用的。”然而，每次听说熟悉的人摘掉了“右派”帽子，他的心情都不免为之波动。记得，直到1979年初，听说“右派”要改正，父亲还是忐忑不安，担心不会给自己改正。他害怕自己所抱有的希望，总是说自己那时候思想上确实是右派。

父亲这时候，对于“放弃自己”，对于“从思想上认识自己是右派”，真正开始有“心得”了。他过去总结的自己的“自大”“自由主义”和“自鸣清高”，已经不见了踪影，已完全“懂得对党千依百顺就能走向真理的道理”。他似乎有了哪怕永远摘不掉“右派”帽子，也要相信党的绝望的准备，却又盼望着党能很快摘掉他的“右派”帽子。他用“朝闻道夕死可矣”的先哲古训来勉励自己，觉得摘掉“右派”帽子总会有希望的。他写道：“我相信总有那么一天，我会肯定地对自己说：我对于人民还不是无用的。”

国庆十周年的晚上，父亲那天的日记上，是这样表达了自己的心情的："这是一个欢腾的夜，我似乎是第一次感到人民在节日的欢乐与希望，多美妙的未来啊！好几次站下来看焰火，简直是一个神话中的世界。"这一年的最后一天，在参加了全院大会之后，父亲兴奋地写道："学院明年有更大发展，将达万人。回想四年多前学校初创时情景，谁也不能想到今天发展得这样快。这完全反映了我国政治经济以巨大的步伐前进着。"而到了 1960 年 2 月，父亲因为去了闵行一号街（据说只用了 78 天就建成了），而在日记中说："祖国真是以一天二十年的速度向前飞奔。"他总是通过这样一种近乎幼稚的方式，来确信自己已经改造好了，确信自己已经完全站到党和人民的立场上来了。

然而，偶尔他也会摆脱这样的状态。10 月 23 日，在给学生讲完《论语·微子》之后，父亲在日记中写道："今天讲《论语》楚狂接舆。'何德之衰'，我把它解作'你为什么这样倒霉呵！'"24 日："读《通鉴胡注表微》毕。伦纪篇十四梁元帝承圣元年条陈表微曰：'所谓爱其才也，溺于己之所嗜也。父子兄弟之雠，不能易己之所嗜，及至触其所忌，则怒而杀之，始终循己而失却其理智者也。'说得真是精深！"显然，对于所受处分之重，以及当年的备受重用，他仍不能完全释怀而没有丝毫怨望。但是，对此他又是非常警惕的。写在日记里不以示人的东西，即便没有别人知道，却未必不会给自己增加更多的痛苦。他完全懂得，只有不断地自我批判，才是使心情保持平静并能忍受痛苦的良药。所以，为了保持内心的平衡，父亲清楚地意识到，必须清除内心的任何不满。所以，仅仅数天之后，当学校要开展"反右倾、鼓干劲，提高教学质量"的运动时，父亲即在日记中积极表示，要在运动中"认真地教育自己"。而对于要求揭露系党总支和院党委的右倾保守，他觉得"实在不易"，因为"存在着资产阶级思想较严重的人，对右倾保守思想是不容易辨别的”。这种时候，重要的是要认识到自己身上存在的右倾保守：“我在教学上，虽然自己要求要认真，但也不敢‘突出’，思想上存在着一个‘适可而止’的坏念头，怕别人说‘露才扬己’，实际上还是自己想‘露才扬己’。”像这样的想法，他也许也老老实实地写入了当时他的教育思想的检查中。

1959、1960 年之间，正是所谓“困难时期”。1959 年 9 月的一则日记：“上午在家，仔细阅读了一遍总理的报告，觉得有一些体会。”此时，父亲几次在日记中写到，与人去某处吃饭，没吃到，或没东西吃，或东西贵而难吃。市场供应乏力，父亲不会没有感觉。所以对“今年上半年形势是良好的”这句话，父亲没有表现得兴致冲冲，而只是说“有一些体会”，虽非微言大义，却也有些担心，但不敢想，更不敢说。谨言慎行，是一定要从思想观念这个源头上开始的。

读完《严谴日记》，我总在想，像父亲这样一个“自大”，“中自由主义毒甚深”又“自鸣清高”的人，凭着从思想上认识自己是右派，凭着对党千依百顺，凭着对国家的热爱，就能在那样一种环境中生存下来吗？从父亲的全部日记来看，总共 32 个月中，无论是他在主持系里的行政工作时，还是被作为“右派”分子挨整时，除了开会、写讲稿和上课，以及大量的与人来往，只要稍一得空，他做得最多的事就是看书。有时因为工作太忙，一连月余没有好好读书，父亲会在日记上记一笔。日记中留有大量的父亲读书、备课的记录，和辑录相关史料的记录。“反右”开始以后，父亲几乎没有和人来往，除了写检查和接受批判，看书的时间更多了。父亲解放前在光华大学是教世界史的。“文化大革命”时抄家，翻出他在光华教世界史，是用英文写的讲义。但解放后到中学当校长，这方面就荒废了。从日记中看，这一时期，父亲主要的读书精力，是在魏晋南北朝这一段，再就是读马、恩、列、斯的著作。

父亲至少在 1956 年，就已比较坚决地萌生退意，而希望就做一个教师，并在学术上有所作为。那时，父亲的学术思考有时是非常活跃的。如 1957 年 4 月 13 日日记："在教育实践座谈会上，忽然想到这样一个问题：封建社会的生产，本来是小生产，一块一块的土地，零零落落地分布着，在那些土地上劳动着的人们，除了血缘的关系以外，经济上的联系是不多的。这样的劳动者，在某一地区内，某种情况下，倒是由于他们被压迫的命运，往往通过宗亲、宗教等形式联系起来。统治阶级之间，在经济上密切的关系，也不会比农民多些。因而封建社会的政治，天然趋向于割据。统一国家、专制皇权和这种状态是矛盾的。但在中国，却不断地出现过专制皇权和统一国家。这是值得研究的一个问题。这种矛盾是如何统一起来，又如何继续下去的呢？"而当受到运动冲击时，父亲偶尔也会记记与当时心境有关的读书心得。如 9 月 11 日："续读《咏怀诗》。'独坐空堂上'一首极佳，吴淇解与我十四年前在清华中学所说略同。'徘徊蓬池上'，沈约所说不深，其误在不知'岂惜终憔悴'之意。此须与全诗合观之乃得。'万代同一时'，悲愤之极语，'岂惜终憔悴'，宁非此意乎？"也写得极有见解。

受批判之后不久，父亲被安排到资料室工作。除了接受批判和写检查，就是被允许在资料室编写系藏碑拓目录与说明，读了许多与之相关的著作、论文与实物，并有非常详细的工作记录。许多年前，在历史系资料室发现了残存的约 90 张父亲为系藏历代碑拓所写的题跋。《上海师范大学学报》1996 年第 1 期上发表的《流金碑刻题跋钞存》，就是虞云国先生从这些残存的题跋中选抄的，虞先生并为之作了按语。我的母亲则为此写了《写在心头的"跋"》。父亲当时之所以主动提出要做这一项工作，还是希望不要让这些珍贵的文物闲置，使它们能为一师院历史系的古代史教学服务。这些碑跋，每以碑文与史互证，也具有相当的学术价值。而非常令人感动的是，当时历史系资料员蔡继福先生，保留了父亲写在练习簿上的这些题跋尚未誊清的手（底）稿。蔡先生说，父亲在去社会主义教育学院之前，将这些题跋誊清之后，便将这些手稿送给他留作纪念。事隔58年，蔡先生将父亲的这些手稿重新送还我母亲，深情厚谊，实在是令我们感动、感激。“人是有感情的。”父亲在他的日记中好几次提到这一点。父亲这个人非常真实，在那样的情况下，他这样做，却不怕人家认为他“自作多情”，此亦足以想见当时蔡先生的为人了。某日，父亲的一则日记中还记道：“昨托□□□为译日文圣迹图鉴一则。今即送来，甚可感佩。”父亲改正以后，也曾讲到这位当时整过他的人，说：“人家也是没办法。”20世纪80年代末，父亲住华东医院，同病房的有一位正是当年整他比较厉害的一位院领导。父亲要我称呼他“伯伯”，夜里还让我给他拿夜壶。我很不愿意，但还是做了。对姐姐，父亲也是一样要求。姐姐后来提起这事，就笑父亲“硬充忠厚”。父亲就很不高兴。只有母亲不理人家时，父亲显得很尴尬，很无奈。后读到父亲日记，我才懂得，父亲就是这样的人。他的心胸是开阔的，内心并没有敌人。而为了工作，他确实太不懂得保护自己。“知我者谓我心忧，不知我者谓我何求。”这话用在他身上，做他的儿子，怎能不感到心惊！“有身成大辱，何人问身死。”好在那时他还能看书，也只有在这个空间里，他是有自信的。也许，这样的自信，才是他能最终坚持下来的原因。

……

很多年后，我和姐姐同一年考上大学，父亲的高兴可想而知，但是却坚决反对我报考政法学院，说还是学历史好，以后就做个中学历史教师。他既怕我闯祸，也希望我能成为一个对国家和社会有用的人。直到读了这部《严谴日记》，对父亲的良苦用心，我才有了一些理解。现在，我把读这部日记的感想写下来，一方面固然是为了纪念我的父亲，另一方面也是为记取那个时代的教训做一点有益的工作。

（原载《程应镠先生百年诞辰纪念文集》，上海古籍出版社，2016 年。收入本书时略有删节）

回　忆

怀念应镠

王永兴

1938 年秋，西南联合大学文学院从云南蒙自迁昆明。徐高阮、王勉二兄和我在文林街光宗巷赁一小屋而居。程应镠和李宗瀛住在文林街先生坡，两处相距不远。他们的租屋宽敞，所在庭院大而整洁。宗瀛和应镠都是燕京大学历史系的学生，当时转学到西南联大。1935 年，高阮兄和我已与宗瀛相识，应镠则是初次见面。他们二人都是翩翩佳士，对人热情诚恳。应镠喜欢谈诗，他的案头摆着杜少陵、李太白诗集。我与高阮、王勉二兄经常是宗瀛、应镠的座上客，当然来访的还有西南联大其他同学。大家聚集在他们这间收拾整洁的屋子里，有茶，有时还有花生米。日子久了，大家都熟了，谈论历史、诗文，也谈论国家大事。宗瀛、应镠都善谈，常常有精辟的见解，使满座惊服赞赏。大学历史系三年，我们几乎朝夕相处，我获得了终生的益友。

大学毕业后，宗瀛、应镠去贵阳，他们创办了有名的花溪清华中学，我留在昆明东北郊龙头村宝台山的北大文科研究所。这时，王勉、高阮二兄也都离开昆明。昔日先生坡朝夕相聚、谈天说地、应镠高论惊四座的情景，在我埋头线装书中的寂寥生活里，成了难得的回忆与慰藉。

从 40 年代初到 70 年代末，应镠与我再未相聚。我知道他从贵阳到上海，参预创办高桥师范学校（编者按：应为高桥中学）和上海师范学院（即现在的上海师范大学）。这个学校的历史系，应镠是主要创始人。在这近四十年漫长的岁月里，应镠和我居住两地，通信也不多。我们不幸和悲痛的遭遇却极相似。在“文化大革命”中，我们被迫中断了通信，但我偶尔也听到应镠的一些情况，使我悲愤。在我被木棍痛打因而半昏迷的状态中，或被拳打脚踢跪在地上挨批斗时，或在土监狱中被监视下交代“罪行”时，我的师友们和孩子们的形象突然都浮现在我的脑海里。应镠似乎担着从土厕所里掏出的粪便桶，从上海师院的前门走到后门，借以示众。倔强刚正的应镠是不会在乎这种惩罚的，他依然保持着他蔑视侮辱者的严正风度，潇洒地毅然立于天地之间。

1978 年，我恢复了通信自由，我想应镠也是如此。我写信给他，告诉他我还活着，依然健康，还想读书，只是我的藏书在“文化大革命”中被没收，全以“封资修”的罪名被焚毁了。应镠回信，问我是否愿意离开太原到上海去，上海师院历史系需要教师。当时，我正和北京大学历史系商量调动事，应镠也认为我还是应该去北大。

1981 年，我们离别三十八年后又在北京相聚。记得一个初夏的晚上，在工人体育馆附近的公共汽车站上，我在车上远远看见应镠，我走下汽车，我们含着热泪相抱。周围的人都惊讶了，我们也都笑了。这次我们谈了很多，但回忆往事不多，更多的是谈未来。应镠依然豪迈潇洒，他正在主持上海师院历史系工作。他畅谈他治理历史系的计划、发展远景；也谈了自己的读书研究和写作。别时青年，相聚白头，但我们的心情和精神都未老，我们依然是几十年前昆明文林街先生坡时的神态。光辉的未来吸引着我们。

此后不久，我拜读了应镠的《南北朝史话》。这是一部优秀的史学著作，也是一部好的文学著作，受到学术界的好评。应镠是史学家，也是文学家、诗人。

应镠一生有多部史学著作。我的案头摆着他撰写的《范仲淹新传》。翻开书，在他的自序中说：

> 那一位以天下为己任，忠于谋国，明于知人的名言——先天下之忧而忧，后天下之乐而乐——也是常常使我为国忘身的。

序中还引范仲淹的话：

> 不以物喜，不以己悲。居庙堂之高，则忧其民；居江湖之远，则忧其君。

中国的知识分子绝大多数是爱国爱民的，因而也是忧国忧民的。范仲淹在北宋是知识分子中的优秀者，应镠在今天也是知识分子中的优秀者。范仲淹在北宋德高位高望重，应镠在今天，位不高，望不重，但却德高。我们尊重范仲淹，主要是因为他德高。“先天下之忧而忧，后天下之乐而乐”，这就是德；“居庙堂之高，则忧其民；居江湖之远，则忧其君”，这也是德。范仲淹千百年来为人们所崇敬，因其德高；至于位高望重，则是很次要的事了。

应镠之志为为国忘身，这就是德；他一生的事业，都源于他的爱国爱民忧国忧民的思想，这也是德。位与望，在应镠看来，均为过眼烟云，不值得一顾。今天，应镠已结束他的一生，应镠之志之业，应予肯定。

应镠忧我国师范教育不够发达，严重影响中小学教学，参预高桥师范和上海师院的创建，并自己主持上海师院历史系。

应镠忧《续资治通鉴长编》之难于阅读，严重影响宋代历史的研究，乃以己身为表率，组织学者整理《续资治通鉴长编》。整理这样一部大书，难度甚高，错误是难免的。出了一些错误，可以有善意的批评指正，但也有人说闲话，讽刺挖苦。这些应镠是能预料的。他以极大的毅力坚定地开创。善意的批评指正，他虚怀若谷，接受改正；至于讽刺挖苦，他则一笑置之。其实，整理后已出版的《续资治通鉴长编》受到学术界的欢迎，很快，它就成为畅销书，现在这部名著已难买到了。

我国的宋史研究有成绩，应镠给予肯定。但他却忧各校各研究机构学者们力量分散，影响研究的进展，乃有创办宋史学会之意。当然，宋史学会的创立者多人，应镠是其中之一。但如我们回忆当年宋史学会召开成立大会的经过和实际情况，应该说，应镠是宋史学会得以成立的主要推动人。宋史学会成立大会在上海师院召开，与会者的食宿均在上海师院，市内交通亦由师院负责。这一切费用均出自上海师院。师院的领导亲临大会布置和祝贺。这一切都是应镠努力得来的。以他在上海师院的地位，以他至诚的努力，师院愿意出钱出力，使宋史学会成立大会圆满召开。而事后悠悠之谈，却向应镠泼污水。至今思之，仍使人愤慨。

应镠忧我国古籍整理力量之不强，忧上海师院文史学科教学与研究成就之不十分显著，他亲自创办上海师院古籍研究所。1981 年我们在北京见面时，应镠就提出这一意见，简要地向我说了他的计划。1985 年，我第一次去上海师院讲学，参观这个新建立的古籍研究所，应有的图书资料备具，研究人员各司其职，古籍整理的初步计划已经完成。我不能不赞佩应镠的才能。

我在这篇小文里，不想写出应镠一生事业的全部。我的重点在于：应镠一生的事业都是在忧国忧民思想支配下开创和完成的。忧古籍整理而创办上海师院古籍研究所，忧国也；忧宋史研究而创办宋史学会，忧国也；忧我国教育而创办高桥师范和上海师院，忧国亦忧民也。无事不忧，无时不忧，然则应镠何时而乐？他乐在忧中，在为事业而忠诚竭力之中。

应镠有家庭之乐。我两次去上海师院讲学，是他家里的座上客。饭后谈文论史，说古道今，他们的小楼里充满欢乐的气氛。在一次谈话里，宗蕖（应镠的夫人，宗瀛之妹）感慨地说：

> 这个家庭的生活上和工作上的灾难没有把我们压垮，生活上的灾难可能已经结束；只希望没有重大的疾病，只希望再过些年没病没灾的平静生活。

这时，应镠已患有使人忧虑的病症的萌芽。这个刚强的人硬是把病压下去，他依然不舍昼夜地工作着，直到他不得不长卧病床，才把工作放下。

“积善之家，必有余庆。”应镠、宗蕖积善如东海南山，他们的余庆应泽及二子二女吧！大道不爽，应该如此。

应镠一生体现了孟子所说的：“富贵不能淫，贫贱不能移，威武不能屈，此之谓大丈夫。”朱熹注曰：“移，变其节也。”其实，这三句话都关系到气节，虽身值富贵、贫贱，或身临威武之下，有气节的人都能守其道而不坠。应镠一生的遭遇及其所作所为，不正是这样吗！

有一次在他的书房里，他取来陈寅恪先生的《寒柳堂集》，我们共同阅读《赠蒋秉南序》，读到：

> 虽然，欧阳永叔少学韩昌黎之文，晚撰五代史记，作义儿冯道诸传，贬斥势利，尊崇气节，遂一匡五代之浇漓，返之淳正。故天水一朝之文化，竟为我民族遗留之瑰宝。孰谓空文于治道学术无裨益耶？

这一段，应镠提议，再读一遍，各自背诵。我们背诵流畅，应镠更好。琅琅之声，响彻于小楼内外。接着，应镠执笔铺纸，振笔疾书八个大字："贬斥势利，尊崇气节。"字如其人，挺拔豪放。我们看字，相视而笑。寅恪先生这八个字，不仅是对蒋秉南先生的教诲，也是对先生所有门人和正直的中国知识分子的教诲。应镠在西南联大听先生讲课，应镠一生真正做到这八个字，无愧于这位一代宗师的教诲。

应镠故去后，他们的长子接宗蘖来北京小住。她到北大来看我，我们谈了应镠的一生。宗蘖最后说："我一生陪伴着这样一个人，是值得的。"宗蘖是对的。应镠功在民族国家，泽及后昆；他无愧为祖国之子，无愧为夫，无愧为父，无愧为师。他一生无憾事。应镠，含笑遨游于九天之上吧！

1994 年 10 月

（原载《程应镠先生百年诞辰纪念文集》，上海古籍出版社，2016 年）

程应镠富有开创精神

王永兴

老友程应镠的弟子们要编辑出版纪念应镠的文集，要我作序，我很高兴接受这一任务，并愿借此说几句我对应镠的了解。

我主要说的是：应镠富有开创精神。今日的上海师大就是过去的上海师院，历史系的主要开创人就是应镠。上海师院古籍研究所的主要创办者也是应镠。就后者，我知道得更多，应镠多次往返北京上海之间，因为能得到古籍整理委员会的经费支持，是很不容易的，应镠碰了一次又一次的钉子。最后，凭着坚韧不拔的毅力和坚持不懈的努力，他成功了。这种开创精神贯穿了应镠的一生。年轻时，意气飞扬的应镠就是这样。我还记得在抗战时期，我们在大学毕业之后，应镠和他的夫人李宗蕖，还有宗蕖的哥哥宗瀛，一起艰苦卓绝地在贵阳创办了花溪中学。而据我所知，花溪中学曾经是西南地区最好的中学之一。

一种事业在开创之后，必须要完善之，发展之。所谓发展，就必须有人。人从哪里来？二十多年前，应镠曾邀我到上海师院去讲课半个月，我亲身感到，上海师院的教师们在品德和才学方面，都是可以完成高等学校培养人才的任务的。看到这些风华正茂的教师和虔心向学的莘莘学子，我深深体味到应镠为此耗费的大量心血。至于古籍研究所，也成果卓著，成果之一即校点的《续资治通鉴长编》。这套书出版后，很快抢购一空，我们在北京，也有几册一直买不到。可以说，这套书应镠花费的时间最多。

写到这里，我仿佛又回到近七十年前昆明先生坡的一间小屋子里。屋主人是应镠和宗瀛。我们五六个人在一起，长谈毕业后的打算。应镠滔滔不绝地高谈阔论，热情洋溢。在应镠的谈话里，我感到他对于吾华夏民族以圣言为基础的学术民族优良传统的感情和意志。应镠富有开创精神，并完善发展之，就是他对吾华夏民族以圣言为基石的优良学术传统有深厚感情的体现。

我想就这点来讲，在这部纪念文集中执笔的应镠的弟子们是比我更清楚的。

2004 年 8 月 20 日

（原为《论史传经》序言，上海古籍出版社，2004 年）

悼念程应镠同志

徐中玉

年纪不觉进入老大以来，师辈已凋零殆尽，早就延及同学、朋友了。许杰先生是去年九月逝世的，最近几个月来，又不断听到骆宾基、陈白尘、史直存、万云骏、程应镠等老友，以至最近刘海粟翁的仙去。尽管每个人自然有个“大限”，这个日子必然有天会到来，但我对这些朋友、前辈的死别，依然“惊呼热中肠”，感觉无限悲叹。

在这些朋友、前辈中，与程应镠的交谊已半个世纪，又长期都在上海，最危难的苦头同时全吃到过，我直接看到听到他在危难中是怎样表现的，危难过后他是怎样对待工作的，而且还看到了他在这几年重病缠绵中怎样还在苦苦挣扎，希望有一天能够重新坐到他的书桌前去完成许多早有计划的书稿。他的博学多识，他的勤奋负责，他的敏锐眼光，他的文学才气，他的君子之交……一时也说不尽。他一直是我非常钦佩的老友。人在一生中能有多少这样的朋友会给自己增加力量？这也是难得的幸福啊！

应镠是宋史专家，硕果累累。但他从来不只是一个学者。青年时代他就积极参加北方的“左联”，参加“一二·九”学生运动，参加“民先”，直接活动在抗日前线，又很早参加“民盟”，以及上海的“大学教授联谊会”。忧患深重，敢作敢为，哪有一丝一毫反骨、媚骨。谁也料想不到这样做人会很难很难。改革开放后，繁华落尽，他决心摆脱虚文，专心学术，培植学科研究人才，从自己做起树立起一种谨严而又先进的学风，尽其绵薄。他果然做出了很多成绩，而且自感愉悦，认为找到了一条此时此地比较实在的献身之路。晤面时我们互相砥砺，可我远不如他。他每晨总常出去散步，精神饱满，朋友们都羡慕他健步如飞。不幸，疾病却缠上他了，很快发展到生活完全不能自理，多年只能终日卧床，心里直为他计划要做的工作着急。想象得出老伴和孩子们为照料他，几千个日夜尽了多少心血，每次去看望时，我都看得出他们是多么心甘情愿。这是一个原来多么美满而几十年来又多么艰难的家庭。各式各样由应镠所遭而殃及的磨难，他的老伴和孩子们哪一个没遭连累呵！

联想到我在上面提到的骆宾基、陈白尘、史直存以至刘海粟翁，在以前那二三十年间，又哪一位不是像应镠吃足了无辜之苦呢！忍辱负重，吃过苦就算了，重新站起来，更实在地为社会、为国家做点贡献，这就是应镠，也就是中国绝大多数有良心的知识分子共同的气质，共同的品格。如果没有什么飞来的横祸，无疑他们都能比已经取得的成果做得更多。这一代中国知识分子决不比任何时期的人们更愚笨、糊涂。应镠，你已无负此生，你的"有尽"已融化入我们民族、人类发展的"无穷"。可以安息了！

或谓中国这一代知识分子特出的爱国、爱革命，而遭遇最坎坷，是"民族的悲剧"。是"悲剧"，说对了，但说原因，"民族的"似还可以深思下去。逝者已矣，"民族悲剧"再也不许重演了。

（编者按：此文据作者存稿录入，当刊出于 1994 年，刊出报刊待考）

怀念应锷老友

徐中玉

应锷是我的老朋友之一。在他逝去的这十年里，我常常想到，他如还在，我们会谈些什么，互相鼓舞什么，期望什么，那样的话，生活一定会过得更有味些。从前，每过段时间，我们就会相约，不是我去看他和宗蕖，就是他来看我和瑰卿：一道喝几杯酒，谈谈新看过的书，讨论一些我们都感兴趣的问题，关心某种令人忧虑的现象。然后，我们会把对方一直送到可以上车的公共汽车站头。我们相识得很晚，那是在抗战胜利后的上海。当时我从青岛复校后的山东大学被迫回上海，写作以度日。应锷则在上海师专任教。抗战前，我先在青岛山大读了三年大学，后来又转到重庆中央大学一直到毕业。中间还在川大借读了两个月。我参加“一二·九”“民先”，战乱中迁校南下，漂泊于长江沿岸的南京、芜湖、安庆、武汉、宜昌、万县、重庆，后来又到成都，读的是中文系。他呢，记得是在北京燕京大学加入“左联”，同样也参加过“一二·九”“民先”，离乱中辗转于山西、华北、中原等地，后来在联大历史系毕业。他在西南的时候，我也在云南的澂江，读中山大学研究院的中国文学部。我后来又颠沛于粤北与东江、梅县、兴宁一带，直到胜利后中大复员回广州石牌。那时我们虽然不认识，经历却大致相同，都是坚持抗战，关心国家、民族命运的进步学生。在上海相识的时候，我们都是民盟盟员，都参加了“大学教授联谊会”，都已经发表过不少文字。几次交谈下来，发现彼此竟还有些共同的朋友。更重要的是，我们性格相近，喜欢直言，坦率，谈起共同关心的问题，总是一发而不可收。

“反右”时，我们都被不容分说地网罗进去，成为各种各样批判的靶子。“反右”结束后，我们一度都被纳入一个劳动“学习”组织，在郊区颛桥半天劳动，半天学习，历时两个月。一道参加“学习”的，以“民盟分子”为多，如沈志远、徐铸成、王造时、许杰、彭文应、陈仁炳、吴茵、陆诒、陆晶清、钱瘦铁、姜庆湘、李小峰等近五十人。就在那里，我们直接看到了“人民公社”的成立，看到了公社社员吃大锅饭，看到农民早晚排队出工，看到农村的土高炉大炼钢铁。亲眼目睹了农业“八字宪法”的掘地三尺式的所谓“深耕”，跟农民一起敲锣打鼓去捉麻雀，实际上也就是赶麻雀而已。当时各地都在“放卫星”，年产量天天在报纸上直往上翻，直翻到亩产若干万斤，犹未尽兴。

两个月后，我们一起被编进上海社会主义学院第一期各组学习，作为原属“敌我矛盾”而作“人民内部矛盾处理”的一个开始，为期半年。我们先是在同一个小组，后来虽说不在一个组，实际却仍然生活在一起，我们所有的活动都在同样的氛围里。即使在社会主义学院结业，各自回到本单位分配工作后，我们每隔两星期，仍有一次在市政协内“巩固成果”的学习活动。

再后来就是更加“史无前例”的“文化大革命”。我们这些人从“右派分子”到“摘帽右派”，再到“老右派”，二十年来，“右派”的帽子始终牢牢按在我们的头上。在此期间，我听说应镠受苦比我更多、更大。他的夫人因坚决说“程应镠不是右派”，便被据此定为“右派”。孩子多，负担重，甚至不止一次卖掉藏书以维持生活。“文化大革命”中，他更因倔强反抗侮辱而遭到毒打。他从未告诉我自己所受的这些苦，国家民族的前途究将伊于胡底是我们最大的忧虑。

成为“改正右派”后，我们都忙于学校的工作。应锷的身体原来还好，每天早上坚持锻炼。但二十多年的身心疲惫、忧心焦虑，终于还是夺走了他的健康。记得几次去看望生病的他，他还在思考他的研究计划，准备在健康起来后从哪些方面重新做起来，但他终究没有能够再恢复起来。一位多才、多艺、多能的硕学，文史兼精的大才，终于赍志以殁了。呜呼哀哉！

应锷兄，你的学生要我为他们纪念你的论文集写序，我想对你说，你永远活在老朋友和你的学生们的心中，你的未竟之业，会由你的学生、你的学业均已有成的孩子们来完成，我们这些老朋友，也会继续尽力！你安息吧！

2004年8月20日

（原载《论史传经》，上海古籍出版社，2004年）

遗札三复待春归

——缅怀程应镠教授

尚　丁

一

地下能相见，生逢不可期。
秋深云漠漠，风老雨丝丝。
遗札当三复，淫威逞一时。
劳人还草草，憔悴待春归。

这是程应镠教授于1977年10月所作怀念吴晗先生的五言律诗。其时，距吴晗先生蒙冤逝世已八年，诗情抑郁，语意沉痛！

程应镠在西南联大，是闻一多和吴晗的得意门生，又是往来亲密的挚友。就在昆明西仓坡程应镠常去的吴晗的那间小屋里，在闻一多篆书条幅前，1945年，吴晗和闻一多介绍程应镠加入了中国民主同盟。他是民主运动中义无反顾的斗士。因此，1946年夏李公朴、闻一多被暗杀时，程应镠是黑名单上重要的捕杀对象。他不得不逃离昆明，来到上海，在上海师专任教，并在上海政法学院教授世界通史。

程应镠来到上海后，立即积极参加了上海大学教授联谊会的活动。“大教联”是党领导的进步组织。当时，他才三十出头，是“大教联”中最活跃的教授之一。由于他的积极活动和对学生运动的大力支持，不到一年，即被上海师专解聘，乃到光华大学任教。

我是先从“大教联”的负责人张志让先生那里知道程应镠其人的。张先生说程应镠是“大教联”中最年轻的教授。因为程应镠来上海后没有参加民盟的组织生活，所以，我一直不知道程应镠是民盟盟员。在我负责上海民盟地下组织之后，吴晗通过他弟弟吴春曦，把程应镠的民盟组织关系转到我这里，我才和他取得联系。记得他当时住在四平路新绿村，当时叫“其美路”，是人迹稀少的一片荒郊，在那里和他见了面，我们一见如故。我立刻把他介绍给孙大雨先生，编入民盟上海市第五区分部，这是民盟的大学教授区分部，大雨先生是区分部主任。此后他就成了民盟的大学教授中最活跃、最积极的一员，并担任了上海民盟的解放工作委员会委员，为解放事业作出了重要贡献。

二

程应镠，笔名流金，1915 年生，江西新建县人，1935 年在燕京大学读书时，就参加了“北方左联”。他是“一二·九”运动中的活跃分子，与姚依林、黄华、陈翰伯、刘佛年、冯契等同学，并肩战斗在北平街头。“一二·九”运动中的积极分子，都是关心政治、以天下为己任而学业成绩优异的学生。他在“一二·九”运动斗争中，参加了“民先”组织。

全面抗战开始后，程应镠经天津从秦皇岛直航上海，回到江西故乡，再经武汉至渔关，过黄河，转战晋西吕梁、姑射山中。1938 年春，又渡过黄河到延安，再自延安南行，6 月到武汉。这一年中，他驰骋在烽火之中，写了不少讴歌抗战的好文章。后来，这些文章集辑为《一年集》一书，由桂林文化生活出版社出版。

这期间，他一度在武汉大学借读，于1938年秋去昆明，就读于西南联大，毕业后，即在云南大学任教。

应镠自己说是个有点孤僻的人，其实，他是个正义感极强，对同志、对朋友赤胆忠心的热心人。在“大教联”和民盟的大学教授区分部中，他和孙大雨、陈仁炳、彭文应等同心同德地奋战在革命斗争第一线，情深谊重。他对孙大雨从艺术殿堂里走出来，投身于革命斗争，非常敬重。1948年夏，吴晗来上海，他特地向吴晗介绍孙大雨的情况，并安排他们见面共餐。吴晗也为之十分高兴，说他很了解大雨先生的过去，也是一位闻一多那样拍案而起的学者，在北平也有许多与大雨先生交好的共同朋友。

当年，民盟的大学教授盟员，全部参加了“大教联”，沈体兰担任“大教联”的副主席，孙大雨、彭文应、许杰、陈仁炳、董每戡、林穆光等七人，是“大教联”的干事。参加“大教联”的盟员还有楚图南、夏康农、张孟闻、吴藻溪、程应镠、徐中玉、张文郁、杨村彬、王元美、赵书文、顾执中、勾适生、赵铭彝等等。他们做了很多工作，对民主革命是有重大贡献的。但在上海解放后还不到一星期，有人穿了军装回来，立刻召开了“大教联”的会议，大家原本希望从解放区来的同志，能多谈谈新鲜的人和事，但令人意外而不解的却是匆匆宣布改选“大教联”的干事会，民盟的同志全部落选。这是为什么？而这次集会却成了“大教联”的最后一次集会。程应镠感到很吃惊，也很沮丧！我也很惭愧，没有站出来为民盟同志说话。其实，我和那人是很熟的。

大家还都知道，在上海解放前那段黎明前最黑暗的时刻，程应镠在绍兴路静村四号的住所，就成了许多革命者的避难所。他们都在那里受到很好的接待。静村四号是国民党政府农林部部长周诒春的寓所，周在解放前去了香港，请程应镠一家去住，邻居都把他们当成部长的亲戚，正好掩护了他们，成了他们的乐园。孙大雨、陈新桂等同志，都在他家住过不少日子。大雨先生住在那里时，为“大教联”草拟了揭露蒋介石贪污、腐败以及暴行的材料，经常晚上工作到深夜，白天打字，一连十几天。工作完了，自己亲自把材料送交当时美国派到中国来的特使魏德迈和几家西文报纸。

上海解放后，程应镠一面忙于负责办学工作，还帮我复刊《展望》周刊。他为《展望》撰稿，还为《展望》组稿和看稿，处理具体的编辑工作。1957年，我们都被“扩大”进一只巨网之中，我远戍青海，使我俩的往来中断了二十年。

三

程应镠是治史学的，孜孜于史学教育，是一位在大学任教五十多年的知名老教授。他在大学里从世界通史，到中国通史、断代史都开过课，而特别精专宋史。他治学极其严谨而勤奋，对历史和历史人物的研究，有很高的造诣。他是上海师范大学历史系的创建人，他一生奉献于大学培育史学人才，桃李满天下。

程应镠认为，我国从孔夫子到孙中山，历史上有过无数英雄人物，他们少有大志，对祖国对人民作出过各种不同的贡献。他特别重视历史和历史人物的教育作用。他认为，选取历史人物中的精华，作为教育青少年一代的教材，使亿万青少年成为爱祖国、有理想、有道德、有文化、有纪律的接班人，继往才有开来，这是我国教育史中的一个优良传统。他对1949年以后长达三十多年的“左”的干扰，使历史和历史人物的研究没有上正路，深有感慨，认为把那些代表封建地主阶级的历史人物——帝王将相，一棍子打死，一概加以否定，不是治史的科学态度。他说：“历史事实是不能改变的，历史是不能随意篡改的，作史的人要尽最大努力求真；只有真实，历史才是一面不变形的镜子，才可以提供经验教训，才能借鉴。”

程应镠一生光明磊落，言行一致，爱说真话，也敢于说真话，坚持真理。这是中国知识分子极可贵的大节。他曾不无感慨地说过：这也就是他的致命伤！其实，这是特定时代的悲剧！

应镠的史学专著不多，其实，他是很能写的。他写的书，历史材料真确翔实，经得起严格检核；而其文笔，流畅清新，优美生动，可与文学著作媲美。他是可以为后人留下更多传世之作的。而由于不言自明的原故他只留下三本史学专著，一本是《南北朝史话》，一本是《范仲淹新传》，还有一本是《司马光新传》。而这三本书，也是在极其困难的条件下完成的。

1957 年以后，程应镠被迫弃离了做学问。那时，谁都不会发表他的文章，更不会出他的书。甚至，他连买本书的钱也没有。这时他的老同学、老朋友周游，主持北京出版社的一套《中国历代史话》丛书，要他选作《南北朝史话》，他很高兴，也很感动。但真正促成他在极其困难的情况下完成此书的，则是他的老师和知友——吴晗。

当时（1961—1962），对于历史问题的激烈争论已见诸报端，并正酝酿一场大批判。对那些讨论和批判，程应镠是有自己的看法的，但他已经没有发言权。他只有用他的著作来表明自己的观点。但他也不能在书里发议论，也不夹叙夹议，而是着力于叙事，以及与事有关联的人，由历史事实说话，做到论从史出，其论自见。而这，也正是程应镠的史学著作的特色。

程应镠很快写出了《南北朝史话》的第一、第二部分：《南朝的政治和经济》与《北朝的政治和经济》，把书稿寄往北京。吴晗立刻通读了全文，并即刻回信鼓励他说："就按这个样子写下去。我们打算把它印出来，作为担任其他朝史话作者们参考。我想你不会反对。”不久，这部分书稿即印了出来，在北京组织了讨论。吴晗还给他来了四五封信，他们讨论史学上的一些问题，大而如民族融合问题；小而如斛律光父子，吴晗都明确地表示了意见。1964 年初他交出了《南北朝史话》的全部书稿，但是，1964 年底，出版社正式通知他：程应镠的这本书不能出版。命运就是如此严酷！

这本书终于在十五年后的 1979 年 10 月得以出版了，而促使他写这本书的挚友吴晗，被姚文元用《海瑞罢官》作靶子，深文周纳，极尽其诬陷之能事，造成株连“十族”的大冤案，瘐死狱中已十年！程应镠望书兴叹，感慨万千，写下了本文开头这首血泪斑斑的五言律诗。他说：“对死者是纪念，对生者则应当是鞭策。”

春天终于来到了，大地一片欣欣生气，程应镠重新获得自由地做学问的权利。他情不自禁，立刻动手写他第二本史学专著：《范仲淹新传》。

范仲淹胸怀天下，以仁义为心，忠于谋国，明于知人；先天下之忧而忧，后天下之乐而乐；居庙堂之高，则忧其民，处江湖之远，则忧其君；不以物喜，不以己悲。程应镠自幼读史，对范仲淹的高大形象景仰心仪不已，激励着他，常常使他为国忘身！

程应镠从 1980 年开始动笔，一边为《中国历史大辞典·宋史卷》定稿，一边着手此书的写作，他这时已七十高龄，但他仍然兢兢业业，一丝不苟，参检摘录了六十七种史籍，深入研究了范仲淹的一生以及和他同时代的人和事，废寝忘食地投入写作，终于在 1985 年 7 月完成全稿，写出一个如山之高、如海之深的范仲淹。

他原本还可以写出更多史学专著的，但他病倒了，反侧床笫，一病不起，终于 1994 年 7 月 25 日与世长辞了！

翌日，我就去看望程夫人李宗蕖大姐。李大姐说：“应镠的历史专著，最后一本《司马光新传》是 1987 年 9 月病倒前完成的，

1991 年 8 月由上海人民出版社出版，印数很少，漏寄给你了。他原来的打算是写一系列宋人和魏晋人物的传记，但在这本书稿完成的第二天就进了医院，以后没有恢复过健康，所以，这本书无序无跋。”李大姐还说，几年前，她和应镠一起去参加一个老同志的追悼会，在回家的路上，应镠很深沉地说：“我们俩不论谁先走，走了，一切从简，一不举行追悼仪式，二不搞遗体告别……”古人说：“文如其人。”这不就是范仲淹的“不以物喜，不以己悲”的胸怀吗？

这一周，我重读了应镠的著作和文章，三复他的遗札。古人还说：“读其书，想见其人。”我不能不写下点什么！但写点什么呢？就写“遗札当三复，憔悴待春归”这么十个字吧！

1994 年 8 月 16 日

（原载《芳草斜阳忆行踪》，上海文艺出版社，1997 年）

半世相从心似玉　岂独情亲如手足

——琐忆程应镠、张家驹、魏建猷的“文人相亲”

萧善芗

上海师范大学为迎接六十周年校庆，在东一教室边的画廊里展出了第一辑专栏“师大先贤名师”，共展示自老校长廖世承至体育系原系主任王南珍等十六位老先生在学术上的卓越成就和对师大建设的巨大贡献。我出于对名师的敬仰与亲人魏建猷的怀念，于4月14日漫步画廊之前。细细浏览一圈后，便驻足于历史系原系主任程应镠、张家驹、魏建猷三位先生的画框前。看着他们的照片，不仅他们当年的音容笑貌活现眼前，三人间的许多往事，也从心头不断涌起。

在20世纪30年代初，程与张都为北京燕京大学历史系学子，魏为燕大图书馆职员。1954年上海师专成立，三人先后从不同岗位调至师专历史科。程任中国通史教程兼历史科主任，张任中国古代史教程兼古代史教研组长，魏任中国近代史教程兼近代史教研组长。虽然职务不同，学术各有建树，但一起共事，从无文人相轻之习，而处处体现出文人相重相亲的传统美德。张、魏所写的讲稿，必让程过目。程为建设好初创的历史科，在不少重要问题上都征求张、魏的意见，张、魏都能为共同办好历史科坦诚地各抒己见。程、张、魏出身于完全不同的家庭，年龄相距在五至七岁之间，性格各异，但都心胸宽阔，举止儒雅，且都身材高大，站在一起，酷似兄弟，走在一起，常常成为校园年轻学子叹为仰止的风景线。

争名夺利是许多人之常态，而程、张、魏于名利之前，却各有自己的淡泊。1955年，学校进行评级评薪。评定的结果程与魏同为四级，而张因来自中学，当局有规定，最高不得超过六级。程为此深感不公和无奈，而早已在宋史界享有盛誉的张先生却淡然处之，照样勤奋工作，且直至离世，从未为此发过牢骚有过怨言。真君子也！

1957年程被打成“右派”，罢了系主任职（那时师专已扩大为师院，科也提升为系）。学校改聘魏建猷为系主任。魏一方面心存畏惧，不知在此形势下如何工作；另一方面接程之职，作为朋友心有不安，便不避嫌疑牵连，直接去程府向程告知校方的决定和自己的心情。程十分坦然，劝魏不必介意，大胆工作。而在以后程被批斗的日子里，张、魏与其见面时仍像过去一样必打招呼，眼神里还送去几分同情和安慰。

科变为系以后，张被安排为历史系副主任。张、魏两人合作默契。那时程、魏两家，已搬住东部音乐新村，与历史系办公室近在咫尺；但张仍住四川北路横浜桥，每日到校办公来回需三小时。魏见张如此奔波，于教学、科研、系工作和身体健康都有影响，便主动和张商量，原则上一周各人值班三天，但在张无课，系内无大事商量时，张可不必来校，而由魏值班处理日常事务。后来，魏因肺结核病复发，学校安排他去杭州疗养，系内工作即由张一人主持。于是，他每日必来学校，而且从不迟到早退。系事务、上课教学、科研任务一样不落。辛苦可想而知。在两人通讯中，魏深表歉疚，张却不以为意，总劝魏安心养病，早日康复。

名利之间显风节，患难之中见真情。在“文化大革命”时期，前五年，三人均被打入“牛棚”，除共同被斗以外，都下放劳动，在1966年至1968年，同在桂林大队“改造”，干的是拉粪车，来往于漕河泾和桂林路之间，有时还要去七宝把酒糟拉回桂林二队猪场。劳动强度之大超过他们的承受能力，但大家都很认真，并抢着拣重活干。程、张两人十分照顾年岁最大而体弱的老魏，每当两人扛物、提物时，他们总是把重心向自己这边移，为让魏稍微轻松些。体贴之情，令魏感动而无以言表。

一次在收工途中，遇到一群附中红卫兵。因为我在阅读课上讲过魏徵《谏太宗十思疏》一文而被打成“牛鬼蛇神”。他们在无数次的抄家中都认识了老魏。因此见到他，便举起手中皮鞭，迎面抽打魏的头部，有的还拳打脚踢。魏当场头部出血，摔倒在地，不省人事。红卫兵见状，撒手而逃。程、张急忙向附近农家借了拖车，将老魏抬上拖车，连奔带跑至八院就医。经过急救，魏才逐渐苏醒而活了下来。

1967年夏，魏与我因不堪再被“武斗”到处躲避，红卫兵不断追寻，最后上海已无处藏身。为了活命，我们夫妇只能抛开儿女，去北京上访避难。但身在北京，心挂上海。无奈之下，魏冒险写信给程先生，想了解家中情况。程一家不仅早在暗中照顾魏家儿女，又不怕雪上加霜，连累加罪，给了回信，略谈上海形势和家中尚平安的消息。这一切，无疑是对魏全家的雪中送炭。

1971年“二十四史点校工程”上马，程、张、魏均被“废物利用”——先后停止了“劳改”而被安置到《宋史》标校组工作，这是他们三人共事的最后一段时光，更显出学人相交而重于学的本色。张先生因早在就读燕京大学时就对《宋史》开始研究，便被第一个调进该组，且任“通读”一职。张读书、工作一向勤奋、负责、认真。据程先生在《记张家驹同志逝世十周年》一文中说，在程进组不久后的一天，张把一篇未断句的白文拿给程读，在读到组内有过争议的地方，张让程再读一遍。程读了，张笑着说："我还有考考你的意思呢！"当时程听了，有些不高兴，但看到张工作认真的态度，甚至听说在便桶上还捧着《宋史》进行通读；同时也想到张对自己阅读文言文能力是不清楚的，作为标点通读，他必须知道，应当考一考。而作为他的朋友，张采取的方式和态度也是恰当的。于是原来的不高兴消失了，反而暗暗地更加尊敬张。

"通读"是一件苦事，在看过别人初标又经过自己改过的稿子，还要送给原来标点者看，这往往会引起争论。张先生想的是如何使标点质量不断提高，总是心平气和，有根有据地摆事实，讲道理，使对方膺服。他和老魏也有过这样的争论，结果总是谁根据最足有道理，就照谁的意见处理。他们的这种对学问一丝不苟的态度，可能就是孔子所言"君子和而不同"在学术问题上的表现吧！

程、张、魏三人经历坎坷，而张尤为不幸。"文化大革命"中，张先生的独子在广州被迫害致死，丢下了年轻的妻子和幼小的儿子。张把失子之痛，隐藏心中，从不对人诉说，而工作一如既往，只是更沉默了。直到很久后，程、魏这些与他朝夕相处、患难与共的朋友，才知道他所遭的不幸，但也只能心中同情，无法出言劝慰。然而总想以适当的方法，宽宽他的心，哪怕只是暂时的。老魏就同程先生商量，相约张先生夫妇带上小孙子一起去苏州玩一次。张先生欣然同意。那是 1972 年 4 月，三人还未得到真正"解放"的时候。三家夫妇带着可爱的张彪彪，清早不动声色地去北站乘火车至苏州。整整一天，在苏州玩了好多个景点。大家把一切都抛至脑后，尽情欣赏苏州许多不同的江南庭院和大自然的美丽风光，拍下多张照片。这些照片既记录下了程、张、魏间永恒的友谊，也体现出三人虽然身处逆境但不为所困的宽阔胸怀。

不久，张先生因积忧积劳成疾，患了不治之症，于 1974 年离开了相濡以沫的妻子、心爱的孙儿；放下了为之呕心沥血的未竟事业而溘然去世，年仅六十。张离开了人世，留给程、魏的是无尽的思念。

1978年秋，程先生审阅张先生的遗著《沈括》重印校样。校毕已深夜，程先生情不自禁地写下了七言绝句一首：

呕心剩有遗书在，记往难禁泪满腮。
廿载相从心似玉，一灯愁听雨声来。

老魏晚年常拿起张先生“通读”过的《宋史》书卷，面对着压在书桌玻璃板下的上述照片，默默地凝视着凝视着，最后自言自语地说：“家驹实在走得太早了，可惜啊！”这时，泪水再也禁不住地流了下来。

改革开放，程、魏得到彻底平反，先后回归历史系任原职。两人除合作管理系务外，还要上课、带研究生、搞科研。长期积累的资料，早已在“文化大革命”中被毁。两位老者为实现自己的旧梦，只能从头开始，日夜奋斗。到周末才各自放松一下。于是晚上两人常相聚一起，或在程府，或在魏家，坐在两家小书房里，清茶一杯，或谈学术，或叙掌故，或海阔天空地聊天，直至深夜。他俩有时喃喃细语，有时大声争论，有时哈哈大笑，融洽温馨，令人欣羡。

可叹好景并不太长，数年后，两人相继患上不治之症，各住医院，相互间牵念不止。1988年1月19日，老魏在79岁生日的前夜，平静、尊严地辞世了。

此时，程先生在病榻上满含悲痛地作挽联一副：

论交四十年患难相依，岂独情亲如手足；
卧病三百日艰难一面，不知何处赋招魂。

1994年7月25日，程应镠先生与病魔顽强斗争，卧床8年后，也与世长辞，享年79岁。作为老魏的家属，拙于言辞，难以表达悲伤之情。如果有天堂，他们三人应该会在那里，依然相亲相重，抛开了人世间一切烦恼和辛酸。

三人已去，留在上师大校园的，只是他们的照片、亲友学生的记忆，但他们的淡泊名利、严谨治学和相重相亲的学人风范，应该融注到师大校园的精神中去。

（原载《程应镠先生百年诞辰纪念文集》，上海古籍出版社，2016年）

程应镠先生杂忆

王曾瑜

时光如流水，转瞬之间，逝世22年的程应镠先生已届百年诞辰，而作为后辈的我，也已接近他当年的高龄了。

回忆起来，我与程先生的相识和亲近，是始于1980年初次宋史年会，此后又在上海暂住数月，在他领导下，参加《中国历史大辞典·宋史卷》的工作，以及后来在中国宋史研究会中的一些会务。程先生过去的情况和磨难，我还只是从其好友熊德基先生处，稍知一二。尽管程先生身处逆境，而作为中共党员的熊先生，却在事实上并未与挚友“划清界线”，一直保持了真诚的友谊。这在当时确是难能可贵。

程先生从魏晋南北朝史改治宋史，在校点《宋史》的极其繁重的工作中出了大力。毋庸置疑，对杂乱错讹极多，而又卷帙最大的《宋史》的校点，其难度和工作量肯定居二十四史校点之首。当标点本《宋史》问世后，自然会出现赞扬的声音。特别是在上海标点的五部史书中，《宋史》肯定质量最好。但程应镠先生对此是有清醒的认识。我第一次见到虞云国先生，记得他当时找程先生谈一点工作，虞云国走后，程先生向我称赞说，虞云国在大学阶段，正当标点本《宋史》问世不久，居然就找出此书的不少问题，十分不易，难能可贵。

依个人的观察和体验，大凡真心治学、有事业心、有责任感者，往往也自然而然地、真心实意地奖掖和提携后进，程先生当然也是这样的。虞云国先生正是在程先生的识拔下，得以进入了史界，而成长为一位有真知灼见的，有深入研究的，并且怀着对祖国、对史学发展的责任心，而有强烈民主意识的史家。

程先生虽然长期处于逆境，但我的第一印象，真可说是意气风发，干劲十足，似乎往日的委屈，在他身上简直就没有留下什么形迹。他处理什么事情，都不喜欢安坐不动，对人发号施令，而是事必躬亲，不惮烦劳。例如我们所写的《中国历史大辞典·宋史卷》释文稿，原来都附注相关的史料出处，出版后，才将相关的史料出处，都予以删削。他对每条释文都进行仔细审读。记得有一回，特别找我，为的是我的释文稿中所示的出处，他找不到相关史料。直到我翻开书，向他指明了在史料的何处段落，他看后才放心。他得病后，我有一次到上海看望，顺便向他报告一点中国宋史会的会务。程夫人李宗蕖先生有点不高兴，说："就是为了宋史会，他才病成这个样子。"我听后，心里确实很不是滋味，这决不是对李先生的话有所不快。我也深深感觉到，程先生那种办事作风，对宋史会会务的认真，确实严重地损害了他的健康，这是不争的事实，也因此而感觉难过和不安。

程先生有一回对我谈及他听陈寅恪先生讲课的体会，赞叹陈先生的知识真是渊博，说相比之下，"郭老（沫若）是不如的"。我对这句话印象特别深，所以几十年后，还是不能忘却。记得在我的大学时代，陈寅恪先生是批判的对象，而郭先生则是又红又专的榜样，当时还传达郭先生的话："陈寅恪是可以超过的。"程先生这番亲身感受，对我解放思想，转变观念，是有相当帮助的。直至自己年过七十，方才明白一个道理，世上有高明的学者，却无完美的学者，但陈寅恪先生无疑是一座时代的史学高峰。像我们这个年龄段的人，先天不足，后天失调，事实上还谈不上望其项背。至于郭先生，我曾在论文选《凝意斋集》的自序作了一个评论，记得已故的前辈、河南大学的姚瀛艇先生曾对我表示，他喜欢此段评论，在此就不予赘述了。

年纪愈大，似乎时光过得愈快，偶翻16年前为戴静华师姐所写的悼文，最末有一段话："人生一台戏，自己当然已经在唱收场戏，或者说是坐末班车了。然而每念及死者，也包括静华师姐，自己总感到，他们的辞世，是加重了自己的责任。无论如何，也要对自己的祖国和民族最后做一点微薄的、却是不应不做的事，不计成败利钝，藉以悼念死者。"我想，对前辈程应镠先生在天之灵，最后想说的，也还是这段话。

（原载《程应镠先生百年诞辰纪念文集》，上海古籍出版社，2016年）

一位对宋史研究有特殊贡献的长者
——纪念程应镠先生百岁冥寿

张邦炜

程应镠先生（1916—1994）是20世纪“上海十大史学家”[①]之一。掐指算来，已仙逝20多年。人到老年常念旧。这些年来，我经常想到他，不时讲到他。讲到他对我国宋史研究的特殊贡献，讲到他的为人与治学之道。想到在他引领下工作的那些日子，想到他留给我的一些不理解或不甚理解的疑问。

一

我有幸认识程应镠先生，是因为参加编审《中国历史大辞典·宋史卷》。《大辞典》是20世纪70年代末80年代初我国历史学界的一项重大工程，由当时资格最老、最具感召力的历史学家郑天挺先生任总主编，著名历史学者多半参与其中，担任分卷主编或编委。据介绍，这部大辞典“是迄今为止新中国编纂出版的第一部由国家组织编写的特大型历史专科辞典”，号称“当今世界上最全面、最权威的中国历史百科全书”。《大辞典》有14个分卷，《宋史卷》的主编是邓广铭、程应镠两先生。因邓先生忙于编撰《中国大百科全书·中国历史》辽宋西夏金史分册，《大辞典·宋史卷》由程先

① 姜义华主编：《史魂：上海十大史学家》，上海辞书出版社2002年。

生全权负责。

我初次见到程先生，是在上海桂林路100号——现在的上海师大徐汇校区。1982年春，应程先生之约，我与徐规先生等前辈学者以及朱瑞熙、王曾瑜等朋辈先进一同来到这里，在程先生主持下，编审《大辞典·宋史卷》。2012年秋，程先生的高足虞云国教授邀请我到上海师大访问，我当即欣然应允。因为这个“书香惹人醉，花落梦里回”的地方，给我留下了不少美好的记忆和若干值得回味的往事。30年后，这里旧貌换新颜，装修整饬一新，让我几乎无法辨认。经云国兄提示，我才发现早餐饭厅就是从前的食堂，徐规先生和我等当年在此处拿着饭碗，和同学们一道，依次站立，排队打饭，然后回宿舍就餐。下榻的宾馆正是当年我们寄宿的招待所，外地来的7位学人在此住宿。两人一间屋，兼做办公室。刚从南京大学毕业、分配到上海师大任教的元史研究生，后来大名鼎鼎的萧功秦教授和我同住一室，徐规、颜克述两先生与我们毗邻而居。徐先生是温州平阳人，每餐必饮老白干，工作时总要打开收音机听越剧。越剧声音开得很大，并不影响徐先生工作。他眼力非凡，酒后头脑反而特别清醒，总能迅速发现我们的错误，并快速一一予以纠正。此刻，我仿佛回到30年前的时光，想得最多的、同云国兄谈得最多的无疑是我们的主编程应镠先生。

程先生最初给我的直觉印象有二：一是体格格外健旺。他身材高大，目光炯炯，有锻炼身体的好习惯。每天清早都看到他穿着当时很时尚的运动鞋，在学校大操场里跑步，他年轻时代似乎是个体育运动爱好者。二是组织能力超群。他非常讲求效率，从不开会闲谈，主要依靠曾维华[①]、虞云国两位助手开展工作。行政事务一概

---

① 21世纪初，我到上海师大时，曾维华兄刚从科研处处长岗位上退下，他专程前来与我会面，共同述说着当年的往事趣事。

由曾维华负责，编审事务则通过其学术助手虞云国上传下达。任务一清二楚，工作井井有条，我们几乎没有任何事情和问题需要直接找程先生。

程先生事业心极强，为集中精力，全力以赴编撰《大辞典·宋史卷》，辞去校内一切事务，一人专心致志在家里办公。我们不便打扰，只是晚饭后偶尔到他家短暂拜望。程先生颇有长者之风，待人诚恳，乐于助人，有求必应。当时我刚调离西藏，到四川师大任教，想趁机观摩上海师大历史系的课堂教学。程先生立即安排，让我听他的大弟子李培栋老师讲课。李老师讲五代十国，讲得十分精彩，至今记忆犹新，给我启发很大。

当年从事国家特大重点科研项目，条件之艰苦，生活之简朴，在今天难以想象。参与者无任何好处，每人每天仅有生活补助费三毛六分钱。或许是为了弥补一下吧，离开上海前，程先生耗资四十元，请我们在徐家汇衡山饭店吃了一顿淮扬菜，算是“奢侈”了一回。应邀作陪的有早年著有《宋金战争史略》一书的沈起炜老先生。其中一道鲜虾仁炒豌豆，味道异常鲜美，始终让人回味。

在程先生的精心组织和辛劳工作下，《大辞典·宋史卷》于1984年由上海辞书出版社印行，在各断代分卷中是最早出版的。这本辞书缺点虽然相当明显，正如程先生所说：最大的缺点是“所收词目远远不能符合读旧史时的需要”。[①]然而直至21世纪初仍是宋史研究者案头必备的工具书。

二

程先生对宋史研究的特殊贡献远不止此，主要在于以下两大

① 《编辑〈中国历史大辞典·宋史〉卮言》，《程应镠史学文存·流金集》，上海人民出版社2010年，第522页。

方面。

其一，创建上海师大古籍整理研究所，将它建设成为我国宋史研究的重镇。《宋史》《续资治通鉴长编》两大部书标校本是由上海师大[①]组织整理的，其主持者主要是程先生。这两大部书标校本问世，在当年是宋史研究者的两大福音。程先生有远见、抱负大，他决心在此基础上迈出大步伐。他说："宋代史料整理的工作，是大量的，没有一个相当长的时间，不认真组织人力，是整理不完的。"[②]程先生为此网罗了不少人才，于是上海师大古籍所在20世纪80年代是宋史研究者人数最多，整体实力最强的单位，足以同当时以研究人才少而精著称的中国社科院历史所宋辽金元史研究室相媲美。后来宋史研究基地增多，但上海师大古籍所始终是我国最具实力的宋史研究重镇之一。2014年，在杭州宋史年会上，会员海选理事，上海师大当选理事者竟多达5位，成为一大"怪事"。其实"怪事"不怪，上海师大宋史研究实力之强为学界同行所公认。营造这方宋史研究重镇，程应镠先生厥功甚伟。难怪每当讲到、来到上海师大，我和同行们一样，总是情不自禁地想到程先生。

其二，主持宋史研究会秘书处，将它建设成为"会员之家"。程先生是宋史研究会的发起人和筹备组成员之一，并负责具体筹备工作。1980年10月，宋史研究会成立大会及第一届年会在上海师大召开，由程先生主办。程先生出任第一任秘书长，稍后又任副会长兼秘书长。第一本宋史年会论文集由邓广铭先生领衔主编，程先生具体操持。《宋史研究通讯》由程先生创办，并亲笔题写刊名。研究会在民政部注册、年审等相当琐细的事务，程先生都操心不少。研究会的规制最初是在程先生参与下制订、形成的。在知名学者当

① "文化大革命"期间，华东师大曾与上海师院合并，称上海师大。

② 《杂谈宋史研究》，《程应镠史学文存·流金集》，第517页。

中，程先生是一位难得的办事能力极强的干才。打个不恰当的比喻，当年的宋史研究会，如果说会长邓先生是“董事长”，那么程先生便是“总经理”。 他为草创时期的研究会做了许多实事。当年，我到上海或路过上海，总是选择投宿桂林路 100 号，连招待所工作人员也要用欢迎的口气要说一声“又来了”。因为我们的研究会秘书处就设在这里，这里熟人最多，来到这里多少有些回家的感觉。如果程先生健在，秘书处只怕应当始终设在上海这个大都会，不会迁往“上不沾天，下不着地”（漆侠先生语）的保定。

程应镠先生给我留下的最深刻印象是爱惜人才，提携后进，并自有其特点。我在上海师大编审《大辞典·宋史卷》期间，程先生不仅做主引进了萧功秦等青年才俊，而且正千方百计将朱瑞熙从中国社科院近代史所调到上海师大，并准备让贤。程先生与朱瑞熙既无师生情谊，从前又无交集，看重的是他的学识。我后来致信程先生，将他盛赞为“韩荆州”，并非溢美之词。程先生爱才，具有兼容性，不拘一格。微观考据型、宏观探索型、微观宏观研究复合型三种人才，一概受到程先生的赏识和提携。

三

或许因为程应镠先生有 1957 年的遭遇，在很长时间里，我对程先生的身世与阅历知之甚少。在我心目中，仅仅将程先生定位为一位学风严谨的古籍整理专家，甚至误以为他自来是个象牙塔里的迂夫子，因而留下了一些疑问。最大的疑问是，与微观考据型人才相比，程先生为什么更赏识宏观探索型与复合型人才？据说还特别欣赏擅长理论思维的赵俪生老师的高足葛金芳师弟，并曾给予很大支持。后来读过《程应镠自述》及虞云国所著《程应镠评传》等传记资料，才发现我从前对程先生的定位大谬不然，于是疑问迎刃而解。

程应镠先生青年时代的经历跌宕起伏，丰富多彩，颇具传奇性。与其同龄人赵俪生老师性格虽然不尽相同，但经历则多有惊人的相似之处。青年时代的程、赵二先生都属于理想主义者，或可定位为“党外布尔什维克”。程应镠先生20世纪30年代在北平读大学时，酷好写诗著文，参加北方左联，创办文学刊物。在民族危亡关头，参加“一二·九”爱国学生运动，加入民族解放先锋队，奔赴抗战前线，在八路军115师当过战地记者，到过宝塔山下的延安。稍后又跟随奉命潜伏的同学、中共党员、有“红色卧底”之称的赵荣声到洛阳，相继在第一战区长官卫立煌司令部、13军汤恩伯部任同上校秘书。抗战胜利后，在反独裁、争民主的斗争中，他壮怀激烈，加入民盟，被特务盯梢，上了黑名单。程先生绝非读死书的书呆子，他志向高远，写下“斗争文字疾风雷”“报国谁知白首心”等诗句以言志。青年时代的程先生是令人崇敬的战士、斗士和勇士。

程先生先后就读于燕京大学、西南联大等名校，迭经沈从文、闻一多等文史名家指点，其治学主张与方法在当时相当前卫，至今仍很有价值。按照我的粗浅领会，其主要精神或可概括为“三个交融结合”。程先生反对食古不化，主张古与今交融结合：以史为鉴，古为今用。他强调史料不等于史学，主张史与论交融结合：重视理论，推崇会通，既追求高屋建瓴，又鄙弃不根之论。他认为史无文则不行，主张文与史交融结合：文笔简练明快，生动流畅。程先生的《南北朝史话》《范仲淹新传》和《司马光新传》等史学论著即是其治学主张与方法的具体体现。依我看来，程先生如果1957年不被错划，是不会主要从事古籍整理的，必有更多更好更加厚重的史学论著问世，像《南北朝史话》一样，令专家交口称赞，让读者齐声叫好。

据说，文化有京派与海派之分。对两者一概贬斥者有之，如鲁迅："在京者近官，近海者近商"，"'京派'是官的帮闲，'海派'则是商的帮忙"。一概肯定者也有之，如曹聚仁："京派笃旧，海派骛新，各有所长。"[①]而更为普遍的则是扬京抑海，视京派为正宗，视海派为异类。在某些方言如四川话中，"海派"属于贬义词。其实广义的海派文化，其内涵和外延都具有不确定性，是个相当含糊的概念。至于海派史学一说，我看更难成立。"识大而不遗细，泛览而会其通"的吕思勉先生，"纵论古今，横说中外"的周谷城先生，较早用历史唯物论探索我国古史的李亚农先生，力图"以史经世"的陈旭麓先生，同属当代"上海十大史学家"，但他们的学术追求和治学风格各不相同，差异性远远大于同一性。如果一定要将程应镠先生视为海派史学家，那么我坚定地认为：海派不"海"。程先生治学，标新不立异，严谨而笃实，不另类，很正宗。我怀念程先生这位对我国宋史研究有特殊贡献的长者。

2016 年 3 月于海南琼海

（原载 2016 年 4 月 7 日《光明日报》，收入本书时略有删节）

① 参看陈旭麓：《说"海派"》，《陈旭麓文集》第二卷，华东师大学出版社1997年，第598—602页。

中国宋史研究会初创时期的程应镠先生

曾维华　虞云国　范　荧

张邦炜先生在《一位对宋史研究有特殊贡献的长者——纪念程应镠先生百岁冥寿》一文中，把“主持宋史研究会秘书处，将它建设成‘会员之家’”视为程先生对宋史研究的特殊贡献之一，并比喻说：“当年的宋史研究会，如果说会长邓先生是‘董事长’，那么程先生便是‘总经理’，他为草创时期的研究会做了很多实事。”

诚如张邦炜先生所说，中国宋史研究会的从无到有，日益壮大，程应镠先生当年付出了许多心血与努力。

中国宋史研究会是“文化大革命”以后成立的第一个全国性断代史学术研究团体，从 1980 年至 1994 年的 15 年间，研究会秘书处一直设在上海师范大学，研究会日常工作在秘书长程应镠先生的领导下有效运转。我们几人曾先后协助先生开展具体工作。大致而言，研究会筹办及成立期间，已是历史系教师的曾维华参与最多；1982 至 1984 年，由俞宗宪和虞云国先后负责；1984 年 10 月以后至 1994 年，主要由范荧操持。我们共撰此文，希望能大致还原研究会秘书处的早期工作，再现程应镠先生在中国宋史研究会历史上留下的浓重一笔。

“文化大革命”结束，百废待兴，学术文化领域也亟须拨乱反正，史学领域更是重灾区，肃清“文化大革命”流毒、推动学术研究的呼声尤为强烈。1979 年 3 月，已是新一届中国史学会理事兼副秘书长的程应镠先生参加了在成都召开的全国史学规划会议。会上，决定成立中国宋史研究会，并推北京大学邓广铭、暨南大学陈乐素、中国社会科学院历史所郦家驹和上海师范学院程应镠组成筹备小组，由上海师院负责具体筹备工作。

此后的一年半时间内，程先生一直在为研究会的筹建和成立大会的举办而操劳奔波。他广泛联络分布在北京、河北、天津、广东、四川、河南、云南、福建、广西、陕西、辽宁、浙江、内蒙古等各省市的宋史研究学者，征询意见，争取支持。当时通讯条件落后，所有联系全靠邮政信函，程先生一一亲笔致函，有时，得鸿雁往返数次才能解决问题。上海本地学者，包括复旦大学、华东师大、上海教育学院、社联、古籍出版社等单位，他都亲自一一登门拜访，邀请相关专家，协商研究会筹办事宜，组织参会论文等。当时，私人电话对多数人而言还是奢望，市内交通也十分落后，程先生不辞劳苦，经常从西南隅的上海师院出发，穿梭于上海。一次，他在曾维华陪同下，斜穿上海，到复旦大学拜访谭其骧先生，谁知谭先生临时有重要会议，又没有电话可以及时通知程先生，于是程先生只能耐心等待谭先生的会议结束。以当时条件，这类奔波辛劳必定不胜枚举，但程先生锲而不舍，终于让参会名单上，出现了重量级名人大家。

由于上海师院在“文化大革命”以后首次举办如此大型的学术会议，经费紧张，资源匮乏，经验不足，人手有限，连会议用的热水瓶、茶具等，都是向学校后勤部门借来的，而接站送站尤其购回程票等事宜，更令人焦头烂额，人仰马翻。张其凡先生当年以研究生身份参会，迄今还笑忆当年晚上只能在教室睡课桌的“礼遇”。所有这些情况，是现在主办学术会议完全难以想象而无法相比的。

但在条件有限，经费不足的情况下，程先生为会议的筹备与召开，投入了大量的精力。他亲自擘画，精心安排，借助了自己在上海师院的影响与人脉，还是把这次盛会办得庄重、成功而圆满。当时，他担任历史系第一副主任，同时负责古籍整理研究室的工作，在不影响正常教学秩序的同时，最大限度地调动了两个部门的教职员工，包括中国古代史教研室的全体教师和其他教研室的教师，系办公室与资料室的工作人员，以及部分研究生、本科生等，投入到头绪纷繁的会务工作中。中国古代史教研室郑宝琦老师负责接站，忙得马不停蹄；中国近代史教研室夏笠先生负责秘书组工作，天天加夜班编写《大会简报》（六天会议共出五期简报）；分组讨论时，让青年教师当各组联络员。尽管有不如人意的地方，但还是确保了会议顺利进行，圆满结束。

1980年10月6日，中国宋史研究会成立大会暨第一次年会在上海师院召开，来自全国的与会宋史学者有60余人，连同来宾与列席代表总数达200余人。陈乐素先生主持开幕式，邓广铭先生致开幕词时强调指出："宋史研究会是我国建国以来断代史研究的第一个学会，这是一个可喜的开端。"海上史学名家几乎悉数到会，周谷城、谭其骧与吴泽诸先生发言祝贺，出席成立大会的市领导有教委办副主任刘芳与市社联常务副主席罗竹风等，京沪各大新闻、出版单位也都派人报导与参加这次会议。据《简报》摘编，程先生代表筹备小组向大会介绍宋史研究会筹备经过时说："目前研究会共有会员65人，除7人因故请假，其余全部到会。"会议期间，上海市委书记处书记夏征农与市社联罗竹风专程到师院看望与会学者；参会代表还与师院古籍研究室举行座谈会，程先生介绍了《续资治通鉴长编》校勘整理情况，希望与会学者多提建议与意见。据《简报》，11日，邓先生主持大会闭幕式，他宣布"共收到论文41篇"，号召"使宋史研究，在国内不亚于其他断代史的研究；在国外达到世界的最高水平”。闭幕大会上，通过了《中国宋史研究会章程》，选举了以邓广铭为会长、陈乐素为副会长、程应镠为秘书长的理事会，并决定将秘书处设在上海师院内。

中国宋史研究会成立大会，标志着中国首个断代史学会的启航。会后，宋史研究会秘书处开始正式运作，程先生则是秘书处驻沪 15 年间的主持者。

宋史研究会受中国社科院经费资助，起初每年三千元或四千元，后来几年增至五千元。会员每年会费一元，偶尔有单位或海外学者购买秘书处编印的《宋史研究通讯》，秘书处所有运转经费仅此而已。也就是说，程先生以总数不到四万七千元的经费，维持了研究会秘书处差不多 15 年的运转。即便考虑物价因素，这也是相当不易的。程先生不止一次说，研究会的钱，每一分都不能乱用。一次，他让范荧寄邮件，特意拿出五角钱交代说："其中几封是我的私人信件，不要用研究会的邮票。"在程先生严格要求下，十多年中，研究会经费账本无论是谁经手，账目都一清二楚，经得起任何检验。

早期宋史研究会秘书处最重要的有以下两项工作：

其一，筹办或协办历届年会与学术讨论会。

研究会成立之际，就确定了每两年举办一次年会的基本意向，理事会总是在年会期间确定下届年会的承办单位和会议地点。会后，秘书处便负责发放通知，确定与会名单及个人信息，汇总提交的论文题目等，及时与年会承办单位沟通与协调，并从有限经费中拨出一定的资助款项。

1982 年郑州年会，由河南省社科院历史研究所出面召集，当时程先生正卧病休养，就派他的助手王松龄全权代表秘书处与程先生，带了资助经费先期赴会，全程协助主办方的主要会务工作。据虞云国保存的程先生信说："王松龄这回工作做得不错，不少人来信称赞他。”

1984年杭州年会，程先生亲自赴会，秘书处不仅划拨出当年中国社科院的全部资助经费，还派出七八人的会务组，协助杭州大学共同工作。这次会议改选了理事会，增设了上海师范大学的俞宗宪为常务副秘书长，但他不久便出国了。

1987年在石家庄第四届年会时，程先生已行走不便，但他不仅根据研究会经费情况酌情拨款，还委派范荧代表秘书处出席会议，并代他作了秘书处工作报告。这次会议上，程先生选为副会长兼秘书长，为方便工作，增设范荧为副秘书长，协助程先生工作。

至1992年开封年会、1994年成都年会时，秘书处都不再拨款，但筹办期间的许多联络、协商工作依然由秘书处承担。两次年会期间，程先生都要求秘书处有专人赴会，既向理事会汇报工作，还确保会后能贯彻理事会的新决议。

大型年会对促进宋史研究固然起着重要作用，但毕竟耗资费力，筹办不易。1985年，程先生指示秘书处在《宋史研究通讯》上刊文《举办小型学术讨论会的设想》，提倡根据宋史研究中的难题或薄弱点，确定若干论题，组织小型研讨会，只要论文有相当的学术水平与突破性，参会者的资历不限。会议要有充分辩论，互相问难，会后各自修改充实论文，编成专题论文集发表。这一设想和建议，在宋史研究会其后30年间，不断实践着而卓有成效。由于工作繁忙与身体原因，程先生亲身参加专题研讨会不多，但始终关注并支持着这类会议的举办。1989年，四川省社科院、四川大学等单位联合主办“中国钓鱼城暨南宋后期历史国际学术讨论会”，程先生从胡昭曦先生处得知消息后，指示说：“这个会议主题很好，意义重大，我们一定要支持。”他派范荧代表秘书处赴会，向大会宣读了由他亲自定稿的宋史研究会贺信。

其二，编印《宋史研究通讯》及其他资料。

为加强宋史学者之间、宋史研究会与国内外其他学术研究机构或团体之间的信息沟通与交流联系，介绍宋史研究的最新成果与近期动态，汇总宋史研究的有关资料等，研究会决定编印出版《宋史研究通讯》。毫无疑问，这是秘书处承担的最为繁重的工作之一。自 1984 年至 1994 年，程先生领导秘书处共出版了 23 期《宋史研究通讯》，平均年刊两期。

《通讯》的稿源，有的是程先生亲自约稿，如首期《通讯》上漆侠先生、胡昭曦先生、徐规先生的文章，就是应约撰写的。他自己也亲自撰文，例如第二期的《杂谈宋史研究》。有的是会员主动投稿，有研究型文章，也有书评、书讯等。秘书处也向全体会员公开征稿，使得稿源不断拓展，日本、美国宋史研究者也时有文章发表。一般情况下，程先生会浏览一下篇目，决定可用与否，很多文章，他并不一一审读。一次，他拿了篇梁太济先生的文章交给范荧，说；“梁先生的文章不需要看，质量肯定好！”龚延明先生的《宋代官制词典条目选登》，他也觉得“术有专攻，可靠”。有时，他觉得哪位研究生的作业或文章可以，也会在《通讯》上刊出，张荣明的《通鉴阅读琐记》就是其中之一。1985 年，程先生指示说，可以组织些关于研究生培养的文章，于是，就有了郭东旭的《漆侠教授是怎样指导研究生学习的》、何忠礼的《记徐规先生指导研究生做学问》、王棣的《关于关履权先生宋史教学的几点体会》、罗家祥的《王瑞明教授培养研究生的几个特点》、赵俊的《陈光崇教授指导研究生的若干作法》等一组文章的刊出。其后，秘书处还针对宋史分期问题，以编者按语的形式，组织讨论，展开争鸣，张其凡先生、葛金芳先生、徐规先生、何忠礼先生、殷啸虎先生等都不吝赐稿，积极支持了这一专栏。

《通讯》上最受欢迎的内容之一是每年的宋史论文索引，当时，互联网强大的搜索功能对大多数人来说还属于天方夜谭，获取资料和信息基本靠手工操作，很难全面了解同行的研究动态和最新成果。秘书处委托时为上海师大历史系宋史研究室资料员的汤建国先生收集宋史研究论文目录，他年复一年，持之以恒，在十分困难的条件下，编制《宋史论文资料索引》，刊登在《通讯》上。每隔几年，再编印合辑，《通讯》的第九期就分类汇编了 1983 年至 1986 年《宋史著述、论文资料简目》。而第十八期分类选录了 20 世纪《宋代文化史论文资料选目》，原是程先生为编纂《宋代文化史大辞典》所准备的前期资料工作，也通过《通讯》实现信息共享。这两期《通讯》大受欢迎，印数虽多，因方便检索，仍供不应求，这是如今网络时代无法想象的。

在大陆宋史学界与海外同行的学术交流上，当年《宋史研究通讯》确实承担了重要的角色。《通讯》尤其注意介绍海外宋史研究的最新动态和书讯，日本每年五代宋元史研究近况，对日本宋史学家的介绍，都是大受好评的栏目。1987 年，邓广铭先生访问日本，致信程先生："在日本两个月，只到了东京、京都、奈良、大阪四地，但那里的研究宋辽金史的学者，老中青三代人，我大都见到了。他们对我们宋史研究会的注意，是我去日本前决不曾想到的。……他们还极重视您所编辑的《宋史研究通讯》，有许多人都以看不到这一刊物为憾。我当即向他们坦白表示，对此刊物，我不曾出过半点力，全是我们的秘书长在种种困难（如经费、稿源……）情况下，排除万难而编印出来的，所以印数有限，传到国外的自更少了。后来他们说，至少希望能按期寄赠东京大学的东洋文化研究所、东洋文库、京都大学的人文科学研究所、关西大学的天理图书馆等……"程先生接信后，指示秘书处给其中一些机构邮寄了《通讯》，也让一些海外学者汇款自费购买。日本宋代史研究会获得第九期《通讯》后，即向秘书处函请在他们学会的论文报告集中全文转载这期的《宋代研究文献目录》，并请程先生以中国宋史研究会的名义写了日文版《中国宋代研究文献目录序》。程先生在序里指出："我们创办《宋史研究通讯》，以期加强国内及域外的学术交流，也注意到了对日本宋史研究状况的介绍，但还不够全面与及时，借此机会，希望日本以及欧美的宋史学界同仁们能把有关信息传达给中国宋史研究会，以把宋史研究的国际学术交流提高到一个新水准。"

此外，秘书处还翻印了日本学者编纂的《宋会要研究备要（目录）》分寄给各位会员。又组织人员到北京图书馆、中科院图书馆、上海图书馆、浙江大学图书馆、南京大学图书馆等收藏宋人文集比较集中的单位，收集其馆藏宋集的信息，编成《北图、上图等所藏宋人文集目录》，印发给会员。后又在此基础上编印了《宋人文集目录索引》。

《宋史研究通讯》及其他资料的编印需要克服许多困难。首先是经费问题。第一期《通讯》印刷费不到三百元，但随着印数增加、印张增多、工本费提高，每期印刷费后来增至一千五百元左右，最多一期超过两千元，几乎是当年社科院拨款的一半。其次是人力问题。采编、校对、邮寄等大量事务性工作，都是尽义务的，当时还没有研究生可以帮忙。后来出任《全国高校学报文摘》编辑部主任的姜方昆先生其时已是资深编辑，受程先生委托，默默承担了每期《通讯》的编辑工作。《上海师范大学校刊》编辑汤建国先生，当年是历史系宋史研究室资料员，一有空闲，不是在编目录，就是在开信封，为各种通知和《通讯》的邮寄做准备。所有日文翻译文稿的校读则全部由虞云国无条件承担。还有吴以宁先生，将他多年收集的关于蔡襄的研究资料几乎无偿地作为《通讯》的特辑刊发。十年间，每次送稿件到印刷厂，范荧都深感歉仄，因为秘书处只能向厂方支付勉强保本的最低印刷费。时为印刷厂厂长的丘成先生是中文系校友，总说："程先生的事情，我们再赔本也一定做好。"凡此种种，都是大家对文化事业的奉献，虽难免有不尽人意处，但在程先生的经理擘画下，还是卓有成效的。

1991年，民政部对社团进行整顿，提出了许多具体要求。邓广铭先生作为法人接到了相关文件，具体落实则是秘书处的事。范荧硬着头皮与官衙打交道，期间各种遭遇可以想象而无须赘言。至今还记得众多要求中，有一条是"提供研究会成立时的批文"，否则就"无法证明你们是合法组织"。回沪后询问了许多前辈和同事，都不知道曾有这个环节，秘书处存档文件也确实没有相关实物（事实上，研究会着手筹建，时在1979年，是否存在一个社团管理机构还很难说）。正在一筹莫展之际，长年卧病的程先生却异常清醒地指示范荧："一、到北京找郦家驹先生，当时北京方面许多事情是他联系的。二、找当时的上海市委书记处书记夏征农同志，研究会在上海成立是得到他首肯的。"于是，范荧趁赴京开会之机拜访了郦先生，但他也不记起当时有哪个部门主管过此事，当然也没有什么文件保存。最后，范荧只得壮着胆子联系夏征农同志，居然获准登门拜访，年已九十的夏老听了范荧的叙述与要求，明确表态：确有此事。当即指示秘书：给予适当的帮助。一周后，便收到了有夏老亲笔签名的证明函。实在庆幸！如果不是程先生如此清晰的记忆，如果没有夏老的平易近人与实事求是，这次社团重新登记不知要费多少周折！重新登记过程中最轻松的环节就是接受审计局审计，秘书处的记账形式是经过资深总会计师指点的，账目内容是毫不含糊的，收据发票一应齐全，审计师只是怪讶账面上怎有那么多笔一元、二元的收入，原来那是会员在非年会期间零零星星交纳的会费。

1992 年，在河南开封举行的第五届宋史年会上，理事会尊重邓广铭先生坚辞会长的要求，聘请他为名誉会长，继续指导研究会工作，同时选举漆侠先生继任会长。会前，程先生多次表示：“与邓先生共进退”，并交代范荧：“秘书处的事情，听邓先生的，邓先生说交给谁，你就交给谁。”在理事会上，范荧再三表达了程先生这一意愿，但理事会最终决定秘书处暂时不动。邓先生对范荧说：“程先生为研究会做了这么多，他在一天，秘书处就不能动，你这个副秘书长就继续当着。”于是，秘书处工作继续在上海师大运作，只是及时与漆侠会长联系或请示。

此后两年，程先生的健康每况愈下，已不适合继续操心秘书处工作，范荧也出于工作繁忙与孩子身体等原因，向邓先生多次提出秘书处另择人操持的请求，终于得到邓先生的同意。在 1994 年成都年会上，范荧持邓先生亲笔建议信向理事会陈情，理事会最终作出了秘书处转至河北大学的决定。

不久，秘书处交接工作结束，悬挂在上海师大古籍研究所大门旁已有 14 年之久“中国宋史研究会”会牌也正式取下，标志着宋史研究会秘书处早期活动的终结。从此，中国宋史研究会秘书处在河北保定，在漆侠先生领导下翻开了新篇章。不过，直到如今，每当收到装帧远比以往考究的《宋史研究通讯》，首先映入眼帘的，就是程先生亲笔题笺的《通讯》刊名，程先生为宋史研究会及其秘书处所做的一切，似乎就永远定格在这苍劲峭拔的六个大字中，当然，更是深深镌刻在我们这些曾经在他身边工作的弟子与助手的心版上。

（原载《程应镠先生百年诞辰纪念文集》，上海古籍出版社，2016 年）

程应镠先生与上海师院文物陈列室

蔡继福

1956年9月4日，我拿着上海市教育局介绍信，到上海第一师范学院报到。在人事科干部陪同下，到历史系主任室，人事干部把我介绍给程应镠主任。程先生和蔼可亲，像家长对孩子那样，询问了我的情况，包括我的家庭、学习成绩、兴趣爱好……他知道我没有地方住宿，就要总务科安排住在办公楼四楼的假四楼上，同时亲自写一张借条，向总务科借一顶蚊帐，以后归还。总之程先生对我的生活关怀无微不至，使我对这位长者感到自然、亲切。生活上安排好后，程先生就领我到中国古代史教研室主任张家驹先生处，张先生指定我坐在他对面的办公桌，这样工作方便。他对我工作做了具体安排，负责资料室及历史文物陈列室。程、张两先生知道我的学历，鼓励我到历史系本科随堂旁听，学习专业知识，这样有利于资料室工作。以后，我就在两位先生的培育下成长。

……

历史系文物陈列室原来是桂琼英先生负责的。她是我从事文物工作的启蒙老师。她表面严肃，实际上知识渊博、心地善良，对工作认真负责。她是复旦大学历史系教授、中国著名甲骨文专家胡厚宣的爱人。她说这些文物是上海师专时候，程应镠、张家驹和她三人，从上海市文管会仓库中一件件挑选出来的。其中有不少精品，货币部分可以构成体系，如战国时齐国的刀币、王莽时的错金刀、秦汉半两、宋代对钱等等。瓷器中的清代五彩龙纹大碗、雍正兽耳灯笼尊、乾隆彩华堂盏等。桂先生细心耐心地把每件文物教我，我不懂随时问，结合实物，使我对文物知识逐渐掌握。这年寒假后，桂先生随胡厚宣先生调到北京中国科学院历史研究所，师院的历史陈列室由我一人负责。程应镠、张家驹要我一起到桂先生家送行。

1956年放寒假前，历史系召开全系教师大会。由于我的工作踏踏实实、勤恳学习，程应镠主任肯定了我的工作，他说蔡继福同志的工作成绩超出了他的水平，应予表扬。这是对我的鼓励，也是最大的鞭策。

一师院的历史陈列室文物，以上海市文管会调拨的为基础，也陆续向上海收藏家选购。最集中的一批是十件商周时代青铜器，藏家是杨冯署先生，解放前原是上海一个大学教授。他爱好文物，有强烈的爱国心，当时有人要把文物出口，他知悉后，便花重金买下，使文物不致于流失海外。程、张两位先生把十件青铜器请上海博物馆专家鉴定，然后买下。这天已近中午，程、张两人奔波了半天，不顾饥饿，把文物直接送到历史陈列室楼底下，我们几个人搬到楼上陈列室，交给我保管。以后我到杨冯署家去过几次，他家收藏的清乾隆缂丝龙袍，已装裱成大小七幅，还有清康熙刺绣花卉图、清乾隆缂丝狮子戏绣球图，这两幅绣品已用红木镜框装裱。这些文物我都先到上海博物馆请专家鉴定。这些专家有马老（博物馆人对他尊称，不知姓名）及尚业煌等人。后来尚业煌要我陪同到杨冯署家选购文物。

桂琼英先生离开一师后，陈列室对同学讲解工作也由我负责。两大间陈列室没有牌匾，1957年春，程应镠先生找我要写牌匾，我诚惶诚恐，心想历史系有很多德高望重的老教师，古文根基深厚，书法精湛，我是历史系年纪最轻、学历最低的，怕写不好。程先生就鼓励我，大胆去写，我不得已，就根据《康熙字典》临摹篆体，根据尺寸大小，从右到左写了“历史陈列室”五个篆字，请程应镠先生审核，先生认可后，同意做匾额，我就设计成古色古香的两块匾额，挂在陈列室门框上方，一直到一师院并院后。

一师院建院时，程应镠先生具有超前意识，他认为一定要办好文物陈列室，就请中国历史博物馆（今国家博物馆）沈从文先生购置大批文物。据记载沈先生一生经手过上百万件文物，凡是不够国家博物馆收藏级别的，他就收下给一师院。我从运来的文物标签上看名称、年代、价格，一件战国时代的青铜编钟，品相很好，只有八十元。50年代历史文物价格便宜，一件明清瓷器只有几元钱。

1957年沈从文先生购置的文物，数量大，种类多，有不少精品，但作为国家博物馆收藏陈列还不够级别。装了20大箱，为了防止文物损坏，箱内塞满破旧棉花，甚至破布、报纸、废纸及木屑等等，由我一人负责拆箱，取出清洁、保管，室内灰尘飞扬，充满陈列室。待全部文物从木箱内取出，先放在室内地上，然后分类，如青铜器、陶瓷、玉石、货币、铜镜等等，然后放入柜内，撰写说明牌，包括名称、年代、用途、来源，对同学们进行讲解，平时还要打扫卫生、接待外宾等等。

沈从文先生当时是全国政协委员，他到全国各地视察。程应镠先生请他留在上海几天，沈先生连续三天手把手教我。我对他很尊重，虚心求学，沈先生喜欢我的勤奋好学。后在主任室，程先生叫我到他处，当着沈先生的面，要沈先生把我带到北京考古所学习文物，沈先生高兴地接受了。我听后充满欢喜，这是千载难逢的机会，我等待着。

沈从文先生代购的上千件文物中，大部分实物上有标签，但部分因搬迁等原因，标签已无，无法定名陈列。我请示程先生，他说你先定名，等陈列出来，以后请专家来更正。当时自己还年轻，没有系统学过文物知识，历史系没有开设考古文物专业。在程、张两先生指导下，我看了不少参考书，特别是清代金石学家很多线装书，他们的著作中有很多实物图录，我按图索骥，对照阅读。根据陈列室文物，我看了《燕京学报》上容庚的《商周彝器通考》、彭信威的《中国货币史》、清代的古代铜镜图录等等，丰富知识，扩大视野，加深了对陈列室文物的了解，有很大收益。由此说明程先生是用人不疑，大胆使用年青人，发挥人之所长，让青年人去摸索前进。这里我还得到图书馆馆长陈子彝先生的教导，陈先生解放前在大学里教考古学，他对中国金石学有很高的造诣，我经常去请教，他总是不厌其烦，耐心教导我这个年青人。他开出金石学书目，到古籍组把线装书借到系里资料室供我学习，有时他把自己珍藏的金石学书借给我。我体会到了老一辈的教师对年轻人的殷切期望，快速成长。

随沈从文先生的大批文物到来的还有北京市文物局调拨的故宫残瓷标本，这批皇家官窑瓷器，质地精良，胎质洁白细腻，造型端庄美观，图案精美工整，栩栩如生，极为传神。当然没有一件是完整的，我在陈列时，动足脑筋，如把大半只瓷盘放在底部，上面用大半只瓷瓶，拼在一起，把破损的缺口，全遮盖放在背后，因为放在玻璃柜内，可望而不可即，这样看天衣无缝，视觉效果很好。

历史系文物陈列室规模，从 1956 年到 1958 年，奠定了基础。一师院成立时，有立柜 6 只，斜坡平柜 4 只。随着文物不断增加，立柜增加到 28 只，斜坡平柜 8 只，四面大柜 4 只。这是根据沈从文先生运来的大件文物量身定制的。这些增加设备，是我根据上海博物馆的陈列室柜子和我系文物的实际情况，加以增删，设计大小尺寸图样，请示程、张两位主任认可后，请总务科定做的，特别是四面平柜体量尺，是根据霁蓝天球瓶、三孔扁平壶、白瓷花鸟纹坛等文物，因原来的陈列柜容不下而专门设计的。

一师院建立时，院长会议室墙上悬挂的古代字画，如禹之鼎人物画、黄晓楼仕女图、冯超然山水轴、郑板桥字轴，1957 年也退回给历史陈列室由我保管。我采购的一幅明董其昌字轴，经过上海博物馆鉴定是真迹。价格仅几十元，已破损，我到上海专门裱画的商店重新裱装后，旧貌换新颜，后在陈列室展出过。

风云突变，“反右”开始。程先生蒙难，于是，由沈从文先生介绍我到北京进修的事情付之东流。程先生被撤职，降职到资料室，负责多年无人问津的古代碑帖撰写提要。

程应镠撰著的《流金集·诗文编》所附《诗文事迹编年》写道：“1957 年，丁酉，四十二岁……历史文物陈列室建成。‘反右’运动起，7 月，被划为右派，入历史系资料室，等待处理结论。”

当时形势，对右派直呼其名，我却难以启齿。人多时，我不叫，人少时，我们叫程先生。当时领导指定，程先生工作由我负责。陈列室已由二间，扩充至四间。我把东头最安静的一间（二楼共有四间）给程先生办公，放二张课桌，一把椅子，一只热水瓶，为了能自由出入，给他一把房门钥匙。他需要的古籍线装书，列出清单，我替他到图书馆去借。我是资料员对图书馆较为熟悉，特别是古籍组徐恭时先生很热情。我校没有的古籍，通过馆际，到上海图书馆、华东师大等处去借，由我搬运给程先生，准时归还。程先生呕心沥血写提要，“躲进小楼成一统，管他冬夏与春秋”。经过几个寒暑，数百种碑帖提要完成，誊写稿纸，最后整合。程先生调到社会主义学院学习，要我代为抄写，上交系领导，保存于资料室。程先生临走前把原稿赠我留作纪念。五十多年来，我家搬了几次，其他东西，丢弃不少，但程先生的手稿，我一直珍藏着。直到师大建校 60 周年，我把原稿送到程先生家，亲手送到师母李宗蕖手里，长女程炎在座，母女两人都很激动，师母说："小蔡，你留着作为纪念吧。"我说："我已转行搞上海地方史，不负先生教诲，搞出点名堂，还是完璧归赵，你们还好派上用场。"这样我了却几十年的一桩心愿。

（据《缅怀恩师程应镠先生——兼述历史陈列室之创建》节录，原载《程应镠先生百年诞辰纪念文集》，上海古籍出版社，2016 年）

程先生谈《宋史》与宋代人物

钱玉林

1980年以后，国家项目《汉语大词典》再度上马，我被大词典编纂处调用，通过考试，正式参加编纂工作，先生很为我高兴。当时《中国历史大辞典·宋史卷》由先生具体负责，也开始组稿编写。先生约我撰稿，我说我只对宋代的文人学者稍有了解，不知能不能胜任。先生给我寄来了撰写体例与人物词目，说“有意见尽量提”。我当时已购读了南渡诗人、学者程俱的《北山小集》，于是就建议先生增收“程俱”一条，先生欣然采纳。后来先生将我写的第一批样稿，选择数条刊登于“编写通讯”上，作为交流，又把《通讯》和稿费寄给我。

……

有一次，我向先生请教，说：赵瓯北的《廿二史劄记》对《宋史》评价不高，认为《宋史》“繁芜”，又赞扬说“未有如《明史》之完善者”。而我自己撰写词条时，也发觉很多人物在《宋史》中未立传，南宋后期缺失尤多，连谢景初、唐仲友、戴复古、“江湖四灵”、胡三省、谢翱、周密、汪元量这些人都无传，更不要说画家范宽、郭熙了。后来是托人到辞书社借来陆心源的《宋史翼》刻本，才解决了材料问题。《宋史翼》共补传800余人，您看《宋史》《明史》哪个更好些？先生说：“我还是更喜欢《宋史》，因为对我们今天来说，二十四史都是研究历史的材料，不是结论。《宋史》

修撰时间短，确有前详后略、繁多芜杂之病，一个著名人物长的几千字，甚至一二十页，但是内容丰富啊！缺传的问题可以通过宋代其他史籍来解决。宁宗以前列传，都有宋代《国史》作底本。《明史》经三次修改，忌讳很多，文字固然简练了，但许多史实避而不提，有时材料贫乏，近于干枯，远不能与《宋史》相匹。再说，赵翼是乾隆朝的人，他维护本朝官修史书，评价有所偏袒，也是自然的。”先生的启发，坚定了我学习宋史的信心。

先生对我谈得最多的宋代人物，有范仲淹、富弼、欧阳修、王安石、司马光、李焘等。他欣赏王安石的《和农具诗》写得好，又特别称赞孟元老的《东京梦华录》对开封各种饮食的生动记述。没过几年，先生的《范仲淹新传》问世，他题赠了一本给我。到1991年《司马光新传》出版的时候，先生因病已经无力作序了，是师母盖了他的名章送我的。先生说，他为古人作传是受朱东润先生的影响。然而为什么选择范仲淹、司马光这两位历史人物呢？我以为，这可以看出先生精神上的推重与向往。

（据《沧海不弃涓滴之微——回忆程应镠先生》节录，原载《程应镠百年诞辰纪念文集》，上海古籍出版社，2016年）

程应镠先生与《中国历史大辞典·宋史卷》

谈宗英

1979年，中国社会科学院发起并组织了中国历史大辞典编纂委员会，当年在天津召开会议，决定此书由我社编辑出版。次年在太原开会，讨论《中国历史大辞典》的最佳设计、出版规划和组织分工时，接受了我社“先分后合”的出书方针，即将全书的编纂工作分为两个阶段，第一阶段按朝代分编为先秦、秦汉、魏晋南北朝、隋唐五代、宋、辽夏金元、明、清（上、下）九部断代史分卷和民族史、历史地理、思想史、史学史、科技史五部专史分卷。十四册分卷各由专人负责，分头组织编写，完成后分别付印，待各分卷基本出齐，立即进入第二阶段，将分卷汇编出版合订本。编委会还决定吸取我社编纂《辞海》的经验，采用主编负责制，在编委会的领导下，各分卷成立分编委员会，聘请该学科的著名专家担任主编、副主编、编辑委员主持其事。当时《宋史卷》即聘请北京大学邓广铭教授与程先生主编，并要求《宋史卷》能在1983年出版，作为断代史分卷的第一部，起到示范作用。程先生是个敬业的人，欣然同意。当即成立分编委员会，开展组织作者队伍和选收词目工作。

首先是组织一支学有专长的作者队伍，这是确保《宋史卷》质量的关键所在，由于两位主编都是宋史研究领域里的领军人物，对于研究人员的专长有所了解，因此通过广泛征求意见，随即从全国史学研究机构和高等院校中物色了四十位学者担任撰写初稿的任务，动员面之广实属罕见。与此同时，选取词目的工作也随之全面展开，程先生认为“要使一部辞典适合读者的需要，首先就必须在收录词目上下功夫”，对于我社编制的《中国历史大辞典编纂手册》中关于断代史分卷的收词要求，即“包罗一代史事，具有既是工具书，又是富有学术价值的断代史专著的特色”，也是非常赞同的。因此，《宋史卷》的收词工作做得非常细致，经过反复筛选，初步决定收词五千条，内容包括宋代的朝代年号、历史人物、历史事件、历史地理、中外交通、文物考古、文学艺术及旧史所称食货、职官、选举、兵刑、艺文诸志的一些内容，其中历史人物所占分量较大，达一千六百人，主要以《宋史》为主，参以《宋史翼》《宋人轶事汇编》《宋诗纪事》等文献。程先生认为，宋代制度非常复杂，而典章制度是学习和研究宋史最难掌握的部分，故而这一部分收录极为详尽，即使是罕见的名词也立专条介绍，其中职官就选收了一千四百条。凡是《大辞典》有专史卷者，为避免重复，则略采其重要者。全卷收罗宏富，可以在极大程度上满足读者的需要。选收词目工作从 1980 年开始，完全确定下来已延续到 1981 年初，其郑重可见一斑。

为了确保进度，先生从 1981 年初即着手组织作者撰写释文。因为人员分散各地，又都是第一次编写辞典，感到难度较大。他便根据我社要求先写试写稿，熟悉体例，经过样稿讨论会，再全面推开。由于抓得紧抓得及时，至 1981 年底，初稿已大部分完成。接着，程先生聘请宋史学界著名专家到上海师范学院历史系集中进行复审工作，以便许多棘手的疑难点能当场会商解决。他还让刚留校的本科生与研究生做他的助手，协助初审条目与补写释文等工作。程先生从 1981 年起即摆脱学校的工作，集中精力审定全稿，时年已六十六。次年积劳成疾，因鼻咽癌住院，但仍带病工作。我曾多次劝阻，先生总以当年许诺的进度为念，故而收效甚微。至 1983

年底，终于将全部书稿送至我社。次年，又经过校阅清样等一系列繁重具体的工作，《宋史卷》终于在是年年底问世，全书近60万字，仍然是专史卷的第一部。出版后得到史学界一致好评，荣获1986年上海哲学社会科学优秀著作奖。

（据《缅怀程应镠先生》节录，原载《程应镠先生百年诞辰纪念文集》，上海古籍出版社，2016年）

读书乃治史之要务
——忆应镠师的一些教导

严耀中

岁月流逝，但应镠师对我的教导我依然记忆如新，譬如关于向往治史的青年学子应当读哪些书，如何去读等等，至今还在指导着我前行。

记得我第一次见应镠师时，他给我布置的研究生学习任务是花一年到一年半的时间读《资治通鉴》和十一史。所谓十一史，即是从《三国志》到《南史》与《北史》的十一部有关魏晋南北朝的正史①。他还嘱咐我，除了江辛眉先生的"校雠学"课之外，"任何其他的课都用不着上，包括我的课"，这是因为江先生关于校勘、版本诸学的课是读史书的基础。

……

我的读书计划是先从《资治通鉴》开始，读到东汉末，则与《三国志》等十一史按朝代次序对照着看，隋灭陈之后的《通鉴》内容，则和陈寅恪先生的《隋唐制度渊源略论稿》《唐代政治史述论稿》对照参悟。应镠师非常推重陈先生的论著，每引说他的见解，往往神态敬肃。这也深深感染了我。应镠师要我看的其他书籍，大多与此阅读进程有关。这样看书的好处很多，首先能领悟古书的叙述方

① 即《三国志》《晋书》《宋书》《南齐书》《梁书》《陈书》《魏书》《北齐书》《周书》《南史》《北史》。

式的妙处，若正史的纪传互见，其实也是在遵从儒家观念的前提下尽量保持客观褒贬的一种方式，避讳而不隐瞒事实。以《资治通鉴》为代表的编年史则是向读者透露如何见微知著之道。二者配合着看，能更好地启动人的智慧，历史上的有些因果关系需要较长的时间段才能显露出来。同样，从南朝史书中找有关北朝的记载，及北朝史书里叙述南朝的地方，对照起来也能说明不少问题。此正是应镠师要我如此读史的要点所在，学史不仅是去记一些往事，何况史事本由人所述录，而著者自有其自身的立场、观点和文字水平。对照着读史就能看得更全面些，也就能更深刻些。我在读研之前虽然也看过许多书，但杂七杂八，成系统并按照正确的方法读书，则是应镠师教我的，使我终身受益。

相互切磋的读书往往有事半功倍之效，但在80年代初的时候，这样的风气在高校内还不盛。应镠师曾兴致勃勃地对我说过“徐中玉先生指定研究生两个星期讨论一次，效果很好”，还举了个例子。不过我不仅是中国古代史第一个研究生，在当时还是上海师大历史系唯一的研究生，因此要讨论的话就只能和先生进行围绕着读书的对话。应镠师当时兼任古籍整理研究所所长，让我每星期六下午二点到他所长办公室去，除非他出去开会。每一次见他的程序几乎是固定的，先是我汇报本周读书的内容，给他看我所做的卡片并谈及自己看书中得到的体会，最后提出阅读时产生的一些疑问。我在讲体会时，先生有时会插几句话，点拨一下，或针对我讲的东西要我进一步解释。如我曾经做过一张关于平原君有食客数千人的卡片，他就问我食客与宾客的区别，为什么要养那么多食客，食客来自何方，食客的地位等等。对我回答中他满意的地方要我写在卡片的反面，嘱咐我做卡片时一定要把产生做记录的一霎时念头记下，然后分类保存，如此日积月累，就能成为写文章的基础。在读研究生期间我大约做了三千多张卡片，这些卡片成了我20世纪80年代写论文的重要支撑，学位论文也全靠着它们，很多卡片我还保留至今。如此做卡片的法子我一直沿用至今，只是后来把它做在电脑上，算是我比先生进步之处，节约了纸张和时间。至于我所提出的问题，先生绝大部分是当场回答，若有一次我问什么是“大尚书”？先生回答是“即吏部尚书”，接下来就讲一番此称呼之由来。有时应镠师也会说某个问题他也不清楚，要去翻翻书，于是他找到的答案就是我们下一次见面时的首项内容。每次谈话的最后阶段就是布置下周我的读书任务，一是关于将要看的书内容重点何在，应该注意哪些方面；二是还要再看些什么参考的著作。如果下周六先生可能会有事，就再预先加一周的分量。

在我读研究生的大部分时间里，就是如此周复一周地接受应镠师的学术指导。一般每次一个半小时，最长一次约三个多小时。其实有时也会从一个问题延伸出去，如说到北魏的“平齐户”里，有人以教书和抄书谋生，先生就说在希腊被罗马征服后，一些希腊名家子弟也在罗马教书，即使在不同的文明进程里也会有很多类似的地方，接着就举出一连串的名字，可惜我都记不下来，又不好意思请先生说得慢些，现在想起来还感到遗憾。这种对话形式的上课至今我觉得是作为师生之间最好的受业方式，很多东西是在一本正经的课堂里得不到的。

（原载《程应镠先生百年诞辰纪念文集》，上海古籍出版社，2016年。收入本书时略有删节）

程先生推荐了我"离经叛道"的论文

刘 昶

我当时对中国经济史比较感兴趣，希望通过中国经济史的学习来回答我的一个疑惑，就是中国的"封建"时代为什么这么长？觉得这是一个很有挑战性的问题，就开始关注这个问题，想去探索一番，并想先从经济史去找答案。一天，程应镠先生请来了江辛眉老师做讲座。江老师那时还未来我们学校任教，这之后程先生才把江老师引进我们学校。江老师讲的内容好像是唐诗赏析。讲座结束后，我走上去和程先生说我对中国经济史感兴趣，希望他给我推荐一些相关书籍，程先生建议我先从历代的《食货志》入手。这是我第一次和程先生直接交谈。

之后很长一段时间，我一直沉浸在自己感兴趣的问题里。除了《食货志》以外，我看了不少中外经济史相关的书籍。通过中国与欧洲比较，我自己觉得对这个问题有了一点心得和想法，就决定写下来。那时候真的是不知天高地厚，把读到的、想到的都写了下来，大约在1979年底写出了一个十几万字的初稿。我首先请我的同学也是好朋友金重仁看。金重仁读了以后，非常赞赏，并推荐给其他同学阅读，得到了不少同学的肯定。于是我就想把文章拿去请程先生批评。一天傍晚，金重仁和我一起第一次去程先生家拜访。那时候除了给我们上过课和偶尔的交谈外，程先生和我们并不熟悉，但是程先生和师母李老师还是非常欢迎我们突兀的拜访。程先生的家是在校园东部的音乐新村，那时只有二楼两间很小的房间。程先生在较大的一间书房兼卧室接待了我们。程先生、李老师和我们两人坐下来，就把房间挤满了。程先生坐在藤椅上，精神略显疲惫。我说明了来意后，程先生非常高兴，他让我把文章留在他那儿，说需要一点时间来读这样的长文。

接下来的几天里，我一直惴惴不安。一是因文章是手稿，字写得很小也不工整，密密麻麻，虽然已经誊写了一遍，但涂改的地方还是很多，眼力好的年轻人读起来都很吃力，因此觉得把这样的手稿拿去打扰老师有点过分。二是文章中的有些观点以当时的意识形态标准来看属离经叛道，虽然我相信程先生不会用意识形态来评判我的文章，但心里还是免不了紧张不安。过了大约有一个星期，有同学告诉我，说程先生在给低年级上课的时候对我的文章赞赏有加。我和金重仁又去了程先生家，程先生非常高兴，说我的文章很有见解，并说要推荐发表。

文章送到学报以后，我根据要求把篇幅压缩到1.5万字左右，最终在《上海师范学院学报》1980年第4期上以“试论中国封建社会长期延续的原因”为题发表。还在拙文发表前程先生去北京参加学术会议，就向《历史研究》的主编庞朴先生推荐了拙文。拙文在学报上发表后程先生就把它寄给了庞朴。很快《历史研究》1981年第2期全文转载了拙文，这是《历史研究》第一次也是唯一的一次全文转载已经发表的文章。文章发表后在国内学界引起很大的反响，并引发了全国范围的持续讨论。《光明日报》《解放日报》都对拙文发表的情况做过专门的报道。我也收到许多读者来信，或者支持我的学术探索，或者与我商榷。最让我印象深刻的是上海的一个退休老工人，写了几万字的笔记来和我交流。虽然他只有小学文化程度，却对社会问题和理论问题保持了浓厚的兴趣。当时的学术讨论气氛还是比较健康和宽松的，大多数商榷批评也是从学术立场出发。但也有上纲上线批判的声音，碰到这种情况，程先生总是会说学生进行学术探索没有错，要追究政治责任的话，责任在他。

因为这篇文章，我和程先生接触多了，常常去先生家拜访请益。其实程先生家的大门对学生是永远敞开的，先生对学生提携、帮助、奖掖也是不遗余力。但凡学生有问题向他请教，有事情求他帮助，他总是尽其所能给予帮助。

（据《“苍然一树云间立，却忆匡庐十月来”——缅怀恩师程应镠先生》节录，原载《程应镠先生百年诞辰纪念文集》，上海古籍出版社，2016 年）

听程应镠先生谈古论今

朱孝远

我们77届的大学生是82年春天正式入学的。学校的"场"真的是很大。组成一个学校的，最为重要的不是它的房子，也不是它的设备，更不是它的围墙，而是一个因特殊因缘连接起来的师生群和校园文化。学校永远是一块热土，常常出现的是一种心灵的感应。师生间的一些话语，有时会像冰块和火焰那样，激动得你心灵振荡。多少个莘莘学子，就是通过这样的一个"场"而进入到社会的。在这里，我们扬起了生命的风帆，开始了一生最美好的追求。

我们那时师大的同学每天通常起得很早，清晨5：00，操场上就挤满了背诵外语单词的同学。大家就像是赶什么任务一样，要把以前失去的学习时间弥补回来。在晚上，最快乐的时光是去坐落在东校区外边音乐新村程应镠老师家里。我们要去那里聆听老师和师母的教导。经常是几个人、甚至是十几个人去老师家，常常要谈到深夜才回家。我们都忘了老师是一个工作很忙的人，我们只觉得老师的话深深吸引了我们年轻的心，开阔了我们的胸怀。程先生总是兴致极高，他谈古论今，指点江山，从他那里我们知道了沈从文，知道了抗日战争，也知道了中国历史的沿革和历史的教训。每次我们临走时，先生总是亲自把我们送到门口。月色好时，先生会说："看，又是一个多好的月亮！"夜色漫漫，天上的月亮光倾泻下来，在大地变成了一片美丽银色的诡异中，我们和老师、师母告别。这月光似水晶的情分，这师生用自己的灵魂结成的友谊，都是要把自己身上最好的东西，几乎是一滴一滴地注入血管：把感情注入感情，把灵魂注入灵魂。正是这种情分，让我知道了自己要什么，不要什么；什么是好的，什么是坏的；什么是爱，什么是不爱。我开始懂得，什么叫作要把所有的情感都集中在有良知的人身上。

我记得程应镠先生说过的一句话：“英雄无一人有世俗幸福，他所有的只一苦字。看历史上的英雄，莫不如此。” 多少年来，在我遇到困难时，就会想起老师的这句话。每天起来，看见暖丽的阳光，眺望远处，也会想起这句话。大凡矢心改良社会者，都早已置个人生死于度外。1982 年程先生病重，我去探望，先生却说我的一篇论陈寿《三国志》“失在于略”的作业写得不错，他已要求学报发表云云。即此一事，可见即便在危难之时，先生在精神上也一刻未与教书育人分离。记得大学毕业时程先生说的话：“中世纪的大学是培养教士的，毕业的学生可以去当一个神甫、主教，也可以去当一名教师，与地位显赫的前者比，后者其位也卑，其事也累，但有志者则为之。”程先生抗日战争时投笔从戎，后志于学业，在魏晋南北朝、宋史研究方面负有重名。先生以一个史学家的睿智预料国事之得失，入木三分，无一不中。“文章又见流传日，议论终须不傍人。得失久谙关世运，荣枯每惧损天真。”1982 年春程先生病中答友人的诗句，只要一读，先生的音容笑貌和“为天地立心，为生民立命，为往圣继绝学，为万世开太平”的精神栩栩如生。作为教师的知识分子，原本就应当是这样的。

程先生的诗文，后经弟子虞云国、刘昶等编订，成《流金集》一书，1995 年上海古籍出版社出版。我在北大讲史学概论课，就选先生的《流金集》为必用教材。《流金集·国学讲演录》篇中的引言、经学举例和史学通说，字字珠玑，都是不能增一字、减一字的。程先生文集中的《诸子概论》《文学略说》《史学二题》《玄学与诗》《论历史人物的研究》《历史的真实与通变》《中国文化三题》《论林逋》等文，都是学史之人最好的教材。程先生还特别推崇清代学者章学诚提出的“史德”，认为“史德”即作史时的用心，这关乎人的品德，因为研究历史的人应当是高尚的，有道德的，能够做到像孟子所说说的那样：“富贵不能淫，贫贱不能移，威武不能屈。”我觉得，大凡历史研究者，程先生的这些文章是一定要读的，而且必须是要早读、常读。好文章给人的感觉是开卷有益，读一遍就会有一遍的收获，读两遍就会有两遍的收获。另一个好处是，读这样的文章，会把读书人引向正道。大家有兴趣，可以去看。

（据《学史之道——兼论史家的“萧散简远，妙在笔墨之外”》节录，原载《程应镠先生百年诞辰纪念文集》，上海古籍出版社，2016年）

血写文章论本原

——怀念程应镠先生

朱易安

应镠先生骨子里是喜好文学的，他十七八岁就开始发表文章，写过不少散文和小说，1940年左右，小说集《一年集》收入章靳以主编的《烽火丛书》出版，内容多为抗战的写实题材，读这些作品，一个热血文学青年的形象卓然眼前。当年听他谈起这些往事时，只是理解为先生喜欢文学，文字功力深厚，加上沈从文的感染力，谁能抵挡得住“从文先生叫人坠入梦境的文笔”！但近年来，随着《沈从文全集》的出版，又能读到许多关于沈从文的研究著作，也看了各种回忆录和沈从文的家书等等，深感应镠先生对沈从文的追慕，是灵魂的追慕，他与沈都是那种终生追求真善美价值的人，激情、才气、敏锐，必定会选择文学作为抒发真情的工具，选择文学作为承当社会责任的途径，他们的心是相通的。应镠先生后来在追忆沈从文的文章中写道：“他用上官碧的笔名，为我写了一个条幅，写的是我在抗战胜利后的一首七律：‘百死难为魍魉身，哀时有泪亦潜吞。志存家国嗤心性，血写文章论本原。大地烽烟连海静，人生意绪逐江翻。故园亲老归无计，蛮风蛮雨正断魂。’这个条幅我在上海裱好后一直挂到“文化大革命”，被暴徒视为‘四旧’取去，现在不知落在谁手里，我现在特别想念它，那里面有历史，有那时知识分子的沉哀……”

这件事，应镠先生不止一次地说起过。我们坐在他朴素的家中，他指着条幅当年悬挂的位置，语气已经很平静，经历了多少磨难后，这种平静的背后，依然透着“志存家国嗤心性，血写文章论本原”的激情。

拜读应镠先生的文学作品，我更喜欢他那些未曾发表的旧体诗。正如程公子念祺兄所言，“可见他一生的心事”。应镠先生留下的诗作，基本上都是他生前自己字斟句酌改订的，如同中国许多前辈知识分子一样，吟诗填词，是生活的一部分，是可以和学问并存于世的成就。应镠先生的诗作，不仅是他各个时期内心情绪的袒露，还真实地记录了他的思想、生活和心路历程。从文学创作的成就而言，他的诗作功力深厚，气象宏大，尤其是律诗，真可谓音情朗练，有宫商金石之声。这些诗作中，尤其是早年的作品，可以见出他对杜甫、李商隐、陆游以及苏轼的喜好。前面提到的曾由沈从文撰写过条幅的那首七律，题为《书愤》，就是借用了陆游名作的诗题。又如，“生涯落落数杯酒，身世悠悠一散人。大别山边暂栖止，登高只为涤京尘”（《简高阮津门》）则化用了杜甫《登高》中“万里悲秋常作客，百年多病独登台。艰难苦恨繁霜鬓，潦倒新停浊酒杯”的诗境。又如“表范人师乐，时序百年心。新秋得赋此，喜极泪盈襟”（《教师节作》），“时序百年心”句下自注“借句”，借的也是杜甫《春日江村五首》中第一首的句子。他的诗作喜用叠字，而且常常用于律诗的中间两联，这种工稳中见流动的功力，非常人能做到。如“缓缓渔舟归欲晚，茫茫大海望无垠”（《青岛杂诗》）；“依依柳浪莺初啭，隐隐青山梦尚遥”（《漫步偶成》）；“去日已多云黯黯，来生可待梦沉沉”（《无题》）。

说起这些作诗的细节，想到当年应镠先生和我讨论唐宋诗的区别，我说，读钱锺书的《谈艺录》，他有详尽的论述，应镠先生说，举两个诗例，就可以说明："无边落木萧萧下，不尽长江滚滚来"，唐诗也；"落木千山天远大 澄江一道月分明"，宋诗也。如此深刻而生动的解释！后来才知道，应锣先生对诗歌研究是下过功夫的。

（原载《程应镠先生百年诞辰纪念文集》，上海古籍出版社，2016年。收入本书时略有删节）

恩师程应镠教授与我沈从文研究的点点滴滴

邵华强

1979年9月的一个星期六下午。曾是文化部副部长、时任中国社科院文学所副所长陈荒煤来上海师院做报告，提到哈佛大学有人研究沈从文获得了博士学位，想来中国与同行交流，可是文学所竟无一人知晓沈从文。这是我第一次听到沈从文的名字。

第二天是周日，遇到在南洋模范中学任教的大伯父，意外得知大伯年少时曾在其堂叔邵洵美的“新月书店”谋生，在那里与沈从文有过几面之缘。他向我回忆道：“沈从文是个多产作家，在三四十年代，他的名声并不亚于你们这代学生所熟悉的茅盾、巴金、老舍和曹禺。”

回校后，我找了邵伯周教授。邵老师鼓励我进行沈从文项目研究，并指点我对这类被文学史湮没的作家，首先应查考清其生平与创作史料。邵老师还建议我求教他念大学时的老师程应镠教授，说程先生是沈先生的学生，也是好朋友。邵老师20世纪40年代求学于上海市立师专国文系，诗人戴望舒是系主任。1948年春戴望舒离职，程先生兼代其职，并代授戴望舒原在国文系的课程，与邵教授有了师生之缘。

后来，陈翰老师也告知，程先生与沈先生关系很深，“文化大革命”中沈先生每次来上海都住在程先生家里。邵、陈两位老师同时都叮嘱我，程先生是位治学严谨的老教授，不要贸然造访，应先做好一些初步的研究。

大约在12月初，我第一次去西部校园古籍整理研究室拜访程老师。走进办公室，我见到了一位精神抖擞、慈祥和蔼的老学者。程老师对我这晚辈学生很客气随和，一下子驱散了我些许紧张。在说明来意后，我从先生微笑着的眼神里似乎看到了一丝疑惑。他说："文学史教材里没有沈先生，大概你们中文系里四五十岁年龄的老师知道沈先生名字的也不多，你现在对沈先生了解了多少？"

我立即呈上了《沈从文著作系年初稿》和《沈从文生平简表》，这是我在徐家汇天主教堂藏书楼和上海图书馆内部阅览室用功了两个多月的结果。程老师眼见厚厚的两叠文稿，相信了我是认真的。记得先生翻阅了一会儿，问了好几个问题，都是关于如何查考证实沈先生早年使用过的十几个笔名。

后来的一周内，我又两次去了程先生的办公室长谈，先生给了很多查考的指点。

过了几日，先生往我班邮箱里送了一信，告诉我下周他要去天津参加《中国历史大辞典·宋史卷》编辑会议，会顺道去北京探访沈从文先生，并嘱咐我准备好文稿，把新发现的增补齐全，他将向沈先生介绍我的研究。

不久后的一个上午，在东一教室大课休息时，班长陆祖良例行去信箱取信回来，进门就大叫："邵华强，沈从文给你来信了！"旁边的同学都围拢了过来，也记不得是哪位同学打开的信封，沈从文先生遒劲俊秀章草行文，"华强同学：……谢谢你的热情厚意……"这是我后来九年间与沈先生和沈夫人几十封通信的开始。

程老师与沈先生相识于1936年下半年。程先生就读于燕京大学历史系，却又热心于文学创作与活动，参加过北方左联，发起组织过学生文学团体"大学文艺社"和"一·二九文艺社"。燕大"一·二九文艺社”要创刊《青年作家》，推举程先生去请时任天津《大公报·文艺》主编，也是京派文学领袖沈从文先生撰写发刊词，沈先生欣然应允，写了《对于这新刊诞生的颂词》，也开始了与程先生长达半个多世纪亦师亦友的情谊。

程先生在燕大时写过小说，并得到沈先生的提携。记得在查找那时期《大公报·文艺》时，发现署名“刘祖春”的几篇作品极像沈先生的手笔，我拿了复印件找程老师核实，是否“刘祖春”是沈先生的另一个笔名。先生见了哈哈大笑，说刘另有其人，是沈先生的同乡。程先生建议我去找他署名“流金”，发表在《大公报·文艺》的小说《玉石井的风波》，还有萧乾的《篱下集》，再阅读比较。程先生说：“我们那时候的作品，都是沈先生逐字逐句改出来的。”

我去找了，再比较刘祖春的作品，真的极其相似，若去掉署名，恐怕很多人都会以为是出自一人的手笔。事实上，哈佛大学博士金介甫教授在查考时，也曾一度以为刘祖春是沈先生的另一笔名。

我想应该把沈先生修改萧乾先生《篱下集》一事列入沈先生年表，未料沈先生坚决反对，并来信说：“……不太妥当。因为这人是十分活泼，聪敏超过需要的人……一切都属于上升阶段的脚色。我则始终十分拘迂，解放后一直向下降……”

程老师知道后，感慨良多，向我回忆了当年燕大先后期同学杨刚、萧乾等许多往事。来美国留学后，我曾想从intellectual史的角度，将沈、萧先生以及燕大和后来西南联大学者群中的几位做番比较研究，无奈后来改读了商学院，又入了投资银行工作，为此准备的多方资料竟被搁置了近三十年。

后来，我承接了属国家“六五”计划哲学社会科学重点项目的“中国现代文学史研究资料丛书”中的《沈从文研究资料》《徐志摩研究资料》，还有香港三联和广州花城的十二卷本《沈从文文集》

等项目，请教程先生的就更多了，隔三岔五就去先生的办公室，常常一聊就是一两个小时。

……

那时，为完成社科院资料丛书项目和三联花城的沈从文先生文集，我每年都要去几次北京拜访沈先生。在与沈先生的访谈中，我深深感觉到沈先生总是以程老师为其知己。记忆中有好多次沈先生对我说过，“去问你老师流金”，或“问流金”。最早在1980年给我的信中也曾提及：“我的性格程应镠先生知道较多，和他谈谈天，或许你会明白些值得明白，可绝不会从报刊上明白的。”

从沈太太张兆和先生编辑的几大卷沈先生书信集中亦可看出，程老师是沈先生除家人以外通信最多的挚友。如果把这些信件单独列出细细读来，亦是沈先生1949年后心路历程的简略自述。沈先生的历史价值不仅仅在文学史，就intellectual史角度视之，也有其独特的风景，而程老师与沈先生的交集，其留存的文字及其他史料，则是其中的重要部分。

程先生百年诞辰之际，远在大洋彼岸的弟子写下这篇小文，以表达对恩师的缅怀与敬意。

2016年5月21日写于洛杉矶北郊圣莫尼卡山居中

（原载《程应镠先生百年诞辰纪念文集》，上海古籍出版社，2016年。收入本书时略有删节）

爸爸教我读中国诗

程　怡

想起父亲教我念中国诗的情景，父亲的音容笑貌如在眼前。

我十个月的时候，得了一场可怕的脑膜炎，高烧刚退，同病房住进了一个出痧子的小孩，于是我又因为感染，炎症卷土重来，结果在广慈医院的隔离病房住了四十多天。当时父母在浦东高桥教书，每天他们轮流在探视的时间渡江来看我。“只能隔着一扇玻璃窗户看你哭，看你睡，看你玩自己的小手小脚，看你自己吃饼干，”爸爸说，“心都是痛的！”据说抱我回家的时候，医生说不确定将来会不会有残疾。我到了一岁半还不会说话，走路也比别的孩子晚得多，父母非常担心。有一天，爸爸看报，我坐在他的膝上，指着某一个标题中的“上”字，爸爸说：“上？”我对他表示满意，赶紧从他的膝上爬下来，拽着他走到他的书箱前，那是中华书局印行的竹简斋本《二十四史》，两个书箱摞在一起，上面一箱为“函上”，下面当然就是“函下”，我得意洋洋地指着“上”，表明我知道什么是“上”，这对我的父母来说，简直就意味着“上上大吉”！于是，爸爸就指着书箱上的字一一念了一遍。据说只此一回，我就能分辨书箱上全部的字，哪个是哪个，从不出错。于是爸爸认定我有很好的记忆力，当然就不再担心我有智力障碍了。

以后，爸爸总是教我背诗，往往他念两遍，我再跟着念一遍，记一遍，也就记住了，过几天，爸爸只要念出第一句，我就能接着往下背，这使爸爸非常高兴，我为了让他高兴，背得也很积极。这些童年时跟爸爸念过的诗，至今还能脱口而出。爸爸常常教我念两个人的诗，一个是杜甫，一个是陆游。据母亲说，抗战时漂泊西南，父亲刚刚认识母亲的时候，曾经手录他所喜欢的《剑南诗钞》送给她。我的母亲是联大心理系的，中国文学的底子很差，但父亲手录陆游的诗送给她这件事本身，让她喜欢，虽然她后来还是不读中国诗，当年父亲送她的手抄本，也早就丢了。

我现在只要读杜甫和陆游的诗，想到的就是我的父亲。好多年以前，我曾经对一个外国朋友说，爱国主义是一种文化血液，我自己造了一个很生硬的词：culturalblood。他对我说，这个比喻让他感动。确实，在我尚未识字的时候，父亲教我念过的那些诗，就和父亲对我的关爱一起，融进了我的血液，塑造着我的灵魂。

……

小时候念过的大多数诗都是夏夜乘凉时跟爸爸学的。“僵卧孤村不自哀，尚思为国戍轮台……”依稀记得，念陆游的这首诗，是在一个夏天的晚上，我已经困极了，还不肯回屋子睡觉，趴在爸爸的膝盖上，爸爸摇着大蒲扇，满天的星斗都朦朦胧胧的。突然，爸爸那江西乡音很重的深沉的声音使我睁开了眼睛，我不知道那奇特的吟啸中有什么，但我一下子记住了这首诗。我记得我还没有上学的时候就会背那首《示儿》：“死去元知万事空，但悲不见九州同。王师北定中原日，家祭无忘告乃翁。”爸爸问我懂不懂最后那句，我很得意地嚷嚷说：“那意思就是烧香磕头的时候别忘了告诉你爸爸！”爸爸笑得眼泪都流出来了。

爸爸生命最后的那几年，因为“文化大革命”中受的伤而瘫痪了，一开始，右手还可以动，他就每天用小楷抄陆放翁的诗，五大本诗集，他能背诵的几三成，可是他还要我一本一本拿给他，然后说：“好的我都读过的，好句子常常在这里那里重复。”那时候我已经在华东师大教古代文学作品选，已经能够感觉到父亲教我念过的杜甫、陆游的诗中儒家精神的一脉相承。然而其时我真正感兴趣的已不再是他们的诗，而是阮籍与陶渊明的诗。“独坐空堂上，谁可与亲者?出门临永路，不见行车马……日暮思亲友，晤言用自写。”“壑舟无须臾，引我不得住。前途当几许，未知止泊处……”我都活到了念这种诗的时候，爸爸的心境就可想而知了。

爸爸完全卧床不起的时候，我就让他躺着听音乐。我们的老邻居、老朋友杨立青从上音给我录来了德沃夏克的大提琴协奏曲，那悲怆的旋律在蕉影婆娑的窗边响起的时候，爸爸会吟诵杜甫的诗。他告诉我，那音乐让他想起了故乡老宅，想起了祖母和母亲；可惜的是，我不记得他当时吟诵的是杜甫的哪首诗了。我把这事告诉一起听音乐的朋友，他们都让我好好想一想，但我无论如何想不起来了。然而那音乐与爸爸吟诗的声音，却永远留在了我心底。

很多年以后，我看见报上某篇文章里引了一首非常有味道的绝句，我的感觉就好像遇到了一个老熟人，我没有念过那首诗，但我熟悉那种风格，那种非常流畅的朴素与自然的风格，回来一查，果然是陆游的诗，“驿外清江十里秋，雁声初到荻花洲。征车已驾晨窗白，残烛依然伴客愁。”我当时的感受真是难以名状，爸爸在我童年时便种在我生命里的东西，突然宣告了它的无可移易的存在!

（原载《程应镠先生百年诞辰纪念文集》，上海古籍出版社，2016年。收入本书时略有删节）

听程先生讲中国通史

李宝奇

爱因斯坦在谈到教育时曾转述怀特海的论述："当一个人忘记了在学校学习的每一样东西，剩下来的才是教育。"鲁迅在《藤野先生》中也表达过近似的情怀。记得有同学毕业前感慨，三年级时就没劲了，盼早点工作。我似乎相反，好像茶刚喝出一丁点味来，便要散场了；以为大学就应当是储藏真理的殿堂似的，颇有点失落的情状。今天扪心自问，还留下些什么呢？寒暑淘汰的遗存里，拨网抹尘，爬梳那星星点点。

脑海中，真正带有教育意义的，是第一年程应镠先生、李培栋老师开讲的中国通史课程。程先生宅心仁厚、思寄高远，说他多次呼吁开设中国通史公共课，先开到中文系，以后理科也应该开，师院在上海高校最先开了此课。当时感觉就两个字：幸运。课上学的知识今已寥寥，而程先生的讲述每每结合自己的事例和感悟，其情其景还历历在目，常启人回味与省心。有道是薪火传承。此之谓乎？

曾记得：程先生讲课中，突然摘下老花镜推向右前方，脱口而出："历史学是最讲党性的。"感情饱满、庄重。这是我第一次听到"党性"的不同含义，也体会了三十年。有一回从先秦诸子程先生谈到自己（"文化大革命"中）："我觉得自己，历史学得很糟，从干校回来又重读诸子。"在我的经历中，直言自己学识很糟的只有程先生一位。其中蕴涵的“为己之学”“修辞立其诚”之古风，多年来还在我心底酝酿，似更浓、更悠长。

说到唐诗，老先生道，有段时间经常望着天边发呆，会想起李白的诗：“众鸟高飞尽，孤云独去闲。相看两不厌，唯有敬亭山。”吟诵间，神色便凝重起来；一边摘眼镜那目光已匆匆地追向窗外，思绪仿佛又去了当年的“敬亭山”流连。片刻，眼神才沉沉地回到课堂上，怔怔地看着学子们，平复着心绪，乃恋恋地道：“有意境。”偌大的阶梯教室一片沉寂，同学们的心似乎也进入了规定情景。这种教学氛围与其说是教授知识，不如说是熏陶精神。而今想来，这就是孔子讲学和后来书院传统的遗绪啊！老师就像精神家园的父母，把心交给学生，学生的心也和着一起跳动。

讲杜甫时，程先生说自己在抗日战争的旅途中，看到国民党军队带着一队挑夫过来，其中牵夹着一个挑担的盲人。先生平端着掌心往胸口提：“自己的同情之心油然而生。”有关杜甫的内容一点都不记得了，而先生的杜甫在学子的心里却落下了根，伴我一起观照着这嚣嚣世态。老实说，读中文系四年，我对文学的那点感悟，就是程先生开蒙的。他的意境说、共鸣说，全不是知识的标签，而是生命的感通。一下子就沁人心脾，洒下了种子。毕业后才知道老先生曾是作家，笔名流金。后代的学子，总是通过分割的学科，了解门类的知识和名人，对当时学科兴衰的承袭、演化之因缘，社会心理的普遍关注和焦虑，很难有感同身受的了解。比如，今天在媒体、出版物中不少如雷贯耳的现代文化名人，在同代好友的程应镠和沈从文先生眼里，其间的差别，恐怕难免有云泥之距了。一如我们眼中同辈的名人们。每个时代自有她的局限性，而整个历史又有她的“党性”评判立场，这个玄乎的“党性”，直直地通向当下每个人的心底，叫良知。“你对自己生活的时代、人生体验得越真切，才会对历史理解得越深刻。”这是李培栋老师后来数次告诫的谆谆教诲。是啊，年过半百，我愈发体会到其真理性。伴随着人性演化的历史长河，本来就是贯通的嘛。不通的只是自己的心，没有去蔽的心。

期中考试，同学中大面积不及格。有女同学为补考秉烛夜战，燃起蚊帐，烧毁了床上用品，大伙还捐了款。程先生闻知后，在课前向大家表示抱歉，说听了李培栋老师的意见，感叹自己已不了解学生的知识现状云云。学生考不好，先生说抱歉，我头一次遇到。考前，程先生几次说，大家只要把郭老或翦伯赞的书翻翻，都可以通过。一位补考的室友事后叫苦：“我还以为翻翻嘛。”

……

印象中，程先生上课有两件东西变动最频繁：老花镜和讲义夹。戴起老花镜便捧起讲义夹，这时讲知识。摘着老花镜即放下讲义夹，此刻，精彩的人生感悟涌然而出。时而刚戴上眼镜，感悟上来了，马上摘下，口吐莲花。再戴上、捧上，然“莲花”未尽，又摘、又放。眼镜和讲义夹就在尺许间来来回回。一段段历史的叙述，仿佛四季的远风，自己的心绪随之起伏、激荡。静坐着的学子看着这般频繁的举动，不免心生几分感动和不安。

在“来来回回”的尺许间，学子们就像株株幼苗，滋润于似随意挥洒的涓涓点点。不知如今也纷纷戴上老花镜的昔日学子，身上还有几许当年的点点涓涓？

课后，曾经等在路上，想向他请教自己在人生和学业选择上的困惑，一时又不知道怎么说。程先生宽和地先道：“要读经典原著，不要满足于读小册子。”此语至今仍受用不已。记得老人家向着西部音乐新村的家，步履匆匆，一边又不愿拂了学子的求教，郑重地说：“以思想来划分阶级，不是马克思主义经典作家的观点。”言及时风中对郭沫若的颇多恶评，似乎非一时所能道明，在家属区的岔道口，先生略作站立、欲言又止，顾首而分走。

（原题《夕阳下曾经的身影》，载《程应镠先生百年诞辰纪念文集》，上海古籍出版社，2016年。收入本书时略有删节）

附录一

程应镠先生生平简表

虞云国　编

1916 年　一岁

11 月 4 日（旧历十月初九日）出生于江西省新建县大塘乡。

1920 年　五岁

始入私塾读书。

1929 年　十四岁

考入江西省立二中。

1932 年　十七岁

以成绩优良直升省立二中高中，读理科。

1933 年　十八岁

始向刊物投稿。

1934 年　十九岁

2 月，转入南昌私立心远中学，决定弃理学文。

1935 年　二十岁

秋，入学燕京大学历史系。12 月，参加一二·九运动，为 12 月 16 日示威游行的前锋队员之一。

1936 年　二十一岁

年初，参加北方左联，加入中华民族解放先锋队。春夏之际，发起“大学文艺社”，主持社刊《青年作家》，初谒沈从文寻求支持，其后保持终生的交谊。夏，参加北方文学会成立大会。岁末，参加上海妇孺慰劳团赴绥远。

1937 年　二十二岁

抗日战争全面爆发，中断燕京大学学习，赴南京参与平津流亡同学会工作。10 月起，借读武汉大学历史系。12 月，北上山西参加八路军 686 团宣传工作。

1938 年　二十三岁

4 月，与柯华同赴延安，旋南下武汉拟建火线通讯社，未果。为报刊撰写抗战作品。6 月底 7 月初折返故乡，组织大塘读书会，二十余天后辗转西南。9 月起，入读西南联合大学历史系，与友人创办壁报《大学论坛》，课余仍向报刊写稿。

1939 年　二十四岁

因沈从文推荐，参加昆明《中央日报·平明》副刊写稿与编辑工作。

1940 年　二十五岁

夏，毕业于西南联大历史系。8 月初，经重庆、西安，抵达洛阳正面战场，任第一战区长官司令部同上校秘书。

1941 年　二十六岁

7 月，转入第一战区第十三军任同上校秘书，余暇继续创作小说、散文、旧诗。

1942 年　二十七岁

年初，为营救受迫害的译电员，避居十三军临汝办事处。3 月，化名上官灵亡命安徽太湖县。10 月，仍返洛阳任第一战区政治部主任私人秘书。

1943 年　二十八岁

在军中主持《北京人》演出。4 月，离开洛阳，经西安、成都、重庆辗转南下。7 月起，入贵阳花溪清华中学任国文教师。

1944 年　二十九岁

8 月，与李宗蕖在贵阳结婚。旋赴昆明任云南大学文史系助教、先修班教员，并在私立天祥中学任教。结识闻一多与吴晗。

1945 年　三十岁

6 月起，因沈从文之托编辑《观察报》副刊《新希望》。自"一二·一"事件起即与学生投入民主运动。

1946 年　三十一岁

是年，任天祥中学训导主任数月，主持迁校事宜。4 月，加入民主同盟。7 月，因吊唁闻一多被暗杀，获悉自己名列黑名单，仓促离滇返归故里。

1947 年　三十二岁

2 月，由江西抵沪，任新陆师范学校教员。8 月起改任市立师范专科学校社会科学系副教授；9 月起兼任上海法政学院教授。秋，参加上海大学教授联谊会。

1948 年　三十三岁

因支持学生运动被市立师范专科学校解聘。9 月起，任光华大学副教授。继续参加民主运动，参与吴晗南下时的秘密集会。

1949 年　三十四岁

3、4 月间，恢复民盟组织生活，参加民盟与"大教联"迎接上海解放的地下活动。4 月被列入逮捕名单。5 月，上海解放，仍任教光华大学和法政学院，同时参与民盟与《展望》的工作。9 月，奉上海市军管会中教处委派，任高桥中学校长，仍兼光华大学政治教授。

1950年　三十五岁

年初辞去《展望》工作。专任高桥中学校长，仍兼光华大学教授。暑期随市高教界参观团赴京。

1951年　三十六岁

2月，由教育局调兼上海工业专科学校秘书长，负责行政领导工作；暑假后坚辞该兼职。冬，赴安徽宿县参加土改。

1952年　三十七岁

参加市思想改造学校班。光华大学并入新建的华东师范大学，遂辞去原兼光华大学教职。12月，应上海人民广播电台之约，讲一二·九运动。

1953年　三十八岁

自思想改造运动后，屡辞高桥中学校长未准。

1954年　三十九岁

春，参与筹建上海师范专科学校；8月，出任历史科主任，并代教务主任一年，筹备历史陈列室。

1955年　四十岁

仍任上海师范专科学校历史科主任。

1956年　四十一岁

3月，赴京参加高师工作会议。5月，参加上海市学术委员会历史组会议。7月，上海第一师范学院成立，任历史系主任。9月，当选为民盟上海市委委员，兼市民盟高校工作委员会副主任委员。10月，参加福建师范学院和上海第一师范学院的院际学术交流活动。11月，请沈从文南下指导文物陈列室工作。

1957年　四十二岁

4月，历史系文物陈列室建成；参加上海史学会理事会暨座谈会。7月，在“反右”运动中划为“右派”，发落至文物陈列室工作。

1958 年　四十三岁

1 月起继续检查交代，参加民盟市委与院系组织的“学习”；9 月至 12 月，在上海颛桥参加市统战部直属领导的“右派分子”劳动学习改造班。

1959 年　四十四岁

2 月起，转入上海社会主义学院第一期“学习”；7 月结业，回上海师院工作。

1960 年　四十五岁

9 月，摘去“右派”帽子，但仍为中文系讲师做助教。逐渐恢复与在京师友沈从文、熊德基等通问。

1961 年　四十六岁

拟重理学术旧业。

1962 年　四十七岁

自本年至 1965 年恢复参加民盟上海市委的政治学习。为学生讲授魏晋南北朝史。

1963 年　四十八岁

春，因友人周游和吴晗之约，始撰《南北朝史话》。

1964 年　四十九岁

春，《南北朝史话》完稿，商请沈从文提供插图，终因大气候而未能出版。

1965 年　五十岁

9 月，参加上海师院农村学习访问队，赴松江参编村史乡史。

1966 年　五十一岁

6 月，“文化大革命”开始，随即被抄家游斗。

1967 年　五十二岁

下放到上海师院附近桂林二队劳动。

1968 年　五十三岁

自元旦起即写交代，本年所写累计达数十份，十余万字。

1969 年　五十四岁

2 月前后，一度被隔离审查；4 月，解除“隔离”。5 月，参加“教育改革探索小分队”赴横沙岛。

1970 年　五十五岁

4 月始从横沙岛归家，参加校学习班。5 月，转至松江佘山劳动。7 月，赴江苏大丰“五七干校”。

1971 年　五十六岁

5 月，始回校待命，月余之后获准加入“二十四史标点组”标校《宋史》。

1972 年　五十七岁

运动虽仍不断，先后参与标点《宋史》《尉缭子》《荀子简注》《国语》等，尤以《宋史》用力最多。4 月，与魏建猷、张家驹三家夫妇同游苏州。与沪上许杰、徐中玉、陆诒等恢复往来，与北京沈从文、熊德基等继续通函。

1973 年　五十八岁

7 月，与祖姑丈陈科美等同游黄山。

1974 年　五十九岁

6 月，陪同南来的沈从文往访巴金。

1975 年　六十岁

是年，《宋史》标校完成。接待自美来访的旧友钟开莱。

1976 年　六十一岁

是年，对周恩来逝世、天安门事件与粉碎“四人帮”等均有诗纪事。9 月，在家招待沈从文。

1977 年　六十二岁

9 月下旬，赴京居留五十余天，修订旧稿《南北朝史话》，数访沈从文，并探望吴晗遗孤，与京华友人劫后重逢。

1978 年　六十三岁

出任上海师范学院历史系第一副主任，约请诸多名家来校讲学，主持古籍整理研究室工作。

1979 年　六十四岁

3 月，赴成都参加全国史学规划会议，与邓广铭、陈乐素等受命创立中国宋史研究会。12 月，赴天津参加《中国历史大辞典》编辑会议，与邓广铭同聘为《中国历史大辞典·宋史卷》主编。是年，成为全国首批恢复招生的中国古代史硕士点学科带头人。

1980 年　六十五岁

6 月，赴厦门大学开会，赴泉州考察。8 月，赴太原参加《中国历史大辞典》编委会会议。10 月，在上海师范学院举行的中国宋史研究会成立大会上当选为秘书长；赴京出席中国史学会第二次代表大会与“自宋至 1900 年中国社会经济史”中美史学交流会。

1981 年　六十六岁

5 月，赴京参加中国民族关系史研究学术座谈会。6 月，邀请邓广铭南下主持首届研究生答辩。12 月，赴京参加《中国历史大辞典》编辑会议。岁末，邀请徐规、王曾瑜、朱瑞熙、陈振、胡昭曦与张邦炜等来校审读《中国历史大辞典·宋史卷》释文。

1982 年　六十七岁

4 月，因鼻咽癌住院，盛夏出院，继续擘画《中国历史大辞典·宋史卷》事宜。

1983 年　六十八岁

2 月，赴京参加全国古籍整理规划会议。9 月，创建上海师院古籍整理研究所并任所长，古籍整理专业列为上海市首批文科重点学科。10月，赴昆明出席中国封建地主阶级研究学术讨论会。11月，赴无锡参加《中国历史大辞典》编委会会议；赴江西出席纪念文天祥逝世七百周年学术讨论会。

1984年　六十九岁

1月，创办《宋史研究通讯》为中国宋史研究会会刊。4月，当选民盟上海市委委员。初夏，赴京参加全国高等学校古籍整理工作会议。10月，赴杭州协办中国宋史研究会第三届年会，代表秘书处作四年来工作报告。11月，在中国魏晋南北朝史学会成立大会上被推为顾问；在《中国历史大辞典》编委会会议上介绍《宋史卷》编纂情况。是年，邀请邓广铭、王钟翰、王永兴与苏渊雷、胡道静、徐中玉等来校讲学。

1985年　七十岁

11月，赴广州参加《中国历史大辞典》编委会会议。12月，赴京参加原燕京大学同学纪念一二·九运动五十周年的聚会，过访沈从文；在沪参加上海高校考试委员会关于中学语文教学问题讨论会。

1986年　七十一岁

1月，出席上海市哲学社会科学评奖委员会，聘为历史组评审顾问。4月末，与李宗蕖同赴贵阳参加清华中学复名活动。10月起，改任上海师范大学古籍所名誉所长。

1987年　七十二岁

3月，参加民盟市委的高等教育工作会议。9月，在中国宋史研究会第四届年会上增补为副会长，仍兼秘书长；因在“文化大革命”中被揪斗时伤及颈椎，引发多种疾病，自此久卧病榻。

1988 年　七十三岁

5 月 10 日，突然病危。

1989 年　七十四岁

6 月初，致函友人有“青年对国家感情之深，远远超过了我们”云云。

1990 年　七十五岁

卧病期间，偶以笔墨书录陆游、杜甫诗作与昔年自作旧诗。

1991 年　七十六岁

病中仍关心中国宋史研究会秘书处事务。

1992 年　七十七岁

在中国宋史研究会第五届理事会上仍当选为副会长兼秘书长。

1993 年　七十八岁

为纪念从教五十周年，原上海师范大学历史系七七级和七八级学生筹编《流金集》。

1994 年　七十九岁

7 月 25 日，病逝于上海寓所。

附录二

程应镠先生已刊论著目录

刘善龄　范荧　编

编目说明：

本目录仅收录已经公开发表的论著，不收未刊的旧体诗词与日记。本目录列出论著的书名或篇名，发表的报刊、副刊与日期，刊载的书籍、出版社与出版年份。除著作与古籍整理外，学术文章与文学作品分别按发表年月排序。学术文章包括史学论文、文学评论与学术回忆；文学作品包括新诗、小说、散文、杂文、报导、时评等。学术文章凡以笔名刊发者均予注明，凡在著者逝世以后刊出者尽可能括注当初写作日期。文学作品均标明刊发时署名；刊发在1937年至1946年间的文学作品，因战时环境凡同一作品在不同报刊上同日或先后多次刊发者则括注再刊的相关信息。文学作品中凡据当年剪报编入《流金集·诗文编》者，因年月久远以致剪报上缺失报刊与日期等信息，尽管检索各种民国报刊库颇有查实，但仍有少数篇目无法获得全部信息，故只能系于相关年份下，而出处与日期暂缺，唯有期待检索网络的进一步完善与开放。

著作：

《一年集》，烽火社，1942年《烽火丛书》版；文化生活出版社，

1949年《文季丛书》版，署名流金

《南北朝史话》，北京出版社，1979年版

《范仲淹新传》，上海人民出版社，1986年版，2016年版

《司马光新传》，上海人民出版社，1991年版，2016年版

《流金集》（学术编），上海古籍出版社，1995年版

《流金集》（诗文编），上海师范大学历史系，2001年私家版

《程应镠史学文存》，上海人民出版社，2010年版

《国学讲演录》，北京出版社，2020年版

《中国历史大辞典·宋史卷》（与邓广铭共同主编），上海辞书出版社，1984年版

古籍整理：

《宋史》校点本主要参加者，中华书局，1977年版

《续资治通鉴长编》校点本前179卷定稿者，中华书局，1982年版

《荀子简注》校注本参与者，上海人民出版社，1974年版

《尉缭子注释》校注本参与者，上海古籍出版社，1978年版

《国语》校点本参与者，上海古籍出版社，1978年版

学术文章：

《我们的西北》，《汗血周刊》1934年第2卷第7、8期，署名流金

《评〈中国的西北角〉》，《燕京新闻》1937年2月19日《四人行》创刊号，署名李华、徐芳

《略论燕园文坛》，《燕京半月刊》1937年第1卷第1期，署名沈思

《对于作家间新的运动的一种看法》，《燕京半月刊》1937年第1卷第2期，署名沈思

《论民族主义》，《中建》（北平）1938年第1卷第8期，署名流金

《评萧乾近作〈灰烬〉》，《中央日报》1939年10月21日《平明》第106期，署名沈思

《论目前文学五事》，《北战场》1941年第1卷第5期，署名流金

《展开北战场的文艺运动》，《北战场》1941年第2卷第1期，署名流金

《关于〈大公报〉“林罗论战”的感想》，《北战场》1941年第2卷第3期，署名沈思

《苏德战争的一个史的观察》，《北战场》1941年第3卷第1期，署名流金

《书信中的意见》，《北战场》（戏剧问题专辑）1941年第3卷第3期，署名流金

《〈北京人〉的悲剧精神》，《阵中日报》（洛阳）1943年2月13日，署名流金

《怀郭绍虞先生》，《革命日报》1943年11月23日，《东南日报》1943年12月20日，署名流金

《〈一年集〉序》，《华北导报月刊》1943年第3卷第1期，署名流金

《“一二九”回忆》，《民主周刊》（昆明）1944年第1卷第1期，署名流金

《关于诗人》，《大公报》（重庆）1945年8月26日《文艺》第79号，署名流金

《政治的改革与人的改造》，《天风》1945 年第 2 期，署名流金

《论个人主义》，《天风》1945 年第 5 期，署名流金

《人之子——怀念闻一多先生》，《文汇报》1947 年 3 月 24 日，署名流金

《门外诗谈》，《人世间》1947 年第 3 期，署名流金

《追念闻一多先生》，《人世间》1947 年第 5 期，署名流金

《知识分子的路》，《时与文》1948 年第 3 卷第 8 期，署名流金

《论所谓“中国式的代议制度”》，《文讯》1948 年第 9 卷第 2 期，署名流金

《民主主义的真谛》，《启示》1949 年（新 2 号），署名流金

《论社会主义的成长》，《中建综合版》1949 年第 1 卷第 1 期，署名流金

《论新中国文化的创造》，《中国建设》1949 年第 8 卷第 1 期，署名流金

《谈望夫石的故事》，《光明日报》1950 年 7 月 2 日，署名流金

《四世纪初至五世纪末中国北方坞壁略论》，《上海师范学院学报》1979 年第 1 期

《释“幹”》，《中华文史论丛》1979 年第 2 辑，上海古籍出版社

《读〈宋史〉札记》，《上海师范大学学报》1981 年第 2 期

《宋代都市发展两证》，《宋史研究论文集》，上海古籍出版社，1982 年

《玄学略论》，《江西社会科学》1982 年第 1 期

《关于尉缭和〈尉缭子〉》,《古籍论丛》，福建人民出版社，1982年

《王导治理江东政策试释》，《历史教学问题》1983年第2期

《一个为人师表的学者——纪念张家驹同志逝世十周年》，《新民晚报》1984年4月7日

《杂谈宋史研究》，《宋史研究通讯》1984年第2期

《谈历史人物的研究》，《历史研究》1984年第2期

《中国史学概论片断》，《上海师范大学学报》1984年第3期

《重视历史经验的研究》，《河北学刊》1984年第6期

《释“吏”》，《中华文史论丛》，1985年第4辑，上海古籍出版社

《书王荆公〈明妃曲〉后》，《上海师范大学学报》1986年第1期

《〈沈从文笔下的中国〉中译本序》，《上海师范大学学报》1986年第2期，署名流金

《编辑〈中国历史大辞典·宋史〉卮言》,《辞书研究》1986年第5期

《论林逋》，《宋史研究论文集》，浙江古籍出版社，1986年

《拓跋部汉化过程中问题述论》，《魏晋南北朝史论集》（《华东师范大学学报》丛刊），1986年

《农业劳动力与三国两晋南北朝田制的变化关系》,《河北学刊》1987年第1期

《释“新民”》，《中华文史论丛》，1987年第1辑，上海古籍出版社

《从学生不爱历史课谈起》，《历史教学问题》1987年第1期

《中国文化三题》，《上海师范大学学报》1987年第2期

《玄学与诗》，《文艺理论研究》1987 年第 5 期

《日文版〈中国宋代研究文献目录〉序》,《宋代の政治と社会》（宋代史研究会研究报告第三集），【日本】汲古书院，1988 年

《树勋巷五号》，《云南文史资料选辑 34 辑 · 西南联合大学建校五十周年专辑》，云南人民出版社，1988 年

《永恒的怀念》，《长河不尽流 · 怀念沈从文先生》，湖南文艺出版社，1989 年

《怀念老友熊德基同志》，《江西社会科学》1990 年第 1 期

《论北魏实行均田制的对象和地区》,《纪念顾颉刚学术论文集》，巴蜀书社，1990 年

《让逝去的巨人重新活现——就〈司马光新传〉答客问》，《宋史研究通讯》1991 年第 1 期（总第 20 期）

《历史的真实与变通》，《流金集》，上海古籍出版社，1995 年

《魏晋南北朝民族略论》，《流金集》，上海古籍出版社，1995 年

《从“李弘”想起的》，《流金集》，上海古籍出版社，1995 年

《司马逸和谢逸》，《流金集》，上海古籍出版社，1995 年

《史学二题》，《流金集》，上海古籍出版社，1995 年

《流金碑刻题跋钞存》，《上海师范大学学报》1996 年第 1 期，增补版载《程应镠先生百年诞辰纪念文集》，上海古籍出版社，2016 年

《程应镠自述》（作于 1986 年 2 月 4 日），《世纪学人自述》第 5 卷，北京十月文艺出版社，2000 年

《回忆大教联片断》（作于 1986 年 3 月 10 日），《上海文史

资料选辑》2006年第3期（上海民盟专辑），上海市文史资料编辑部出版

《追念颉刚先生》（作于1981年1月3日），《南方周末》2016年8月11日

《我和冯契的关系》（1968年8月6日交代），《文汇学人》2016年10月28日

《魏晋南北朝史特点论述》（1979年演讲稿），《文汇学人》2016年10月28日

《社会存在与社会意识》（1957年3月24日讲演），《程应镠先生百年诞辰纪念文集》，上海古籍出版社，2016年

《两宋历史和宋代史籍的整理》（1980年演讲稿），《程应镠先生百年诞辰纪念文集》，上海古籍出版社，2016年

文学作品：

《吃新》，《青年作家》1936年第1卷第1期，流金

《秋收》，《大学艺文》1936年第1卷创刊号，流金

《霁》，《大学艺文》1936年第1卷第2期，徐芳

《荷姑》，《大学艺文》1936年第1卷第2期，流金

《秋之歌》，《燕大周刊》1936年第7卷第12、13期，徐芳

《始春之梦》，《燕京新闻》1937年2月23日《诗与散文》第2期，流金

《写给自己》，《燕京新闻》1937年3月19日《四人行》第2期，流金

《青色的怀恋！！！》，《燕京新闻》1937年3月23日《诗与散文》增刊，《大中时报》1937年5月5日，《沙漠画报》1940第3卷第17期，流金

《海》，《燕京新闻》1937 年 4 月 6 日《诗与散文》第 5 期，流金

《小品四章》，《燕京新闻》1937 年 4 月 20 日《四人行》第 3 期，流金

《卜居》，《燕京新闻》1937 年 4 月 20 日《四人行》第 3 期，沈思

《玉石井的风波》，《大公报》（天津）1937 年 5 月 2 日《文艺》124 期，《大同报》1937 年 5 月 12 日、13 日，流金

《将夜曲》，《燕京新闻》1937 年 5 月 4 日《四人行》增刊，流金

《待驾返时》，《燕京新闻》1937 年 5 月 4 日《四人行》增刊，沈思

《牧女》，《燕京新闻》1937 年 5 月 7 日《诗与散文》增刊第 2 号，流金

《我是一个乡下人》，《燕京新闻》1937 年 5 月 18 日《四人行》第 4 期，流金

《我愿》，《燕京新闻》1937 年 6 月 1 日《四人行》增刊，沈思

《我的教育——回忆之五》，《燕京新闻》1937 年 6 月 1 日《四人行》增刊，流金

《寸草春晖》，《大公报》（天津）1937 年 7 月 9《文艺》第 359 期，《大公报》（上海）1937 年 7 月 9 日，流金

《离别古城前后》，《大公报》1937 年 9 月 9 日《临时晚刊》，流金

《在秦皇岛——流亡之一页》，《大公报》（汉口）1937 年 9 月 27 日《战线》第 10 号，流金

《离散之前》，《大公报》（汉口）1937年10月25日《战线》第33号，《救亡文辑》1937年第4期，流金

《平津道上——流亡的一页》，《大公报》（汉口）1937年10月31日《文艺》第376期，流金

《忆绥远》，《大公报》（汉口）1937年11月23日《战线》第57号，《国闻周报》1937年第14卷第50期，流金

《给“一二九”运动中的朋友们》，《大公报》（汉口）1937年12月9日、10日《战线》第70、71号，流金

《扫墓》，《青年作家》1937年第1卷第2期，流金

《山中问对》，《青年作家》1937年第1卷第2期，流金

《山雨》，《燕京半月刊》1937年第1卷第1期，流金

《从北平到百灵庙》，《科学时报》1937年第4卷第3、4期，植清、流金

《绥游片断》，《新中华》1937年第5卷9期，植清、流金

《姑射山中的风雪》，《大公报》（汉口）1938年2月17日《战线》第115号，《上海周报》1939年第1卷第17期，流金

《我们怎样在这里生长着》，《大公报》（汉口）1938年5月14日《战线》第144号，流金

《故乡小景》，《大公报》（汉口）1938年6月26日《战线》第157号，流金

《昆明杂事》，《大公报》（重庆）1938年12月9日《战线》第219期，流金

《第一个春天》，《战地》1938年第1卷第5期，流金

《黑夜的游龙》，《文艺阵地》1938年第1卷第7期，流金

《给上延安去的朋友们》，《少年先锋》1938年第5期，流金

《美丽的山城》（陕行杂记），《少年先锋》1938年第7期，

流金

《延安的街》（陕行杂记），《少年先锋》1938 年第 8 期，流金

《两个异国的朋友》（陕行杂记），《少年先锋》1938 年第 9 期，流金

《乡思》，《大公报》（重庆）1939 年 1 月 8 日《战线》第 244 号，《大公报》（香港）1939 年 3 月 10 日《文艺》第 547 号，流金

《忆》，《中央日报》（重庆）1939 年 1 月 17 日，流金

《从 × 营夺得的同志》，《大公报》（香港）1939 年 2 月 7 日，流金

《新别离》，《大公报》（香港）1939 年 4 月 13 日《文艺》第 580 期，流金

《汾水的西岸》，《申报》（香港）1939 年 4 月 17 日《自由谈》，沈思

《大麦郊之夜》，《申报》（香港）1939 年 4 月 19 日《自由谈》，沈思

《蛮子——故乡小景之一》，《中央日报》（昆明）1939 年 5 月 18 日《平明》第 3 期，流金

《俘虏》，《申报》（香港）1939 年 5 月 20 日《自由谈》，沈思

《秦皇岛上》，《中央日报》（昆明）1939 年 5 月 29 日《平明》第 12 期，《中央日报》（重庆）1939 年 8 月 18 日，流金

《还乡》，《中央日报》（昆明）1939 年 6 月 9 日《平明》第 18 期，流金

《在南昌——故乡小景之二》，《中央日报》（昆明）1939 年 6 月 30 日《平明》第 30 期，流金

《江轮上》，《大公报》（香港）1939 年 8 月 7 日《文艺》第

678 期，流金

《老幼》，《大公报》（重庆）1939 年 9 月 11 日《战线》第 363 号，流金

《澂江小记》，《中央日报》（昆明）1939 年 9 月 20 日、22 日《平明》第 84、85 期，《中央日报》（重庆）1939 年 10 月 22 日，流金

《五太婆——故乡小景之三》，《中央日报》（昆明）1939 年 10 月 8 日《平明》第 97 期，流金

《寂寞》，《中央日报》（昆明）1939 年 11 月 6 日《平明》第 118 期，《中央日报》（重庆）1939 年 12 月 1 日，流金

《副官——群相之一章》，《中央日报》（昆明）1939 年 12 月 3 日《平明》第 136 期，流金

《母亲》，《大公报》（香港）1939 年 12 月 6 日、8 日《文艺》第 747、748 期，流金

《路》，《大公报》（重庆）1939 年 12 月 17 日、18 日《战线》第 440、441 号，流金

《枣》，《大公报》（香港）1939 年 12 月 27 日、29 日《文艺》第 760、761 期，流金

《夜行》，《今日评论》1939 年第 1 卷第 5 期，流金

《一家一家就这样的散了》，《华美周刊》1939 年第 2 卷第 3 期，流金

《墓——献给故乡的朋友、年长者和年幼者》，《中央日报》（昆明）1940 年 1 月 24 日《平明》第 159 期，流金

《罪与罚》（该文系日记体，目前共见 26 则），第 1—3 则刊于《大公晚报》1944 年 9 月 18 日，再刊于《新生晚报》1944 年 12 月 16 日；第 4—7 则刊于《中央日报》（重庆）1940 年 2 月 3 日；第 8—13 则刊于《大公报》（重庆）1942 年 11 月 1 日；第 14—21

则刊于《中央日报》（昆明）1940 年 3 月 17 日；第 22—26 则刊于《大公报》（重庆）1941 年 2 月 27 日《战线》第 733 号，流金

《母女》，《中央日报》（重庆）1940 年 2 月 10 日、16 日，《中央日报》（昆明）1940 年 2 月 28 日《平明》第 178 期，流金

《十二月》，《中央日报》（昆明）1940 年 3 月 3 日《平明》第 180 期，流金

《除夕》，《中央日报》（重庆）1940 年 3 月 17 日，流金

《作客》，《中央日报》（昆明）1940 年 3 月 20 日《平明》第 190 期，流金

《窗》，《中央日报》（昆明）1940 年 4 月 8 日《平明》第 202 期，流金

《参谋长——群相之一》，《大公报》（重庆）1940 年 4 月 19 日、20 日，《战线》第 530、531 号，流金

《两女孩》，《中央日报》（重庆）1940 年 5 月 25 日，流金

《告别》，《中央日报》（昆明）1940 年 6 月 1 日《平明》第 227 期，流金

《俄罗斯少女》，《中央日报》（昆明）1940 年 6 月 16 日《平明》第 237 期，沈思

《老胡外传——群相之三》，《大公报》（香港）1940 年 9 月 9 日《文艺》第 921 期，流金

《一个人和那个人所说的故事——献给我敬爱的朋友 G.M》，《大公报》（重庆）1940 年 11 月 25 日、26 日《战线》第 685、686 号，流金

《姑射山中》，《上海周报》1940 年第 1 卷第 17 期，流金

《登革热》，《小说月报》（上海）1940 年第 3 期，流金

《一生》，《今日评论》1940 年第 3 卷第 3 期，流金

《拾落叶的孩子》，《大公报》（香港）1941年2月19日《文艺》第1034号，流金

《忆》，《阵中日报》1941年3月16日，流金

《雪窗杂忆》，《东南日报》1941年12月29日，流金

《杨——群相之六》，《大公报》（重庆）1941年3月11日、19日、20日《战线》第737至739号，《大公报》（桂林）1941年3月24日、26日、28日、31日连载，旒珍

《小庆和京儿》，《北战场》1941年第3卷第2、4、5期，第4卷第1、2期合刊，流金

《一个女人的小事——群相之四》，《大公报》（重庆）1942年3月6日《战线》第880号，旒珍

《窗及其他》，《华北导报月刊》1942年第2卷第3、4期合刊，流金

《乡村琐事——群相之七》，《大公报》（重庆）1942年8月23日《战线》第938号，旒珍

《南行》，《阵中日报》（洛阳）1942年12月17日至1943年1月16日（连载22天），《黄河》（西安）1943年第5卷第1、2期，流金

《山居》，《阵中日报》（洛阳）1943年3月28日，《大公报》（重庆）1943年7月11日、21日《战线》第982、983号，流金

《穷的启示》，《革命日报》1943年12月6日，流金

《说"大"》，《星期》周刊1943年12月19日第21期，流金

《花溪的夏天》，《经纬》1943年第2卷第2期，《半月文选》1944年第2卷第1期，流金

《春潮》，《黄河》（西安）1943年第4卷第5期，流金

《新年的希望》，《革命日报》1944年1月6日，流金

《说“小”》，《星期》周刊1944年1月16日第23期，流金

《新春试笔》，《星期》周刊1944年1月30日第24期，流金

《说“中”》，《星期》周刊1944年2月20日第25期，流金

《贵州印象》，《星期》周刊1944年2月20日第26期，流金

《心声（通信之一）——说我自己》，《星期》周刊1944年3月19日第27期，流金

《新生（一）》，《革命日报》1944年3月21日《革命军》第1113期，流金

《心声（通信之二）——至大与至乐》，《星期》周刊1944年4月2日第28期，流金

《心声（通信之三）——自尊与独立》，《星期》周刊1944年4月16日第29期，流金

《心声（通信之四）——完全和不完全》，《星期》周刊1944年4月30日第30期，流金

《花溪的春天》，《星期》周刊1944年5月14日第31期，流金

《心声（通信之五）——现实与希望》，《星期》周刊1944年5月28日第32期，流金

《心声（通信之六）——爱与恨》，《星期》周刊1944年6月4日第33期，流金

《中国的希望》，《星期》周刊1944年6月25日第34期，流金

《心声（通信之七）——论积极精神》，《星期》周刊1944年7月23日 第36期，流金

《心声（通信之八）——人生的意义与价值》，《星期》周刊1944年8月13日第37期，流金

《新生（二）》，《自由论坛》1944年10月22日，流金

《没有雪的冬天》，《民主周刊》（昆明）1944年第1卷第9期，流金

《洛阳的秋天》，《自由论坛》1944年（刊出日期不详），流金

《我的第一次工作》，《自由论坛》1944年（刊出日期不详），流金

《大小蜜》，《自由论坛》1944年（刊出日期不详），流金

《一个十九岁的上等兵》，《自由论坛》1944年12月24日第13期，流金

《牛车》，《天风》1945年第3期，流金（《洛阳的秋天》《我的第一次工作》《大小蜜》《一个十九岁的上等兵》与《牛车》原为《北方五篇》系列。据《牛车》原刊“编者按”：上文系流金先生《北方》第五节，其余已在昆明《自由论坛》星期增刊连续发表。）

《新生三续》，《文聚》1945年第2卷第3期，流金

《初春》，《时与潮（文艺）》1945年第5卷第1期，流金

《花鸟云树》（作于1945年春，原载报刊与日期不详），《流金集》（诗文编），流金

《真我——我说之一》（作于1945年6月9日，原载报刊与日期不详），《流金集》（诗文编），流金

《默想的光——我说之二》（作于1945年6月16日，原载报刊与日期不详），《流金集》（诗文编），流金

《一个冬夜——我说之三》（作于1945年6月21日，原载报刊与日期不详），《流金集》（诗文编），流金

《洛阳的槐花》（作于1945年6月17日，原载报刊与日期不详），《流金集》（诗文编），流金

《思亲》（作于 1945 年 6 月 25 日夜，原载报刊与日期不详），《流金集》（诗文编），流金

《穷斯滥矣》，《自由论坛》（作于 1945 年，原刊日期不详），《流金集》（诗文编），流金

《纪念屈原——屈原的道路》（约作于 1945 年，原载报刊与日期不详），《流金集》（诗文编），流金

《八月的青天》，《益世报》（天津）1946 年 8 月 16 日，流金

《倚闾——怀旧集第三》，《益世报》（天津）1946 年 11 月 21 日《文学周刊》第 20 期，《益世报》（上海）1946 年 12 月 21 日《文学周刊》第 3 期，流金

《还旧居》，《经世日报》1946 年 12 月 8 日《文艺周刊》第 17 期，流金

《种树——为一个纪念学校的纪念日而作》，《新民晚报》1947 年 4 月 21 日，流金

《摆架子——客窗随笔之一》，《新民晚报》1947 年 4 月 4 日，仲思

《名士气——客窗随笔之二》，《新民晚报》1947 年 4 月 29 日，仲思

《末世人的心理——客窗随笔之三》，《新民晚报》1947 年 5 月 6 日，《苏报》1947 年 7 月 28 日（题为《论“末世人心”》），仲思

《照片》，《新民晚报》1947 年 5 月 6 日，流金

《帮忙与扯》，《时与文》1947 年第 4 期，流金

《昆明沉思集》，《京沪周刊》1947 年第 1 卷第 1 期，流金

《望庐楼》，《人世间》1947 年第 1 卷第 1 期，流金

《谈“混沌”》，《人世间》1948 年第 2 卷第 5、6 期，流金

《痴人说梦》，《时与文》1948 年第 3 卷第 16 期，况自

《论持久和平》，《启示》1949 年（革新第 1 号），流金

《停战乎？和平乎？》，《启示》1949 年第 3 期，流金

《欢迎人民解放军》，《展望·临时特刊》1949 年，流金

《一二九文学回忆》，载赵荣声、周游编《一二九在未名湖畔》，北京出版社，1985 年，程应镠

《至乐莫如读书》，《新民晚报》1986 年 8 月 26 日《夜光杯》，程应镠

后 记

虞云国

今年是先师程应镠先生诞辰105周年，承蒙浙江古籍出版社的隆情高义，嘱编《程应镠学记》。这里对编纂情况略作交代。

第一辑为《自述》。其中的《论学杂语》略分“论历史”“论中国文化”与“论治史”三部分。中国文化尽管广义上也属历史范畴，但缘于流金师这部分论述相对系统，故“论历史”部分专收论政治、经济、社会、民族等语要，而将“论中国文化”独立出来。各部分论学杂语由我据所论内容连缀成相对集中的专题，每个专题仿佛一篇文字，实则每一自然段摘自其著作、论文、讲演，乃至笔记、书信的相关段落；为大致区分不同的专题，两个专题间排出空行作为区隔。流金师龆龄即耽爱旧诗，造诣尤深，吟咏不绝，“自二十五岁至五十岁，所作均曾留草”；其现存旧体诗的作年最早1935年，最晚1988年，前后逾半个世纪。流金师继承了中国传统中学者而兼文人的余韵流风，并未脱尽旧习，很珍视自己创作的诗词，自称“读其诗，想见其为人”。他的旧体诗词基本可以系年，故编年选录其诗词旧作，如其生前所说，“人们可以据此审查我的一生，因其中颇有与时事有关者，即友朋答赠的篇什，也可见交游”。读者借助编年的《流金诗词抄》，辅之以晚年《程应镠自述》，也许能更形神兼备地把握其行历志业，感悟其情怀哀乐。

第二辑为《传记》。《忆应镠》系据师母李宗蕖先生的《留夷集》

节录而成，她以终身伴侣的亲历视角追忆了与流金师相濡以沫、艰危与共的生平事迹，与我主笔的《程应镠评传》行文风格各有差异，前者多私人的感情化回忆，后者多弟子的学理化评述，但相互对读，再结合第一辑《程应镠自述》与《流金诗词抄》，相信能更立体地还原先师一生的立身与为学。

第三辑为《评论》。主要围绕着流金师的著作选录代表性的评论文章。先生早年文学创作，经沈从文推荐结集为《一年集》。该书有两个版本，但流金师的自序从未收入其中过，是一篇新发现的轶文，有助于了解其编集出版的过程。倪墨炎的《程应镠的散文集》则从文学角度评价了《一年集》。《南北朝史话》的四篇评论文中，周一良先生那篇录自来函手迹，出自专家的评论尤应值得一提。对《中国历史大辞典·宋史卷》与《范仲淹新传》，著者分别撰有编辑卮言与自序，自道甘苦与作意，比他人评论显然更有价值。《司马光新传》《国学讲演录》《流金碑刻题跋钞存》《流金集·诗文编》与未刊的《严谴日记》各有一篇评论，姑且聊备一格。

第四辑为《回忆》。入选的文章分别出自友人、同道与学生、子女之手，从不同侧面追忆了流金师在学术成就、培养后学与社会活动诸方面的事迹。这些文章多选自 2016 年出版的《程应镠先生百年诞辰纪念文集》一书中的《追忆编》，限于体例与篇幅，个别文章删略了与主题无关的内容，由我代拟了合适的标题。

附录为《程应镠先生已刊论著目录》。由于 1949 年前流金师在文学活动上颇有投入，创作了为数可观的新诗、小说、散文、杂文与纪实，故将文学作品与学术文章各列一类是相宜的，庶几更能凸现其学者兼作家的双重身份。

后　记

著名出版家谭徐锋先生对玉成《程应镠学记》功不可没，期间始终垂注殷殷，作为程门子弟尤应深致谢忱！

2021 年初夏

学记丛书

谭徐锋　主编

蒙文通学记：蒙文通生平与学术（增订版）　蒙　默　编
励耘书屋问学记　陈智超　编
载物集：周一良先生的学术人生　周启锐　编
柳诒徵学记　武黎嵩　编
蒿庐问学记新编　张耕华　编
谭其骧学记　孟　刚　编
缪钺学记（增订版）　缪元朗　编
傅衣凌学述　杨国桢　著
邵循正学记　李恭忠　编
张荫麟学记　李欣荣　编
田余庆学记　余松风　编
张舜徽学述　王余光　著
邓广铭学记　聂文华　编
程应镠学记　虞云国　编
韩国磐学记　韩　昇　编
陈旭麓学记　谭徐锋　编
章开沅学述　谭徐锋　著
王家范学记　周　武　编